行雲流水記往

（上）

沈鵬年 著

沈鵬年・陳雪萼鑽石婚紀念

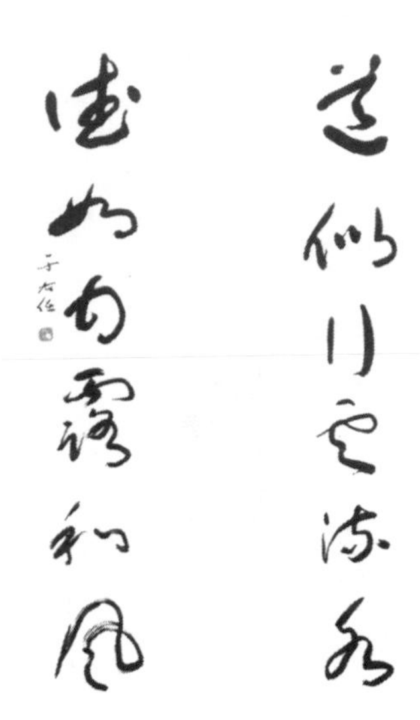

于右任先生1934年題贈沈氏三學書屋

梁漱溟與沈鵬年合影

為梁漱溟談話錄音、紀錄

《良友》畫報創刊六十五周年慶典

沈鵬年先生

行雲流水

戊子五月
時年九一
南懷瑾

目錄

影視篇

海外篇

探源篇

序

溯自明清之際，正當西洋文藝復興時期，中國傳統文化同時亦發生丕變。由宋明理學而轉為義理、詞章、考證三大流派。降至同（治）光（緒）兩代而至末造，不但對自然科技之學黯然失色，即如清初學風亦淺淡蛻化，唯記聞之學聊備風規。迨至清末民初，即十九世紀到二十世紀之間，新聞文藝發展，即如記聞舊學亦形色有異，何況餘者。由此遞變，經民初五四運動逐漸而至於文化大革命期間，惶惶不可終日，有能抱殘守闕，蟄居浩劫之中而依然耽嗜書史，沉潛於記聞者，已無多子。但吳會之間，由來固多埋光抱道之秀士，如古吳東山沈鵬年，即足為例。今沈君以所著《行雲流水記往》一書囑書，即此並序其難能可貴之實爾。

時在二零零八年十二月下旬

戊子年冬月之杪　行年九一

南懷瑾

仰止篇

縈懷一個多「花甲」的人生「勝緣」
——周恩來在「魯迅逝世十年祭」給我的啓示

唐朝一位大詩人認為：「夫天地者，萬物之逆旅；光陰者，百代之過客。而浮生若夢，為歡幾何？」越劇《祥林嫂》最後在舞臺上「抬頭問蒼天」，「如夢如煙過幾年？」——歲月漸漸流逝，回眸人生，自己來到這個世界不覺已八十多個春秋了。我誕生在太湖洞庭山一個山鄉小村。這裡如今雖然號稱「長江三角洲一座著名的花果山」；算是歷史上與京幫、晉幫、徽幫、寧紹幫等相提並論的「中國十大商幫」之一「鑽天洞庭山幫」的發源地。但在我出生當年，此地還是孤峙汪洋太湖中，要靠「擺渡船」才能到達彼岸的一個半島。像我這樣一個渺小、平凡的普通鄉下人，能夠從僻野山鄉來到繁華無比的大都市上海；從上海起步走遍全國數以百計的名山大川；蹤跡涉及美、歐等國的名都大邑，這都是時代、環境、潮流、因緣、機遇……使然。其間，有幸接觸、結交了不少當世名彥、前輩。屢親謦欬、欣接咳吐珠玉；又蒙手教，珍秘如同拱璧。所謂「陽春召我以煙景，大塊假我以文章；會桃李之芳園，序天倫之樂事」，我生何幸，這更是人生可遇難求的「勝緣」。

清人龔定庵《逆旅題壁》詩云：「名場閱歷莽無涯，心史縱橫自一家。秋氣不驚堂內燕，夕陽還戀路旁鴉。」流光一去不復返，銘刻在心中的情感的烙印，卻永遠不會消失，而縈懷一個多「花甲」的人生的「殊勝因緣」，則是周恩來這位當代偉人在「魯迅逝世十年祭」給我的啟示，有似暗夜明燈、醍醐灌頂，如夢驚醒，幾乎影響了我的一生。

一個鄉下人怎麼可能見到偉人周恩來、並親聆他的重要講話呢？這段因緣還得從頭說起——

瞻仰魯迅遺容的感受
——決心學習先生遺著、研究有關歷史

二十世紀二十年代，我誕生在蘇州吳縣東山鎮古槎灣的「沈氏三學書屋」。關於「東山沈氏」及「槎灣三學書屋」，據東山鎮人民政府編印出版的《東山歷史文化叢書・東山大族》一書中的記載：

「沈氏為中國五十個大姓之一，在江浙地區有很大影響。」「現在東山沈姓人口1782人，在全鎮285個姓氏中列第十位。」「清咸豐年間，沈二園赴滬經商獲得成功，成為上海沙遜洋行第一任買辦。」「後來，沈二園父子又招席正甫三兄弟薦至外商洋行和銀行作事，或任買辦、或任經理、或任司賬。於是從19世紀末到20世紀三十年代的近半個世紀中，在上海造就了一個可與寧波商幫、安徽商幫、廣東商幫、山西商幫等匹敵並占鼇頭的洞庭山幫。」（見該書第179、182頁）

至於「槎灣沈氏三學書屋」，該書記載頗詳，節略如下：

「槎灣三學書屋沈家。……源出吳興沈約，支系為相城沈周。沈家世為吳興望族，祖訓『三學』，即『學漁、學樵、學耕』。世代『漁樵耕讀，務農為本』。明代沈氏後人輯有《沈氏農書》一卷。槎灣沈氏高祖沈康田，經商有道，崇儒信佛。在資財充裕後，購本村三卯堂賀氏之『易學藏書樓』和凝瑞堂劉氏之『經、史、子、集』等古籍，改祖訓『三學』為『學儒、學佛、學易』，擴建『三學書屋』，藏書規模頗大。……清嘉慶戊寅，龔自珍曾慕名前往槎灣觀書。民國年間，著名學者顧廷龍（原上海合眾圖書館館長）、蔣吟秋（蘇州江蘇省立圖書館館長）、蘇淵雷（上海世界書局總編輯）、胡昌熾（南

京金陵大學教授）等名士，均到過槎灣三學書屋。」（見該書第182、183頁）

我系出沈氏三學書屋的裕春公二房。大房裕昆、三房麗春均無嗣，由我承祧。我是三房合一的獨苗，從小生活在充滿「愛」的溫馨家庭。祖上既在本地擁有枇杷、銀杏、茶桑等果園和魚池；又在上海開設絲綢商鋪、經營外貿；家鄉有三學書屋、玉壽堂等巨宅，上海法租界拉都路擁有花園小洋房。因此，童年得以隨家長經常來往於古城蘇州和洋場上海之間。四歲啟蒙入塾，讀完了傳統的孔孟經籍，跳級

進私立鑒塘、縣立文昌等初級小學。1936年轉至上海海光小學高級班求學。海光小學在拉都路431號，與我家寓所近在咫尺，課外多暇，得以閱讀了魯迅、茅盾、巴金的作品，視野便開闊了。從書本上使我瞭解社會的另一面，意識上朦朧的產生了某種追求……。

1936年10月20日上午，女校長趙志振通知教導主任兼高級班「級任老師」（即班主任）張瓊老師：「偉大導師魯迅先生逝世了，高級班同學去萬國殯儀館瞻仰先生的遺容……。」趙校長要去殯儀館聯繫，乘車先走了。我們幾十個同學在張瓊老師帶領下出發，經過辣斐德路、善鐘路、靜安寺到達膠州路萬國殯儀館。趙校長已守候在門口，告訴張瓊老師：她代表海光小學已登記簽名。招呼同學二人一排，由她們兩人一前一後帶領同學走上二樓的靈堂瞻仰魯迅先生遺容。（第二天為避免擁擠，靈堂移至樓下大廳。）

張瓊老師

張瓊老師凝視著魯迅先生遺容，頻頻拭淚。我向先生遺體鞠躬致敬後，仔細地看視先生的遺容。這是我第一次也是最後一次瞻仰魯迅先生，先生緊閉雙眼，已經默默無言了。在同學們相互推搡下我依依離開了靈堂。不久前我通過閱讀《吶喊》、《野草》、《熱風》和《朝花夕拾》，心目中剛剛樹立的「偶像」，怎麼突然離開人世了？我暗暗下了一個決心：從今後要認真學習先生的遺著，研究有關的歷史……。

閱報十年產生了迷惘

——圍繞「紀念魯迅」出現的「怪事」

魯迅先生的逝世，成為雜誌、報刊的報導「熱點」。尤其是一些進步刊物都出了「紀念魯迅」的專輯。這對於我學習和瞭解魯迅是一個極好的機遇。好在我有嗣母的經濟後盾，買書不愁缺錢。凡是《文學》、《中流》、《作家》、《譯文》、《質文》等紀念魯迅的特刊，我見一本買一本。只要有刊載關於魯迅的報紙，也想法去購來。從1936年到1946年，光是剪報就是厚厚的一大本。

讀了這些紀念魯迅的文章，我這個原來對魯迅一無所知的小青年逐漸增加了對魯迅及其著作的瞭解。但是，同時也產生了一些迷惘。

1937年10月19日，「魯迅先生逝世周年紀念會」在上海四川路女青年會大禮堂舉行。張瓊老師帶了我去參加。張瓊老師指著坐在臺上的「貴賓」告訴我：這位是魯迅先生的夫人許廣平，這位是魯迅的兄弟周建人，這位是新從日本歸來的郭沫若，這位是魯迅的學生馮雪峰，這位是魯迅的朋友鄭振鐸……。我能夠近距離見識了這些文壇明星，當時心頭湧起了一種幸福感。參加紀念會是要憑「入場券」的，張瓊老師得到兩張，本來是請她和丈夫賀樹同志一起出席的。當時她們夫婦住在辣斐德路339號三樓，賀樹同志病體支撐不住，張瓊老師便攜帶我去了。後來賀樹同志由黃炎培先生介紹，到姚惠泉先生負總責的中華第一職業補習學校執教，化名李

賀樹老師

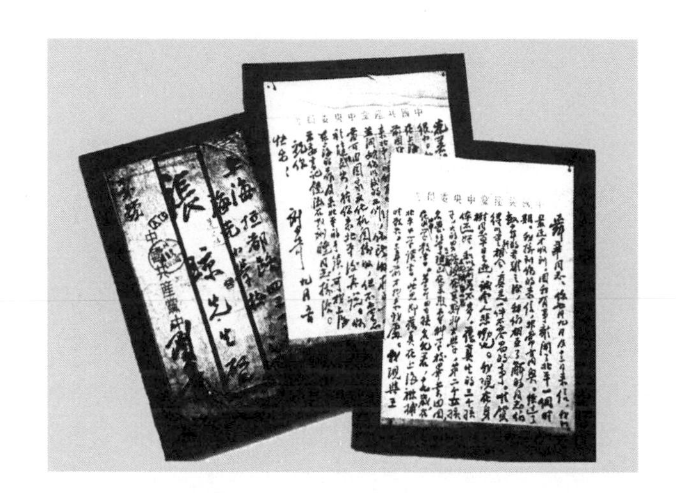

執中。（1940年後我在「中華一職」讀書時，賀樹便成了我的老師。因此，張瓊是我的小學老師，賀樹是我的中學老師。我從童年到青年遇到這兩位老師，是我的極大的幸運。在兩位老師的言傳身教下，我這個出身於富裕家庭的「書香」子弟終於走上了革命的道路。）關於張瓊、賀樹這兩位我的恩師容後專文記述。這裡先要披露一件材料，是「張瓊紀念室」公開陳列的「劉少奇同志（張瓊的入黨介紹人）於1949年9月5日自北平給張瓊同志的信。」節錄如下：

> 舜華（張瓊原名）同志：……我接到你的來信，非常高興。經過了數十年的苦難之後，我們相互瞭解的同志們得以重新相會，真是一件不容易的事。唯賀樹同志早日去逝，誠令人悲慟也。……
>
> 劉少奇　九月五日

正是由於張瓊老師的提攜，我有幸出席了「魯迅逝世周年紀念會」，親聆了許廣平、郭沫若和馮雪峰的講話，受到了教益。許廣平先生講了魯迅先生從「信奉進化論」到「後來確信階級論」的歷程。郭沫若先生則將魯迅先生比擬為孔子。馮雪峰先生最後發表了長篇宏論，講題是《魯迅與中國民族及文學上的魯迅主義》。說實話，馮先生濃重的浙東口音和演講內容的深奧，淺薄如我，當場實在聽不懂。張瓊老師說：「雪峰太不講策略了。郭沫若流亡日本十年，剛剛脫臉歸來，對國內情況不太瞭解，將魯迅先生比擬孔子也是從好心出發，不應不顧情面，當場批評他……。」張瓊老師還說：「雪峰說郭沫若稱譽魯迅是當今的孔子是比擬不當。但他自己卻把魯迅比擬為墨子，也未必妥當。這無非是各執一詞的門戶之見。在紀念魯迅的集會上是不應該挑起無謂的爭論的……」

郭沫若先生演說時感情充沛、聲音洪亮，用了詩一般的語言歌頌魯迅先生。當時我幼小的心靈對馮雪峰先生當面批評郭沫若很不理解，「他（指郭）究竟錯在哪裡？」

過了兩天，張瓊老師拿給我一份材料，叫我仔細閱讀，對我說：「這是金祖同留學日本時寄來的。」要我讀後還給她。原來這是1936年11月6日在日本東京出版的《留東新聞》週刊第53期，書中第二版刊登了郭沫若先生在東京「魯迅追悼大會」的演詞。讀了很受教益，便抄錄了下來：

郭沫若先生說：

> 「今天在國外紀念我們的導師魯迅先生，是最悲痛的一件事。我和魯迅先生未曾見過一面，但對他個人瞭解卻是很深。剛在佐藤先生（按：日本著名作家佐藤春夫）說，他是魯迅先生的弟子，未免太客氣了，以佐藤先生那樣有地位的作家，也說是魯迅先生的弟子，那麼我應該是（魯迅的）弟子的弟子了。現在我是以徒孫的資格來參加這追悼會。

魯迅先生的死，就是剛才佐藤先生所說的，不但是中國的損失，東方的損失，而且是世界的損失！他的死，是很值得哀痛的，尤其是死在大眾被壓迫的時候，中國的民族危機深重的時候。但是魯迅先生永遠不死！他的死，在我們是損失，在他是光榮的！而且是中國歷史上的無比的光榮！現在國內有無數的勞苦大眾，無數的青年空前地哀悼著他，同時在國外也有許多作家哀悼著他，像今天佐藤先生這樣悲痛地來哀悼他，是中國有史以來從沒有的。

中國有句俗話說：『三代以下無一人。』——所謂三代就是夏、商、周。——現在只有魯迅先生一人當得起。

夏、商、周以後的偉大的人物，只有魯迅先生一個人！為什麼他值得我們這樣敬仰，就是剛才一位朋友報告過的，他在思想、文學、生活裡面，都有一貫的不妥協的精神！現在他雖死了，但他的精神，他的一貫的不屈服的精神，是永遠沒有死！

今天我們紀念他，就是要學習他的這種精神。魯迅先生死了，但是我們有很多青年。每個青年都須得準備做第二魯迅！

從前在中國最偉大的是孔子，他死後，有人曾經這樣哀悼他：『嗚呼孔子，孔子孔子，孔子以前，既無孔子，孔子以後，又無孔子，嗚呼孔子，孔子孔子。』——這幾句話，我們中國人認為孔子是最偉大、從夏殷周三代後最偉大的人物。但是我們不同！我們希望後人生出許多的魯迅先生。

現在，我把這（從前古人）哀悼（孔子）的話改為：

嗚呼魯迅，魯迅魯迅！魯迅以前，無一魯迅！魯迅以後，無數魯迅！嗚呼魯迅，魯迅魯迅！」

——郭沫若在「魯迅逝世一周年紀念會」上的演講，和這篇演講基本是一致的，不過多了號召學習魯迅、堅決抗戰的意思，我聽不出有什麼錯誤。就在還這份材料時向張瓊老師請教……

張瓊老師說：「郭沫若參加過南昌起義，加入過共產黨，後被蔣介石通緝，流亡到日本，脫掉了組織關係，現在成了不是黨員的民主人士。馮雪峰自恃是共產黨在上海的特派員，瞧不起郭沫若，連『統一戰線』也忘掉了，策略性也不顧了，有點『高人一等』的樣子，所以就自以為是，當面批評郭沫若，使他下不了臺。其實，這還是『關門主義』的殘餘……。儘管郭沫若是文藝界的老前輩，馮雪峰是晚輩，在他心目中，『黨員就高人一等』，脫了黨就低人一等了……，所以郭沫若也不在話下。這正是列寧批評的『左傾幼稚病』。這一切，你現在不可能理解。今後要加強學習，多閱讀魯迅先生《二心集》、《且介亭雜文》等文章，慢慢地就容易理解了……。」——我當時把張瓊老師的話記錄下來，經常翻閱回味，一個初中學生一時是無法真正理解的。但是，張瓊老師對我諄諄教導、誨人不倦的精神，使我銘心永記了一輩子。

魯迅逝世二周年的紀念會我沒有參加，但是，從報刊上發表的紀念文章，我聞到了紀念魯迅「同室操戈」的火藥味。

巴人（即王任叔，中共地下黨「文委」委員）當時公開的社會職業是《申報・自由談》主編。他在《自由談》刊佈《魯迅逝世二周年紀念特輯》，他以「編者」名義發表《超越魯迅——為魯迅逝世二周年紀念作》，文中寫道：

「人都知道《自由談》和魯迅先生的關係，編者接編《自由談》以來，朋友間首先給我的批評和意見是，『應該多登些魯迅式的雜感文字。』……」（我當年的剪報附下頁）

自由談

魯迅逝世二周年紀念特輯

超越魯迅

—為魯迅逝世二周年紀念作

楊·著

自由談復刊還沒到十天，而魯迅先生逝世兩周年紀念又臨在我們的面前了。人都知道自由談和魯迅先生的關係，編者接編自由談以來，朋友間首先給我的批評和意見是，「應該多登些魯迅式的雜感文字。」然而魯迅不世有，而自由談還得「談」下去，這使我在今天益發感到這一文化巨匠的死去，對於中國文化界損失的重大了。

魯迅的精神固然是部分地活在人們的心裏，但魯迅的藝術的戰鬥的力，却沒有看到活在後一代人的筆端，這是誰的過錯呢？難道我們眞讓他的死，帶去我們的一切，使前無古人，而後亦無來者嗎？在魯迅先生翻譯的有島武郎的「與幼小者」的小說裏，曾經有這樣的一節話：

「你們倘不是毫不顧忌的將我做了踏臺，超過了我，進到高的遠的地方去，那是錯的。」我可以斷說，魯迅先生期望於後一世代的，正也抱有這樣的心境。然而我們竟讓魯迅先生這一心境，寂寞，冷落，而終至於含怨塵土嗎？不，我們一定得大聲的叫出：「超過魯迅！」這是每一個文化人所應自動而動人的！

魯迅之所以為魯迅，決不是偶然的。學習魯迅，並不是為了「追隨」或「步驅」，而是為了「觀取魯迅」。那麼我們看一看魯迅先生一生的學問，有什麼地方，值得我們觀取呢？六百萬字的魯迅全集，現在是展開在我們面前了，我們好容易瀏覽了過去，但作者每一字每一句所下的心血，那眞不是我們所能想像的。紙要一展開他那手抄的「古小說鉤沈」，「會稽故書雜集」，「嵇康集」，看到那裏面一筆不苟的字跡，我們就可知道魯迅對於任何一種學問的刻苦磨鍊的工夫。而我們呢，以皮毛爲骨肉，以膿瘡爲佛詭，到頭來，還不免自示空虛。

魯迅固然是勇於和惡勢力戰鬥的，但他又勇於自剖。記得他在一篇文章裏說起過：在他翻譯新興藝術理論時，有幾處，彷彿觸着了自己的瘡疤，但他還咬着牙譯下去。他在「三心集」序言裏說：「我做些自己的事，怎樣在碰壁，怎樣在做蝸牛，好像全世界的苦惱，萃於一身，在替大衆受罪似的：這也正是中產的智識階級分子的壞脾氣。」祇有有自知之明者，才能知人。而祇有能與自己鬥爭者，才能與人鬥爭。然而，我們呢？

魯迅是毫無隱藏的發露了自己的心境，要說的話，總得說去，這就成了他的深刻。終事實的眞相，[illegible]之下，於是人們的見解都成[illegible]作。正如魯迅先生在論諷刺一文中所說，[illegible]

魯迅先生最討厭的是身在背後嘁嘁嚓嚓的人們。有理說得清，而無理可說者，却在背後嘁嘁嚓嚓了。在「答徐懋庸並關於抗日統一戰線」一文中，有說，這些人「往往不過是將敗落家族的婦姑勃谿，叔嫂鬥法的手段，移到文壇上。嘁嘁嚓嚓，招是生非，搬弄口舌，決不在大處着眼。」……但是，這現象僅限於文壇嗎？不，在我們的左右，在我的前後，都有這樣人。我們所要的是「打開天窗說亮話」，而另一整人所要的，却是「三模棱下搬是非。」於是是非莫明，而中國也將亡在這一羣人的手裏。

有人說魯迅[illegible]

緊接著，阿英（即錢杏邨，老黨員，在孫冶方出任「文委」書記前，曾任「文委」負責人）在中共地下黨辦的《譯報》上，以「鷹隼」筆名發表《守成與發展——為魯迅先生逝世二周忌作》。文中寫道：

「『魯迅風』的雜感，現在真是風行一時。魯迅有《門外文談》，於是就『有人』寫《捫虱談》……。……抗戰以來，每當看到『魯迅風』的雜文，我總這樣想：『如果魯迅不死，他是不是依舊寫著這樣的雜文？還是跟著抗戰的進展，而開拓了新的路？』我的答覆是屬於後者的。……適應抗戰需要，創造新雜感！祇有這樣，纔是真正的紀念魯迅！」（當時的原文剪報，影印如下）

巴人立即寫了《「有人」，在這裡！》進行反擊。認為「這位文化界老前輩鷹隼先生」給巴人的「不管自己」的「罪名，那是出於他私人的嫌隙」。詞涉人身攻擊，原報影印如下（見下頁）：

鷹隼（阿英）在《譯報》發表《題外的文章——答巴人先生》進行還擊。提出四點中心問題，並要巴人「進一步反省」，問他「近頃的文章，有無有意或無意的模仿魯迅……？」（原文剪報影印如下頁：）

巴人更不甘休，又寫了長文《題內話》再次還擊阿英。指責鷹隼（阿英）「本來是懷著惡意，從背後打人一拳」，自己「既不必改之，不必加勉」……。鄭振鐸先生為避免「親者痛、仇者快」進行調解，在深夜給巴人去信勸和……。（巴人《題內話》原文剪報影印如下）

守成與發展

為魯迅先生逝世二週忌作

鷹隼

「魯迅風」的雜感，現在正是風行一時。

魯迅有「門外文談」，於是就有人寫「捫虱談」；「無花的薔薇」，就有人「抽抽乙乙」地作「碎感」；有「向刀叢覓小詩」的蒼涼悲壯詩文，諸多魯迅式的雜感也便染上了六朝的悲涼氣慨。

這就是魯迅「遺囑」中所說的：「不管自己！」

抗戰以來，每當看到「魯迅風」的雜文，我總這樣想：

「如果魯迅不死，他是不是依舊寫着這樣的雜文，還是跟着抗戰的進展，而開拓了新的路？」

我的答覆是屬於後者的。

我想魯迅的雜文，決不會再像在[illegible]禁例森嚴時期所寫的那樣紆迴曲折，情緒上，也將充滿着勝利的歡喜。

他的新雜文，將是韌性戰鬥的精神，勝利的信念配合着一種巴爾底山的，突擊的新形式，明快，直捷，鋒刀，適合當目前的需要。

然而現在，我們的後繼者，是祇會守成，不求發展，祇知模倣，忘卻創造。

這果真是魯迅的願望嗎？

真的「魯迅主義者」，我想是不應該走這樣的路，橫在面前的應該是：

「學習魯迅精神，管自己的事；適應抗戰需要，創造新雜感！」

祇有這樣，纔是真正的紀念魯迅！

「有人」，在這裏！

巴人

鷹隼先生在譯報大家談裏，是把我括在「魯迅風」的雜感作者裏的。在他兩文「有人」以後，「於是我的罪案是「不管自己」」。是的，我確實不很管到自己，要不然，我早已「著作等身」了。

我是寫過「捫蝨談」的，用「八戒」的筆名，發表在文滙報的世紀風上。寫這文章的動機，倒不是因為魯迅先生有「門外文談」，所以執筆。老實告訴你吧，鷹隼先生，寫這文章的動機，正在你現在編大家談那一間屋子裏，由於那時編前哨的周彼得先生和鍾望陽先生的催促。他們要我寫一篇關於「大眾文學」的短文，我說：短文不來，長文我倒要寫，這就是熬了二個夜寫下的捫蝨談。我雖然校對過魯迅全集，但不是全都記得魯迅文章。用捫蝨談三字的動機，原因是自己立不定自己的理論，寫出來，無異白嚼蝨，由嚼蝨而想到有些老朋友（但不是鷹隼）叫我「癟三」的綽號，由「癟三」而想到「捫蝨」，於是有「捫蝨談」了。記起魯迅先生的「捫蝨談」，卻還在寫成之後。

但不管這文章的題目如何，便是我再來一篇「門外文談」，也算不了什麼。在大家談和爝火上，我還發用過「無花的薔薇」，問題應該看文章的本身。正如鷹隼先生和我的筆名，都是魯迅先生用過的。但鷹隼不會疑是旅隼，活着的巴人，不會疑是死了的魯迅。捫蝨談的文章，疎鬆，散漫，討論問題，有點扯談形式，絕不像魯迅的門外文談的嚴謹，集中。我自己知道，這文裏有點吳稚暉的影響，但不是襲取魯迅的，明眼人儘可在這里比較一下，鷹隼先生雖然眼力如鷹隼，但這回是落空了。

那麼再說『有人「抽抽乙乙」作「碎感」吧！』，不是「碎感」，指的是我在本刊上發表的「抽思」。所謂「有人」，也還在這里！本來，我的「思」是不想再「抽」了的。在編大家談的時候，我實在「已經抽」盡了「思」，到這里來，我很想偷一下懶，除有稿發稿外，不願再「抽」什麼「思」。可是事情真不簡單，幾天奔跑拉稿的結果，來的都是長稿。有的說，標準太高了一點，文章太長了一點。編得太沉悶。而讀者也有批評，「不够明朗與潑辣」。其實這一切，我都知道。一個編者雖然可由主觀的努力，使一個刊物活潑起來，但大半還決定於客觀的供給－外稿。然而對有些人批評的好意是不可辜負的。於是祇得自己來寫短文了。這回是連「抽」了「思」之後，都沒有想到「無花的薔薇」，這也可見得我的沒出息，儘管翻多少觔斗，還不出如來手掌，依舊是「無花的薔薇」。可是無論誰怎樣荒唐，總不至有人說魯迅寫的是方塊字，而我們也不免於寫方塊字，有所干涉吧！

「『有人』，在這里」！這招呼完了。現在再說說別的吧，魯迅之偉大，要超過他，我早感到自己的無力，即就說是學習吧，在我也不配。我早對朋友說過，要是我可以不寫文章，我情願回到鄉下種田去。自然這是憤慨之詞，田是種不成的，文章確實不願再寫了。寫下去的結果，終不免有人，如鷹隼先生之類，向我橫架而來的。嗚呼，果有今日，我竟有自知之明了。

文章寫到這里，我本可以擱筆。但我還必須聲明：我以職業關係進了申報，早有人（[illegible]個不是鷹隼先生）在小報上說譯報的話，說我走出譯報，是內部意見不合。還是「見鬼談」，不是「捫蝨談」。譯報始終是我的世界上最愛護的一張報紙。從爝火而到大家談，四五月來，我幾乎[illegible]在譯報編輯中工作。為了什麼，為的是我愛護它！就是最近由於[illegible]的要求，我還為大家談寫[illegible]文章。人是沒有不愛自己耕耘過的土地的。誰能否定我對於大家裏這塊土地所下的勞力！鷹隼[illegible]給我「不管自己」的罪名，那是出於他私人的嫌隙。老實說，對於這位文化界老前輩鷹隼[illegible]真正和魯迅先生一樣，真正是「不管自己」！

題外的文章

——答巴人先生

鷹隼

魯迅先生逝世二周忌的前夜，我有感於近頃模做魯迅之風甚盛，寫了一篇題做「守成與發展」的短文，表示抗議，卻沒有想到，竟會引出巴人先生的一篇題外文章。

我以爲問題的中心，應該是下列四點：

㊀目前文壇上模做魯迅風氣是不是甚盛？

㊁這種傾向的增長對發展前途是不是有害？

㊂如果有害，我們是不是應該表示抗議？

以及更基本的：

㊃如果魯迅還在，是不是依舊寫這樣的雜文？（這可以用他在軍閥時期所寫雜文不同於後來所寫的作證）。

然後巴人先生可進一步的反省，自己近頃的文章，有無有意或無意的模做魯迅的所在。如果我的抗議是應該的，巴人先生不妨「有則改之，無則加勉」。要是不應該，自然要根據事理來加以反駁。問題的對象，是「運動」，不是「個人」。

可是巴人先生並不肯這樣做，抹煞我這篇短文的主要意義，還要唯心的判斷，說我引用他的文字作例，是由於「個人的嫌隙」。我和巴人先生會有「個人的嫌隙」，這還是第一回聽到！我自己實在不大了然。但我想反問巴人先生，魯迅全集里，不知反對了多少人，引用過多少人的文字作例，難道也是對每個人都有「個人的嫌隙」嗎？這樣的話，出於每天在指導着青年的巴人先生之口，實未免是一大遺憾。

對於巴人先生「自以爲是」的許多客氣話，我不想作任何的答覆，既非其時，也非其地。我們不放棄對任何有利於抗戰事件的論爭，但我們絕對的應該理解，我們是屬於一個國家，一個陣綫上的人，我們的國家是正在苦難中生存的時日中。對於一切的事件，我們不能從個人的觀點看，我們應該更清醒一點。——希望巴人先生，能從這些點上，來理解我所提出的問題。

「題內話」

巴人

㊀有這樣一種人

本來是懷着惡意，從背後打人一拳；等到被打者回手，而且也照樣一拳，於是那人便向公衆宣佈道：「打他是爲的『運動』，不是爲的『個人』。」以此而爭取觀客的同情，於是被打者就活該被打。——世界上本有這樣一種人，而鷹隼先生是個最好的代表。

㊁既不必改之，不必加勉

拙作雜談不同於門外文談，已有聲明。抽思不同於無花的薔薇，也在鷹隼先生說的「抽抽乙乙」四字斷定。魯迅先生的無花的薔薇，見題目即可瞭然。哪裏是「抽抽乙乙」？

至於我的「近頃的文章」，除鷹隼先生指出的兩篇外，全都發表在大家談上，大都是問題的回答，試問魯迅先生有過這樣眞率的理論文章？而鷹隼先生論到雜感（拙雜談還並非雜感）時，一定要拿我開刀，其用意可知。話是說得挺乾脆的，叫我反省一下，「有則改之，無則加勉」！但可惜還不是「不教而誅」，卻是「先誅而後教之」，已經被開刀還說「你反省一下，有則改之，無則加勉」。斷得文化界老前輩能說這話。亂刀之下，展開笑顏，說紳士話，這就是我們的鷹隼先生！

㊂不是惡意嗎？

將拙雜談故意牽扯到門外文談上去，不明指「抽思」，而說「抽抽乙乙的碎感」，於是再反一反魯迅的「管住自己」的話，成了「何不管自己」，但還不是惡意嗎？我雖笨拙，也沒有瞎眼。我要反抗的，就是這「惡意」。

魯迅先生所心惡痛絕的現代評論派，那決不在於個人，而在於這一派人的作風。見面時，客客氣氣，轉過背則造作蜚語，跡近挑撥離間；趁便打一拳，回拳請教時，馬上又來一套「天下國家」大事。這回鷹隼先生做的就是這一套手法。「個人的嫌隙」鷹隼先生假裝痴聾，說是第一回聽到。可是鷹隼先生正是製造嫌隙的人，而且每每把個人嫌隙，化作公共問題來出場，既堂皇，又體面，好個紳士作風，然而是「陰陽家」。關於這接近我和鷹隼先生的朋友，早可以耳代目，不必在這裏提起。好在這些人都活在眼前，不至死無對證。如其我們國家眞的要求抗戰勝利，我倒極盼望能肅清這陰險很毒的「陰陽家」！這是我要回拳請教的第一個原則！

㊃親者所痛仇者所快

我要回答鷹隼先生的時候，源新先生深夜來了一封信，說千萬不要回答，恐爲仇者所快。斷後，我接觸了許多朋友，都這樣對我說：我們不放棄鬪爭，但我們不作無原則的鬪爭。我明白：但我也有我的原則。那就在前天文章中最後的聲明。我說，如其鷹隼先生在別處攻擊我，我決置之不理。因爲這攻擊，我已聽得多，慣了。但在大家談上，——譯報的大家談上，惡意的攻擊我，那是爲小報造謠張目。我說過，我與譯報任何一人，都無嫌隙，而且[illegible]，我是以譯報向戰鬪的一員，鷹隼先生加入這一陣綫，不過十八天事，下馬便向我攻擊，這是不是要將我和譯報以及譯報的讀者隔離開來呢？不僅如此，如其誰不否認我對於大家談上所下的勞力，並不否認我在大家談上回答的問題還算正確，那麼以後一耕耘的人，來打擊前一耕耘者，這影響將會如何？「發展」要「發展」到這樣程度，我不知這原則在那里？鷹隼先生承認我和他同一陣綫，但這却是陣綫以外人纔這麼做的。一個愛護譯報，承認譯報的存在價值的人，決不出此。

㊄問題的中心

鷹隼先生所提出的四點，就算問題的中心吧，但我也早已說過，我們要「超過魯迅」。但其間自然有個不同之點：那便是在今天我們還須「學習魯迅」。因爲魯迅的精神，還沒有到應該被揚棄的階段。我的所謂「超過魯迅」，是自「學習」到「戰取」，從「戰取」到「超過」，是以魯迅爲踏台而超過的。如其文壇上「模做魯迅的風氣甚盛」，那早應該看到「雜感」的多樣性了，而不是像今天那樣的一般性的。模做本是創作的必要過程。在今天，我以爲對於魯迅的學習，還不夠深入，還不夠擴大！沒有守成，即想發展，那是取消魯迅者的企圖，這正是鷹隼先生所要做的。活着的魯迅，早使「有人」不快活。死了以後，居然仍有人「捧」他，於是「有人」更不快活，這是自然之理。我以後還要「魯迅」下去，這是我的問題的中心，好端端的紀念魯迅，結果竟出現了「同一陣營的老戰友」大打筆戰，爭論不休，使我看得雲裡霧裡，莫名其妙。但問題並沒完……。

毛澤東為紀念魯迅逝世一周年，在延安陝北公校發表重要講話《論魯迅》。講話稿轉輾傳到漢口以後，胡風立即在漢口出版的《七月》上公開發表。阿英在上海出版的《文獻》上全文轉載。《論魯迅》中稱孔夫子是中國封建社會的聖人，「魯迅是中國現代的聖人……」。——毛澤東繼郭沫若之後，以中共領袖身份把魯迅與孔子相比擬。

1940年文藝界「紀念魯迅先生六十誕辰」，《文藝陣地》第五卷第二期特闢《魯迅先生六十誕辰紀念專號》，發表了兩個老共產黨員的文章，對「比擬孔子」、「稱魯迅為現代聖人」的說法公開表示異議。

第一位是馮雪峰，他把《魯迅與中國民族及文學史上的魯迅主義》的講稿正式發表，並改題為《魯迅論》與《論魯迅》針鋒相對，在1940年出版了單行本。馮雪峰借批評郭沫若的比擬，明確寫道：

> 「郭沫若先生曾將魯迅先生和孔子比擬，不用說，魯迅先生的思想、精神和戰術，都決非師承孔子，而且魯迅先生論到中國的歷史時是常掊擊儒派的，……我以為，在中國，戰鬥的、為大眾、為奴隸們服役的犧牲的精神最偉大的是墨子的精神，……但孜孜為利的渺小的『學者』又怎能懂得。」（見該書單行本第7～8頁；《文藝陣地》第141～142頁）

第二位是巴人（即王任叔），他在《關於魯迅雜想》一文中寫道：

> 「聖人如其當作一種偉大精神的形容。則『孔子是封建時代的聖人，魯迅是我們時代的聖人』這樣的話，是可以成立

的。但聖人如鄉曲之士所奉的牌位，上書『大成至聖先師孔夫子之神位』，則我們寧說，魯迅是一個平常人，說平常話，做平常事。他不欲專求個人的飛躍，而希望與眾人共進於『真理』的王國。……其論現代中國的孔子，指出欲肩孔子牌位者，必滅亡。……今日的中國，誰要背出孔子來，誰就在準備滅亡。……」（見《文藝陣地》第194、197頁）

這些文章，我雖然收集剪存，但讀來讀去，由於水準太低，無從辨明是非，不能不感到一種迷惘。

偉人周恩來啟示我人生方向

——在「魯迅逝世十年祭」前後

1946年春，我去看望張瓊、賀樹兩位老師，隨身帶了厚厚一本「剪報集」。賀樹老師頭上依舊戴著絨線帽，脖子上圍著一條灰色圍巾，捧著小茶壺，坐在籐椅裡。他接過我的剪報，笑道「什麼『寶貝』呀！」翻閱一過後，咳嗽二聲，茗了一口茶，這是他的習慣動作。直率地說：「功夫化了不少，剪貼還算認真。不過有點『純資料觀點』，比較蕪雜，缺乏條理，看不出你自己的中心思想……。」我一下子面孔發燒，有些手足無措。張瓊老師給我端了一杯茶過來，對賀樹老師說：「不要這樣嚴厲嘛！小沈埋頭十年，積累這本剪貼，這一點恒心，也不容易……」賀師說：「愛之深，責之嚴，我是為小沈好……。」

賀樹老師說：「青年人是應該有理想和信念的。埋頭扎在書報中剪剪貼貼，總不是青年的人生目標。就算是『研究魯迅』，也要先解決為什麼研究？為誰研究的問題……。」

張瓊老師在一疊期刊雜誌中找出一本《文萃》週刊，拿給我說：「裡面有一篇曾敏之寫的文章，回去好好地看看，這篇文章是值得翻覆閱讀的……。」

文章題目是《談判生涯老了周恩來》，是當時青年記者曾敏之寫的《周恩來訪問記》。關於周恩來，我讀過斯諾的《西行漫記》，在《西行漫記》第二章「通向紅都之路」的第二節《造反者》，斯諾記述了「與周恩來的談話」。（1938年復社版第73頁譯題《叛徒》，今據新譯文。）

斯諾1937年在陝北與周恩來初次會面：「這時一個瘦削的青年軍官出現了，他留著中國人不多見的大鬍子，走過來，用一種柔和而溫文爾雅的聲音同我打招呼：『哈囉』，他問『你是在找人嗎？』他是用英語說的！不一會，我就得知他就是大名鼎鼎的周恩來。」

斯諾在聽了周恩來用英語敘述的革命經歷後認為：「他是個富有傳奇色彩的人。他人瘦瘦的，中等個，身架略顯單薄。儘管他留著又長又濃的黑鬍鬚，但仍有著一副孩子氣的相貌，一雙大眼睛熱烈而深邃。他有著某種吸引力，這似乎出自他那個人魅力和領袖自信。」——這也是我從字面上獲得的初步印象。

張瓊師母要我閱讀曾敏之寫的訪問記，是1946年4月28日「周恩來離開重慶的前夜」，和一個青年記者的「縱談」。

在記者筆下，「周恩來穿著派力司的西裝，從他新理過髮的容顏看，他顯得英姿煥發。」只是「他的眉宇間緊鎖著憂鬱。」「窗外是如絲的春雨，嘉陵江上煙霧迷蒙。周恩來以富於感情的思緒在憑窗遠眺。他對重慶這個城市所感受到的一切是太深刻了。他曾經在這裡簽下幾個歷史文獻；他曾經在這裡經歷了許多困惑而又悲哀的境遇，直到最近他還痛悼與他並肩奮鬥二十年的戰友王若飛、秦邦憲、葉挺、鄧發等為和平事業，由重慶出發去延安請示而在中途遇難永不回來的損失。而現在，他要離開這個地方了，……」

周恩來接見了這個青年記者，應他請求，「沉浸在回憶的海洋裡」談了「最初從事共產主義革命時思想、生活轉變的形態。」……

談到閱覽和讀書，周恩來說：「他青年時代喜歡讀小說，讀報章雜誌更十分細心，」在當前為國事奔波的百忙之中，還「要他的秘書每天幫助他用紅筆圈好報章資料，讓他晚間閱讀，必要時更為他剪報。在重慶，他讀的報紙（包括京滬平津的）共計二十餘種。關於讀書，他說除青年時讀小說外，也研究過政治經濟學，不過近二十年來做事多於讀書，這是以後要設法補救的……。」

最後，周恩來應青年記者請求，在一張白紙上題下了對青年的臨別贈言：

> 「人是應該有理想的，沒有理想的生活會變成盲目。到人民中去生活，才能取得經驗，學習到本事，這就是生活實踐的意義。」

——這段話，我抄錄貼在床頭，作為座右銘。

賀樹老師找出一張舊報紙，對我說：「這上面有篇講話，你要研究魯迅，不能不讀……」。原來是半張泛黃色的舊報：1938年10月20日的《新華日報》，發表了《魯迅逝世二周年紀念會》的特寫。其中有一段《周恩來同志熱烈講詞》，我看了當場摘錄了一部份：

周恩來說：

> 「……我自己不是文學作家，然而卻參加了文藝協會，同時在血統上我也或許是魯迅先生的本家，因為都是出身浙江紹興城的周家，所以並不如大會主席所說『以來賓資格』講話。……我只能如古詩所說：『疾風知勁草，板蕩識忠臣』似

的來懷念魯迅先生。……魯迅先生生時，在國難當頭或局勢搖盪時，絕未動搖或妥協過，無論在今天、明天都本其一貫精神，堅強奮鬥，至死不屈，同時，又啟示出未來的光明，把握住光明的前途。

在文藝上，魯迅先生一貫地對舊社會給以無情的批判與揭露，不妥協、不苟且，指示我們一個光明的前途。即使在反映中國社會腐朽的《阿Q正傳》上也顯示出偉大的奮鬥前途，而鼓勵著大眾反抗腐惡勢力，這是在先生早期到後者都是如此的。……

所以，不論在政治上、文學上、或為人道德上，都需要我們學習魯迅先生的精神和作風，發揮魯迅先生的精神，有著強烈的現實反映、未來的光明追求，是我們今天……應有的抱負。我們應艱苦不拔，克服困難，為實現最後勝利而奮鬥到底。」

這是我第一次接觸到周恩來關於魯迅的論述。

經過反覆思考，我明白了賀樹、張瓊兩位老師對我的苦心培育。在1946年夏參加了中共地下黨領導的群眾團體「東聯社」（即「洞庭東山各校同學聯誼社」）；經過孫居漢同志介紹加入了「上海工人協會」（簡稱「工協」）；又經過陸振祚同志介紹加入了黨的秘密組織「職協」；參加了被毛澤東主席稱譽為「開展第二條戰線鬥爭」的「六・二六」上海人民反內戰示威大遊行。算是我「到人民中去」的最初實踐。

1946年10月19日上午，張瓊老師電話通知，要我「趕快去一次。」當時我在上海永大染織公司事務所工作，請了假立刻趕到辣斐德路老師家中。賀樹老師笑道：「給你留了一張入場券，下午有個重要大會，就在隔壁辣斐劇場，你在這裡吃碗麵，再去會場……。」當我捧起麵碗，賀樹老師給我碗裡挾了一塊排骨。神秘地說：「今天有可能見到你心目中的偉人了……。」我驚喜地問：「是不是周副主席？」賀師說：「到時候就會知道。」

放下麵碗，我迫不及待趕到辣斐劇場，預定二時開會，此刻還不到一時，劇場門口人如潮湧。只見「文協」總幹事梅林攔在門口驗票，高喊「請把入場券拿出來，憑票入場……。」我眼快手捷，向招待人員拿了一份大會儀程單和「胡風詞、董戈曲」的《魯迅先生頌歌：由於你・新中國在成長》（原件複印如下），搶到了座位。打開「大會儀程」，分「A、演講；B、朗誦；C、歌唱；D、電影《魯迅殯儀記錄片》。」演講者預定許廣平、郭沫若、茅盾、胡風、葉聖陶等五位。大會主席是邵力子、司儀是趙景深。名單上不見我心目中的那位偉人，不免有點憾然。趁著開會還早，我打開記錄本把主席臺上的魯迅像描了下來。（複印如下）二時正大會開始，六百個座位擠滿了一千多人。趙景深司儀宣佈開會，請全體起立，在魯迅像前合唱《頌歌》。

大會主席邵力子不是以國民黨「中宣部長」的身份，而是以「文協會員」的資格參加。他身穿長袍馬褂的中式禮服首先致詞，號召「發揚魯迅精神」。其次由白揚朗讀許廣平的《十年祭辭》。第三位是葉聖陶先生講話。第四、五位是郭沫若、茅盾的演講。預定趙丹朗誦魯迅作品《聰明人、傻子和奴才》，因趙丹缺席，改由李健吾朗誦。司儀突然宣佈：「請中共代表周恩來先生演說」……全場立即爆發響雷般的掌聲，久久不息。我站起來鼓掌，一顆心彷彿跳到了喉嚨……。周恩來步至台前，連連揮手請大家安靜，於是開始了他到上海後向群眾作的第一次公開演講。但是如雷掌聲使他立在講臺前久久不能發言……。郭沫若站出來用洪亮的聲音請大家安靜，「聽周先生演講……」。大家的掌聲才停息下來。這反映了上海人民對中共歡迎的熱烈，雖然事隔六十多年，依然鮮明在目。（圖中周恩來左首坐著的是馬敘倫、柳亞子）

我努力把這位偉人的講話記錄下來。可能不夠精確，這是一個青年的現場實錄。現在轉錄於此，以供參考。

周恩來說：

魯迅先生死了十年了，整整的十年了。先生逝世後，中國就從內戰進入抗戰。然而十年後的今天，不幸抗戰才告結束，又回到了內戰。內戰是魯迅先生所詛咒的，抗戰才是魯迅先生所希望所稱頌的。他所希望的事，總算在人民大眾的努力之下實現了，而且取得了勝利。而現在他的祖國卻還有著內戰，這應該是我們參加這會的每個人所難過的。多少年來，全國人民個個祈求民主、獨立、團結、統一，日本投降已經一年多了，這一個願望還沒能達到，怎麼叫人不失望、悲痛？

魯迅先生逝世那年，國共已進行談判，到今天足足談了十年了，還不能為人民談出一點和平來。我國人民對此更有說不出的難過。但是人民既然一致有了這個要求，只要能團結起來，就一定能把和平民主統一爭取到的。今天，我要在魯迅先生的遺像面前，在各位人民的面前，說明我們的信念和努力，我們決不放棄和平統一談判，即使被逼得為自衛而反抗，也仍要為求得和平統一而努力，我今天就這樣的鄭重作這個誓言。

魯迅先生曾說：「橫眉冷對千夫指，俯首甘為孺子牛。」這裡就說出了魯迅先生的方向，也即是魯迅先生的立場。魯迅先生最痛恨的是反動派，對於反動派，所謂之「千夫所指」，我們是只有「橫眉冷對」的，不怕的，我們要「以眼還眼，以牙還牙」。可是對於人民，我們就要如對孺子一樣的為他們做牛，要誠誠懇懇老老實實的為人民服務。過去歷史上有過多多少少的暴君、獨裁者，結果都一個個的倒下去了，為後世所唾罵，但是歷史上的多多少少的奴隸、被壓迫者、農民，還是牢牢的站住的，而且長大下去。現在是人民的世紀，一切由人民決定。一切都為人民，所以我們應該站在魯迅的立場，朝著魯迅所走的方向，像牛一樣的為人民去努力奮鬥。魯迅、聞一多都是最忠實、最努力的牛，我們要學習他們的榜樣，在人民面前發誓：做人民的奴僕，受人民的指揮，做一條牛。……

周恩來還有重要會議，在經久掌聲的送別中離開了會場。預定要演講的胡風沒有發言，最後司儀請沈鈞儒老先生發言。沈老先生說：十年前魯迅葬儀上他寫了《民族魂》三字，如今要改成《民主魂》了。達到民主、打倒反動、爭取和平，以魯迅精神共同努力，否則就對不起魯迅先生……。

在《魯迅先生殯儀電影》、激勵大家繼續前進中，結束了紀念大會。

周恩來在《魯迅十年祭》對我的啟示：我堅定了理想和信念。經過實際考驗，在孫居漢、陸振祚兩位同志的介紹下，我終於成為光榮的中共黨員……。

周恩來像明燈、影響我終生
——在他啟示下我為「魯迅研究」作了些什麼？

劉少奇同志致張瓊老師的信中寫道：「唯賀樹同志早日去逝，誠令人悲慟也。」——我的恩師賀樹同志是在1947年因病去世的。遺體在張瓊老師、秦鴻鈞烈士等護送至靜安寺對面的「外國墳山火葬場」火化。他的骨灰在辣斐德路家中放了一個月，張瓊老師選了一個星期天，由她的學生宋濤和我陪同，護送恩師的骨灰至吳淞口撒向大海……。1948年冬，我的好友金祖同兄在孫中山夫人宋慶齡支持下創辦了一份《透視》叢刊。我寫了一則短訊：

> 「前道清段暴動領導人李執中，（按：賀樹的化名）已於去年夏天病歿滬寓，他於淪陷期中因病未能去大後方，然仍力疾並撙節醫藥費從事搜集近代史料書籍，十年來其藏書在四萬冊以上，臨終遺言是要他夫人在政治清明的時候，將全部藏書，獻給政府辦圖書館，夫人現服務於上海某小學。」

透視

叢刊第一本　民國三十八年一月二十五日出版

第一本目錄

孫夫人：民主·和平的象徵

前道清段暴動領導人李執中，已於去年夏天病歿滬寓，他于淪陷期中因病未能去大後方，然仍力疾并撙節醫藥費從事搜集近代史料書籍，十年來其藏書在四十萬冊以上，臨終遺言是要他夫人在政治清明的時候，將全部藏書，獻給政府辦圖書館，夫人現服務於上海某小學。

錢寧夫，地質學家，在浙江研究地質。

21

金祖同兄主編的《透視》叢刊第一本，在1949年1月25日出版，祖同用「曉罔」筆名寫了《孫夫人：民主、和平的象徵》，刊在封面頁。我寫的短訊發表在內頁中縫。其時淮海戰役於1949年1月10日勝利結束，蔣介石下野、李宗仁上臺向中共「呼籲和平」。因此，祖同辦的《透視》叢刊陸續出版了三期。在叢刊中還傳播了有關解放區的訊息，如：

「據哈爾濱廣播，說吳玉章任華北大學校長，成仿吾副之，錢俊瑞任教務長。」

「在東北舉行的婦女聯合會（按：應該是第一次全國婦女代表大會），參加者有李德全、許廣平、蔡暢、鄧穎超、劉清揚等。」

——這是我們秘密收聽解放區新華電臺的短波後編寫的。（現將《透視》叢刊第一本原件複印如前頁：）

對於賀樹生前的藏書，劉少奇在給張瓊的信中表示：「你們所說賀樹的藏書，當可由國家文化機關接收，但不要急於隨便交出，待你來北平後再說。你在上海的工作及來北平的手續，可找上海市委書記饒漱石或劉曉同志接洽。」

新中國成立以後，我從「上海總工會滬西工作組」、染織工會文教部，調至中共滬西區委宣傳部、長寧區委宣傳部工作。期間，我參加了魯迅先生誕生七十周年、逝世十五周年紀念大會；魯迅先生遺柩從萬國公墓遷往虹口公園的「遷墓典禮」；「魯迅先生墓及魯迅紀念館開放參觀」儀式；「魯迅先生逝世二十周年紀念大會」等一系列活動……。

（有關證件複印如下：）

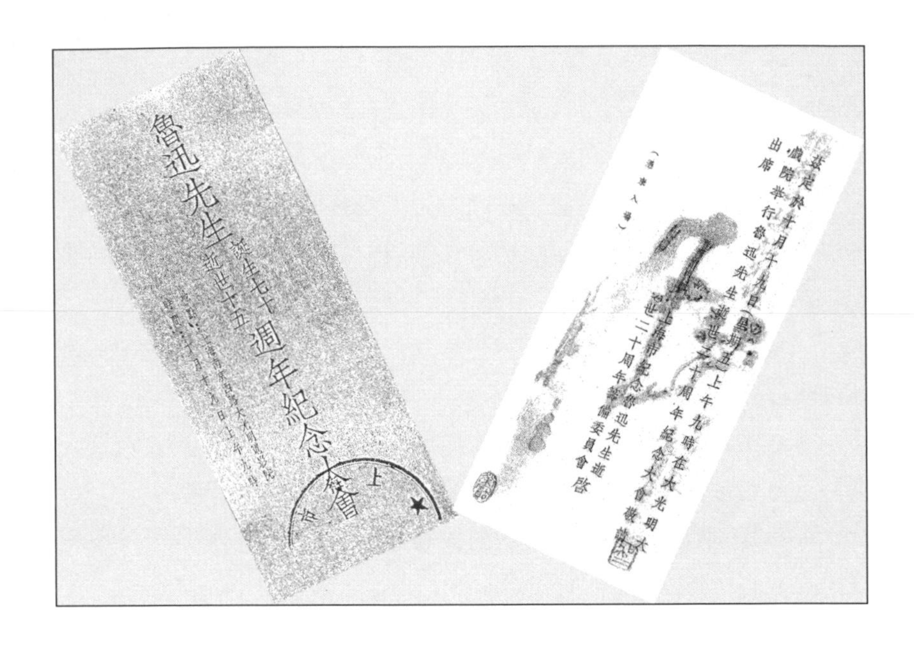

魯迅先生誕生七十逝世十五週年紀念大會

茲定於十月十九日（星期五）上午九時在大光明大戲院舉行魯迅先生逝世二十周年紀念大會敬請出席

（憑券入場）

上海市紀念魯迅先生逝世二十周年籌備委員會啓

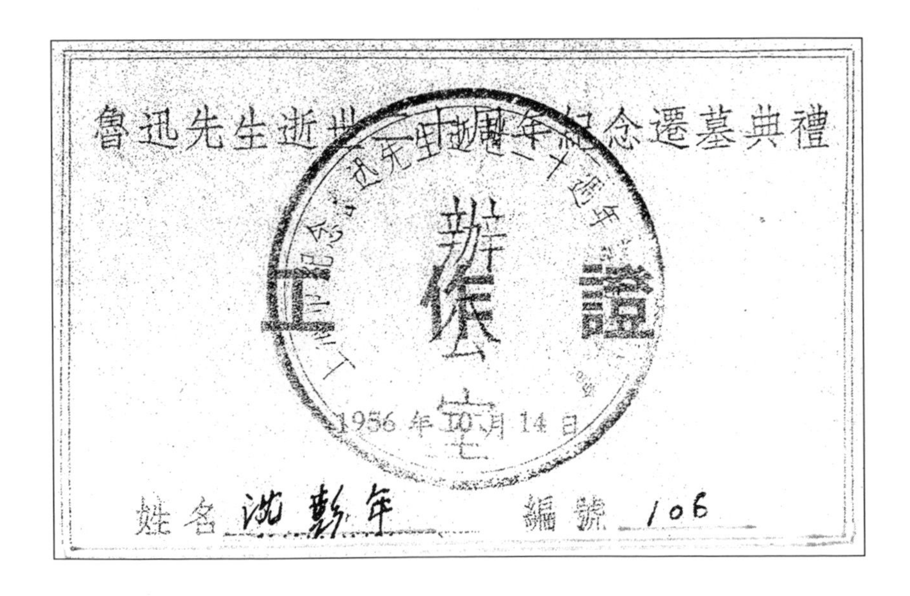

魯迅先生逝世二十週年紀念遷墓典禮

工作證

1956年10月14日

姓名 沈彭年　編號 106

虹口公園內魯迅先生墓魯迅紀念館及公園擴建工程业經竣工茲定於十月十九日開放敬請

蒞臨參觀

上海市文化局
上海市人民委員会园林管理處

1. 参観日期及時間：十月十九日至廿一日，公园部份每日上午五时半至下午八時半魯迅紀念館每日上午八時至下午五時半。
2. 每柬一人。
3. 如在十月廿一日以前不及参観，本柬至廿九日以后仍可使用。

1956年，張瓊老師鼓勵我「把積累二十年的剪報等資料彙編成集，出版後可以供大家學習和研究魯迅先生的參考。」為此，我編著了《魯迅研究資料編目》，1958年由上海文藝出版社出版。

當周恩來總理囑上海作家協會副主席（原上海電影製片廠副廠長）葉以群同志編寫有關魯迅的電影文學劇本時，組織上便將我從中共長寧區委調至上海電影製片廠，負責電影《魯迅傳》創作組的資料工作。

憑此機遇，在電影《魯迅傳》創作組中，我幸運地多次親聆了周總理有關攝製《魯迅傳》影片的指示和講話。

正如原定扮演魯迅先生一角的演員趙丹在他寫的《地獄之門》：「搶任務《魯迅傳》」中所寫：

「周恩來總理對《魯迅傳》創作人員說：『魯迅一生經歷了清朝、北洋軍閥政府、國民黨政府三個朝代，通過影片的編排，以魯迅為中心把三個朝代的歷史資料收集起來，是十分重要的工作。《魯迅傳》上集要寫到袁世凱，對袁我不熟悉，但北京有熟悉袁的老人，可以訪問。下集中如果出現蔣介石，我可以向你們提供資料。兩次國共合作，我和蔣介石的來往不少，對蔣比較熟悉。不要因為他們是『人民公敵』就不敢碰。暴露舊的東西，挖出封建主義、資本主義的老根子，這樣不會割斷歷史。可以教育後代。』」（見2005年8月上海文匯出版社出版《地獄之門》第181～182頁）

我當時親聆了周恩來總理對電影《魯迅傳》創作組的指示，成為我在「電影《魯迅傳》」從事資料工作的指針和方向。在此期間，我擔任「電影《魯迅傳》資料組組長」，去紹興、杭州、北京、西安、廈門、廣州和上海等地，向參加過同盟會、光復會、新民學會、文化書社、《新青年》、文學研究會、創造社、語絲社、太陽社、現代社、新月社和「左聯」的成員共480多人，作了調查訪問，積累了原始口述記錄100多萬字，為上影廠整理編制了完整的一套「電影《魯迅傳》藝術檔案」和上影建廠以來影片的「藝術檔案」。得到中央文化部和上海市委宣傳部的肯定。中央文化部副部長夏衍在《電影論文集》中公開讚揚：「《魯迅傳》的創作，資料工作搞得很好。」（見中國電影出版社出版該書1963年初版、1985年重版第261頁）我擇要編輯刊印了《電影〈魯迅傳〉訪談記錄》五集；編寫了《魯迅生平及有關史事年表》一厚冊；在《人民日報》、《光明日報》、《解放日報》、《文匯報》、《羊城晚報》、《新民晚報》、《北京晚報》、《新華月報》、《上海文學》、《大眾電影》等報刊發表了有關魯迅生平事蹟採訪札記近百篇。

飲水思源，從張瓊老師給我看了發表在《文萃》週刊上周恩來希望「青年要有理想」的題辭開始到親聆他在「魯迅逝世十年祭」號召「學習魯迅的立場」的講話，正如暗夜中的明燈，照亮了前進的方向，啟示和影響了我的一生。——這就是縈懷一個多「花甲」、終生難忘的我的人生的「殊勝因緣」。

震動海外第一篇：梁漱溟訪問記
（初刊香港《良友》畫報）

題記：梁老為何將拙文收入他的《自傳》？

我有幸晉謁梁漱溟先生，始於1946年7～8月間。當時好友金祖同兄在徐森玉先生領導下作為收復區圖書文物接管人員，一度經常往返京滬道上。有一次，祖同兄約我同往南京至龍蟠里觀書。我素來敬仰梁老，前去拜望。（梁老時任中國民主同盟秘書長）。六十年代我在電影《魯迅傳》組負責資料工作，曾在北京訪問梁老，請教有關問題，得覩他家族攝下的許多晚清、民初的生活照片，曾借了翻拍若干，供《魯迅傳》攝製組參考。憑此因緣，梁老對我留下了印象。

1977年4月《毛澤東選集》第五卷出版，毛澤東寫於1953年9月16～18日的《批判梁漱溟的反動思想》公開披露。「兩個凡是」極「左」思潮為了配合，按過去慣例寫了長篇不實之詞在中央級的大報發表，引起海外輿論大嘩，紛紛猜測：莫非從梁「開刀」又要搞「文化大革命」了?!

《良友》畫報由伍聯德先生創辦於上個世紀三十年代。抗戰爆發被迫停刊。新中國建立後，伍聯德先生在周恩來總理支持下於香港復刊。由其哲嗣、我的朋友伍福強先生任香港《良友》畫報董事長兼總編輯。伍德強先生特來上海找我，經我工作單位上影廠黨委同意，作為《良友》「特約記者」專程赴北京訪問梁老。訪問記題為《風號大樹中天立——梁漱溟先生訪問記》。經梁老親自審閱後，於香港《良友》畫報1986年8月號頭版全文一次刊出。

拙文是新中國建國以來近三十年第一次公開披露「毛・梁爭論」的真相，發表前曾請李葆華同志轉請胡耀邦總書記審閱，胡總書記說：學術訪問，揭示歷史真相，何用審批……。因此，伍福強先生破例在《良友》畫報一次發表一萬數千字的長文。——頗為國際學術界重視。美國、日本和香港、以及臺灣等報刊，一下子發表文章評價拙文者有二十餘篇。梁老在美國的親友和門人奔相走告：「從該文中感受到祖國『改革開放』的新氣象。」梁老親友特地從紐約、三藩市用「航空快遞」把這期《良友畫報》寄給梁老。梁老深感欣慰。

《良友》畫報回饋大陸時，某位「左」先生對本人和拙文大加誹謗。為此，梁老特將拙文作為他本人《自傳》的「附錄」，收入《我的努力與反省》中。梁老在《序言》中說：

> 「新中國成立後的個人活動的記述，在本書中這原是一個『空白』。……為填補這塊『空白』，只得借助於他人手筆，為此將報刊上發表過的《梁漱溟先生訪問記》（任華——即沈鵬年）……輯入本書，附於書後。」

從此，攻擊拙文之聲乃告絕滅。往事如煙，記之備檢。

附：梁老親筆題字贈我的《我的努力與反省》及《序言》原件複印。

现将其收入本书，以表达对自己恩师的一点感激与怀念之情。

关于我个人家庭生活，在本书的记述中没有反映。由于我忙于自己认定应当尽心尽力的事，奔波于各地，常居无定所，妻子又早故，只得将二子托付于亲友。正值他们需要照管的年纪，却难得生活在一起，于是只有借书信联系。现在且将目前幸得留存下来的给两儿的两封信编入此书，做为对缺少这方面记述的一点弥补。

编者曾表示希望收入一些有关新中国成立后的个人活动的记述。在本书这原是一个“空白”。三十多年来，我主要从事著述，撰成了自早年即酝酿的《人心与人生》一书，还写了《东方学术概观》等文稿，其他值得一提的事就没有什么了。为填补这块“空白”，只得借助于他人手笔，为此将报刊上发表过的《梁漱溟先生访问记》（任华）和《梁漱溟先生在批林批孔运动中》（汪东林）也辑入本书，附于书后。

收入本书的文稿有发表过的，也有不曾发表过的。对事实的记述繁简不一，彼此有的有重复，也有疏漏之处，但一生的重大活动大体上多已涉及，也可粗略地反映一生所走过的道路。

这些文字由于写于不同时期，加之有的是自己的手笔，有的是他人代为整理，不仅文体不尽相同，用辞和称谓等也往往各异，现在均不加改动。

2

收入本书的几篇较长的文字，还须作以下说明：

《我的自学小史》原是1942年住在桂林东郊七星岩广西省立教育研究所内，应当时在桂林出版的《自学》月刊之约而写的。原列出内容目次，共十八节，但同时《中国文化要义》一书亦在属草，难于兼顾，故只写出前十一节，供发表。三十二年之后，1974年3月抽暇就原列节目所缺第十二至十五节，简略填补之。最末三节为1974年以后补写，亦不及其详。

《自述》是据1934年1月为山东乡村建设研究院的讲演记录整理而成，曾收入当年出版的《乡村建设论文集》（第一集）。

《我努力的是什么》1941年写于香港，曾以长篇连载的形式发表在当时由我主持的民盟言论机关《光明报》上。

《我的努力与反省》一文写于1952年，已收存三十余年，这是首次发表。其中主要谈的是抗日战争中和抗日胜利后的活动，以及对于自己思想的初步反省。

今将检出的这些文稿交由漓江出版社编辑出版，以做为留给家乡的一点纪念。

一九八五年 漱 溟 志

时年九十有二

3

沈鹏年同志存念
梁漱溟赠
一九八六年于北京

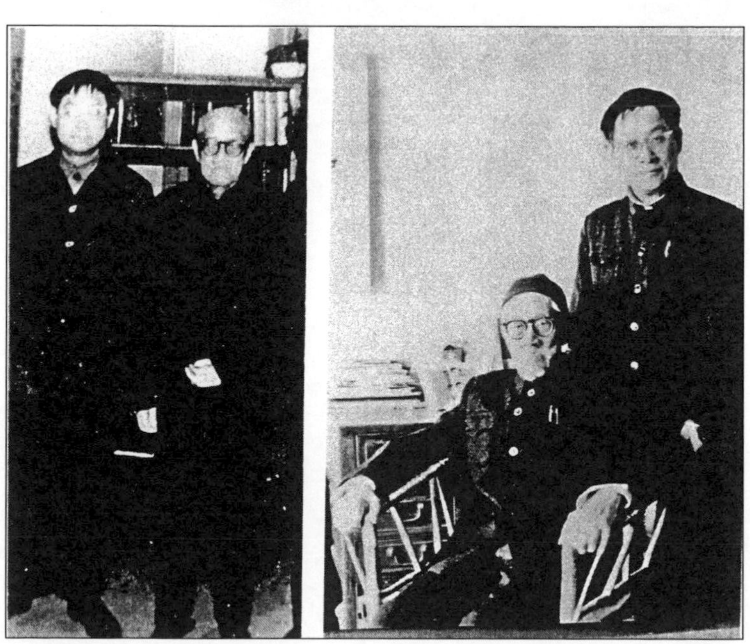

良友
27
The Companion Pictorial
風號大樹中天立
——梁漱溟先生訪問記

中國的脊樑
梁漱溟先生紀念文集
陸鏗
梁欽東 主編

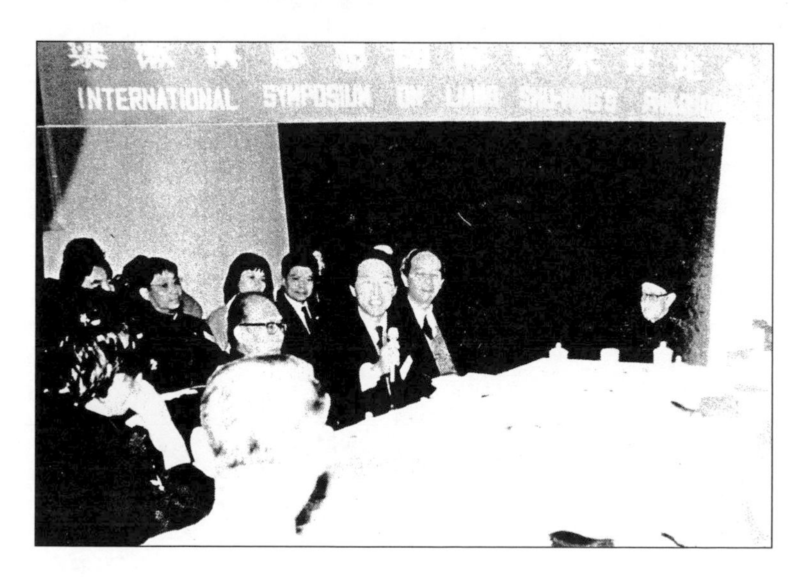
INTERNATIONAL

風號大樹中天立

「有物混成，先天地生；寂兮寥兮，獨立不改。」

——老子

在北京木樨地的一幢高樓裡，住著一位老人。他經歷了將近一個世紀的風風雨雨，傲雪凌霜，堅如古松。從組織京津同盟會、參加辛亥革命、寫印《社會主義粹言》至今，筆墨春秋垂七十五年。畢生講學，門生三千，著作等身。晚年身處逆境，仍在寂寥中完成新著《人心與人生》。他就是著名學者梁漱溟先生。

我們去拜訪時，他正在為重印《中國文化要義》寫一篇新序。從他莊重的神態中使人感覺到：這瘦小的軀體，蘊含著無窮的力量；威嚴的雙眸，透露著深邃的智慧。

他說：「我一生的是非曲直，當由後人評說。自己為人處世，平生力行的，就是；獨立思考，表裡如一。」

梁老先生今年高齡九十四歲。在多難華夏的這個多難世紀裡，苦難總常伴著哲人。梁老先生說：「行雲流水，不足掛齒。」經我們請求，他平靜地講述了他的曲折的、啟人深思的往事……。

「我和毛澤東本來是老朋友」

話題從毛澤東的那篇〈批判梁漱溟的反動思想〉開始。

梁先生說：「那是多少年以前的事了，早就過去了，沒有什麼……。」他雙唇緊閉，似乎不屑一提。好奇心驅使我們：一定要

「打破沙鍋問到底」。他才淡淡地說：

「我和毛澤東本來是老朋友。相互間比較熟悉，見面時無話不談，有時發生抬杠；他批評我不對，我要他要有雅量，不要拒諫飾非……。」

話匣子打開了，梁先生的回憶把我們引回了遙遠的十九世紀末葉。原來他與毛澤東同庚，都生於一八九三年，即清緒十九年，歲次癸巳。生肖都屬蛇，梁比毛早出生七十天。

早年在北京大學，兩人一度同事。一個在圖書館工作，一個在哲學系任教。梁在課前課後總要到圖書館盤桓一會，便自然地相識了。此外，兩人之間還有一段歷史淵源。

梁氏故家雖然民世居廣西，咸豐年間，有的到了北京，有的在湖南定居。梁漱溟的堂兄梁煥奎就是生於湘潭，在湖南省的學務處做事，而與楊懷中是莫逆之交。梁煥奎保薦楊懷中留日，還一同東渡日本。梁漱溟的堂弟梁煥均，則是楊懷中的學生。辛亥革命以後，梁煥奎時在北京纓子胡同梁漱溟家中。楊懷中從長沙到北京，在北大任教，與梁煥奎時相過從。自此便有通家之好，交誼更篤。毛澤東在一九一八年八月到北京，最初住在鼓樓東豆腐池胡同九號楊懷中家，經楊懷中介紹而與梁煥奎相識。後來，毛澤東創議的湖南「驅張（敬堯）運動」，曾得到梁氏兄弟的支持。毛澤東深知梁煥奎的籍貫是湘潭，在北大又瞭解梁漱溟的籍貫是桂林，一家兄弟為何有兩個省籍？這個疑團，擱了二十年才算解開。

一九三八年一月，日寇步步進逼，國難深重。梁漱溟為了民族救亡大計，先見蔣介石，後訪毛澤東。經西安到達延安。毛澤東看見老朋友來臨，非常高興。開口就問：「你究竟是廣西人？還是湖南人？」

梁漱溟答以「原籍廣西桂林」。毛澤東「刨根尋底」地追問：「那為什麼你的老兄，又自稱和我同鄉呢？」

梁漱溟便把曾祖和曾叔祖或因出仕、或因避亂而離開桂林的原委告訴了毛澤東。

毛澤東請梁漱溟到自己的窰洞裡晤談，有點像「酒逢知己」，在半個月中竟長談了八次。有兩次談得欲罷不能，竟通宵達旦。當他離開延安時，毛澤東請梁漱溟提意見。梁說：「這裡生氣勃勃，覺得很好。」毛說，不行，這是客套話，非要梁提出批評不可。梁漱溟考慮了一下，便直率地對毛澤東個人提出了希望：「希望你對自己不要過於自信，對別人不要過於懷疑。」

毛澤東點頭微笑，相約再見。有此淵源，所以毛澤東後來常公開宣稱：「我同梁漱溟比較熟……。」

當然，在世界觀和思想體系上，毛梁二人顯然不同。但在早期，不少地方卻異中有同。例如：寫《〈倫理學原理〉批語》時的毛澤東與寫《究元決疑論》時的梁漱溟，彼此的思想方法頗為近似。最有趣的是，在「求學」和「辦學」等問題上，兩人之間，甚至包括胡適之，也有一致的地方。

當時，梁漱溟在北大講《印度哲學概論》，與胡適之的《中國哲學史》、馬敘倫的《老莊哲學》並駕齊驅。在老北大的同學中，流傳著一個「哲學對台」的有趣故事：

有一天，在北京大學同時同地的樓上樓下，胡適之與梁漱溟分別在兩間教室講課。胡主張用西方文化代替東方文化；梁認為只有中國文化的復興才是人類的出路所在。

「公說公有理，婆說婆有理。」同學們好奇，不免向老師發出疑問。於是胡適之議論梁漱溟道：

「他連電影院都沒進去過，怎麼可以講東西文化？豈不同『持管』、『捫燭』的笑話一樣？」

梁漱溟在回答同學的質疑時，順口講了這樣一句：

「胡博士根本不懂啥叫哲學，正犯著孔子曰『學而不思則罔，思而不學則殆』的毛病。」

這則軼事，見於約四十年前出版的《子曰》叢刊，作者是胡適之的學生。事隔多年，梁老已記不清楚。但他分明記得：毛澤東第二次到北京，楊懷中先生病故，在法源寺開追悼會。他借宿北長街九十九號一所喇嘛廟裡，到北大時還見幾面。當時毛澤東在北京給友人寫信道：「我覺得求學實在沒有『必要在什麼地方』的理，『出洋』兩字，在好些人只是一種『迷』。我曾以此問過胡適之……，他們都以我的意見為然，胡適之並且作過一篇《非留學篇》。因此我想暫不出國去。」毛澤東還想「辦一個自修大學，這個名字是胡適之先生造的。我們在這個大學裡實行共產的生活。」

這似乎是歷史的絕妙諷刺，毛澤東「實行共產的生活」而創辦「自修大學」，其校名原來出諸胡適之的建議。

當年在「求學」和「辦學」問題上，梁漱溟主張「自學」，胡適之「非」難「留學」，毛澤東開辦「自修大學」。三者之間，確有不少共同之處。「彈指一揮」，三十年過去，大陸上發動「批判胡適之」和「批判梁漱溟」兩項運動，這是當初的「哲學對台」者所始料不及的。

究竟為何批判梁漱溟？

梁老先生想了一下，微微一笑，說道：「此事說來話長，前因要從一九四六年講起……。」

一九四六年一月二十六日，政協會議雖然還在進行，但「憲法草案」、「國民大會」、「軍事整編」、「施政綱領」、「政府組織」等五個小組所協商的問題已有眉目，差不多可以取得協議，和平建國有望。當天晚上，周恩來到重慶國府路300號民盟總部，他說二十七日要飛延安報告，取得中共中央同意後，回來即可簽字。他表示：政協取得協議，馬上就改組政府，大家得一同努力。

梁漱溟當時是中國民主同盟秘書長，身負重任。他已給毛澤寫好一封信，託周恩來帶去延安。信內大意是說明：和平有望，自己對於現實政治的努力至此可告一段落，今後願致力於思想言論工作，要離開現實政治，才便於說話，請予諒解。

一月三十日周恩來從延安回來，帶來毛澤東的覆信，對梁想離開現實政治的意思表示不同意。認為：言論與行動不是「不可得而兼」的，何必停止行動而專搞言論呢？

周恩來也說：「你的信，我當時未看；如果看了，我就退給你而不會帶給毛主席的。我們堅決不同意你的意思。國民黨多年來採取關門政策，逼得我們不能不來叩門，請他開門。現在門要開了，你們卻不打算進去，往回倒退，這還行嗎？如果這樣一來，大家你也不幹，他也不幹，豈不垮了！豈不散了！問題實在嚴重，是絕不能容許的，沒有個人自由的。」

但梁漱溟很固執，寫了《八年努力宣告結束》一文，在政協閉幕那天的宴會上，交給周恩來和現猶健在張岳軍閱看，末後給胡政之在二月一日《大公報》發表。他表示：為了發抒自己的見解，只有離現實政治遠一些，才好說話。尤其不能參加政府，如參加政府就不便說話了。

梁漱溟的行動，毛澤東很難諒解。從一九四七年至一九四九年，他躲在虛幻的桃花源——北碚，講述和寫定了《中國文化要義》。許多朋友北上出席政治協商會議，他有點置身事外，不問不聞……。在此期間，他又寫了《論和談中的一個難題》和《敬告中國共產黨》，發表在《大公報》上，對國共兩黨「各打五十大板」，以示「中立」和「公正」。——這就是一九五三年受到「批判」的前因。

一九四九年十月一日，周恩來在天安門城樓上和各方面的朋友說：今天梁漱溟先生沒有來，很遺憾。不久，毛澤東也想起了這位老朋友，邀請他到北京。

梁漱溟初到北京，毛澤東尚滯留在莫斯科。他對周恩來說：「有些問題還要觀察一下。」周恩來表示同意，認為「梁先生在這點上很直爽，我們也很尊重他，所以介紹他到各個地方去觀察。」毛澤東從蘇聯歸來，梁漱溟和他重逢於北京火車站。毛澤見到他，很高興，當場和梁漱溟約定：找一個時間好好談談……。接著，幾次邀他去中南海。

有一次傍晚，邀梁至頤年堂，林伯渠也在座。交談到晚餐時分，服務員來問：是不是開飯？

毛澤東揮揮手，連說：開飯、開飯！

梁漱溟連說：「我是吃素的，請隨便來兩樣蔬菜吧！」

毛澤東諧詼地說：不！不是兩樣，統統要素菜，我們今天吃飯是「統一戰線」、素食主義……。

毛澤東請梁漱溟在新政府中任職。梁漱溟固執己見，說「如參加政府就不便說話」，而敬辭不受。

後來，毛澤東批評他「不問政治是假的，不想做官也是假的」，即肇源於此。

一九五一年的「知識份子思想改造運動」中，梁漱溟給周恩來寫了一封信，他說，「過去認為共產黨的領導人都是知識份子，黨員很多是農民，大概你們是農民思想、小資產階級思想吧？」言下之意，是說知識份子入了黨、農民入了黨，是否也存在思想改造的問題。——周恩來表示，「梁漱溟先生這話有一半道理，就是一些共產黨員如果不經過改造，是會有許多農民思想、小資產階級思想的」，也要改造。

兩年後，討論「總路線」，請了一百多人參加。梁漱溟和張治中、侯德榜一齊坐在長沙發上。梁漱溟聯繫自己的一些見聞，提意見，要求對農民行仁政。他說：希望共產黨進了城市不要忘掉農民。有些農村幹部不好，把持鄉村政權，違法亂紀，生產搞不好，肚子吃不飽，農民沒有信心，大批湧進城市當小工，每天可掙一元錢。他們在北京露宿，街頭煮飯，影響市容。公安部門把他們送回去，他們明天又來。工人有工會可靠，農民的農會卻靠不住。有人說「工農的生活有九天九地之差。工人在九天之上，農民在九地之下。希望對農民行仁政，要體恤農民……。」

討論告一段落時，毛澤東來了，大家請他講話。講話中間，毛澤東不指名的批了一下梁漱溟。大意是：有人提出行仁政，講這個話的人大概是孔孟之徒吧！至於說工農之間有九天九地之差，是破壞工農聯盟、反對總路線。

三十年後，梁漱溟先生說：「我感到很遺憾。當時如果聽過算了，不去計較，也沒有點我的名，就沒有事了。我不服，也沉不住氣，就寫信給他。信中提出：你所說的一些話，是說我。你說反對總路線、破壞工農聯盟，我沒有這個意思，你說得不對。請你收回這個話，我要看看你有沒有這個雅量……。

次日，懷仁堂有京劇招待會，演出《梁紅玉抗金兵》。周恩來請梁漱溟觀劇，安排他與毛澤東坐得比較近。對於梁的信，毛澤東一字不提。梁漱溟又忍不住了，戲也看不下去了，和毛澤東解釋，請他收回這個話。毛澤東生氣了，就說不收回。梁漱溟還要提意見，周恩來連忙相勸，要大家先看戲。

過了幾天，在一次正式會議上，梁漱溟發言，要求毛澤東收回他的話，說「要看毛主席有無雅量。」

一九五三年九月十六日至十八日，毛澤東在講話中就進一步批判了梁漱溟。這就是那篇《批判梁漱溟的反動思想》，份量很重，令人震驚。當場，陳銘樞就問道：「梁的問題是什麼性質？」毛澤東表示：是人民內部矛盾。接著，學術界對梁漱溟展開全面批判。不過，當英國工黨領袖、前首相艾德禮訪華時，周恩來仍邀請梁漱溟參加宴會。

此事距今已三十三年。梁漱溟先生說：「當時是我的態度不好，講話不分場合，使他很為難。我更不應該傷了他的感情，這是我的不對。他的話有些與事實不太相合，正像我的發言也有與事實不符之處，這些都是難免的，可以理解的，沒有什麼。他們故世十年了，我感到深深的寂寞……。」

「思想是銷毀不了的！」

談到文化大革命，梁漱溟先生說：「文化大革命是突如其來的，很突然，思想上沒有準備。物質上受了點損失，也不是我一家一戶，全中國的千家萬戶，都受到騷擾。我的女人吃了苦頭，我還好，活了下來，歷劫嘛！所有的字畫、簡牘、圖書都燒毀了，這些都是身外之物，沒有什麼。不過，思想是銷毀不了的！……」

當時，梁漱溟住在德勝門的積水潭小銅井一號，附近還有城牆。梁家正面叫豁口，不遠處是「一二三中學」。最早來「造反」的，就是這所學校的紅衛兵。梁先生說：「都是一群孩子。」

一九六六年八月二十四日，這些紅衛兵來敲門。梁先生趕緊去開門，小將們蜂湧衝入。

不容分說，大家就動手；開箱、倒櫃、翻抽屜、撕字畫、砸古玩、燒圖書……。小銅井搞得不亦樂乎，梁氏三代的藏書、明清名家法繪、從戊戌維新到東西文化論戰的各家手札等文物古籍，院子裡燒了好幾天。梁漱溟說：「這些東西，是曾祖、祖父和父親當了三代京官陸續購買的。有些珍本古籍，對我們用處不大；我向來反對附庸風雅，對名人書畫也不感興趣。如果真是『革命』需要，那你們就處理吧。不過，我對這種處理方法是不同意的。最可惜的，是兩部洋裝書；《辭源》和《辭海》。這是我一個四川的學生借給我的，不能燒。燒了，我就無法物歸原主了。他們不聽，硬把兩部書丟火海。因為布面精裝，一時燒不著，就撈起來邊撕邊燒……。當時我心理很不愉快，因為我將失信於學生，無法把原物歸還原主了，是我終生的一個遺憾。造我的『反』，造我祖宗三代的『反』我都沒有意見。為什麼連我學生的兩部普通書也不肯放過呢？…」

紅衛兵的頭領看到梁家房裝有電話，就說：「我們的司令部就設在這裡，整個院子我們都佔領了！」於是，他們又七手八腳把梁家的日常用具丟了出來。紅衛兵又把梁漱溟拉出去遊街、批判鬥爭。

遊鬥回來，梁漱溟被關在小銅井南房的小屋中，不准自由行動。

老人被折騰了將近一個月。家也砸了，書也燒了，遊街也遊了，批鬥也鬥了，最後造反派拿來一疊白紙，「勒令」梁漱溟寫「交代」，交代一生的「罪行」……

梁漱溟面對一疊白紙，思潮起伏，感慨萬千。縈繞他的腦際的，是這樣的信念：「書籍燒毀了，思想是銷毀不了的。」

從一九六六年九月二十一日開始，在沒有一本參考書的南小屋，憑著記憶，七十三歲的梁漱溟動手寫作《儒佛異同論》。

白天，在狂熱的噪音聲中，他寫作不輟；夜晚，在暗蚊的不斷侵擾中，他依然寫作不輟；紅衛兵把他揪出去批鬥，回來時滿身大汗，家人拿毛巾替他擦汗，他回到南小屋照樣繼續寫作。《儒佛異同論》進度是每天一千多字，寫了個把月，終於完篇，全文四萬多。意猶未盡，接著又動手寫《東方學術概觀》。

此時，黑雲壓城，從海上刮來了所謂「一月風暴」。他仰望雲天，憂慮重重，深深為國家的前途和命運擔心。但是，他相信：「縱然是『泰山頹、樑木壞、哲人萎』我們中華民族的浩然正氣，將千秋萬代，與世永存！」

「三軍可奪帥，匹夫不可奪志」

一九七三年十月四日，是夏曆重陽節。梁漱溟在寂寥中度過了他的八十誕辰。同年十月底，江青鼓動的「批林批孔」，捎帶批判梁漱溟。江青在一次大會上還怒斥「梁漱溟何許人也」……。

梁漱溟先生說：「那時，江青打著『批林批孔』的旗號，目的另有所圖，卻又點了我的名。我被弄得希裡糊塗，搞不清楚是怎麼一回事。我聽了文件，讀了報，覺得都是一個調子，就是對孔子全盤否定，把林彪的罪惡歸於孔孟之道。當時我只能『腹非』，不能『明言』。因為這又是一場政治運動，我不瞭解它的來龍去脈，決定保持沉默。」但是，樹欲靜而風不止，政治壓力逼得他非開口不可，而一開口，便引起了一場新的風波。

梁漱溟沉默了一個多月，但會上會下，逼他一定要表態。君子坦蕩，無所畏懼。他就在同年十二月十四日的會上，表明了自己的立場和態度。他說：「此時此地我沒有多少話可說。這裡是政協學習會，『政』是政治，必須以當前政治為重；『協』是協商協調，必須把一些不盡相同的思想、意見求得協調若一。我們來自四面八方，要協調就要求同存異。……我對當前的『批林批孔』運動持保留態度。至於如何評價孔子，我有話要說，準備專門寫篇文章。但我的文章不能公開，怕有礙於當前的運動。我的苦衷是：我很不同意時下流行的批孔意見，而我的親屬和友人都力勸我不要說話……」。年過八旬的梁漱溟當然清楚，此時此地，他再沒有不說話的自由了。在某些與會者的軟硬兼施下，他連「不能公開」的塹壕也告陷落。在無路可退的情勢下，只好公開見解。

一九七四年二月二十四日和二十五日，高齡八十一歲的梁漱溟衣冠整潔，拿著皮包，就像當年在北京大學開講《東西文化及其哲學》那樣，斯斯文文地走進了「政協會議室」。他打開皮包，取出裡面的講稿、參考書和筆記本，整齊地擺在會議室的茶几上，莊嚴地站起來，和課堂上的教師一樣，就《今天我們應當如何評價孔子》為題，有聲有色地講了兩個半天。消息傳開，轟動了北京。

梁漱溟說：「今天我們應當如何評價孔子？我們，是指今天的中國人。如何評價孔子，就是在今天回過頭去看過去，看孔子在中國文化史上的影響，是好是壞，是大是小，站在今天的角度來評量。孔子本人已不會說話，不會申訴，大權操在我們手裡，由我們來判斷！我們寫文章，下判斷，就要負責，要多考慮，而不要不負責，考慮太少，因而抬高了他或貶低了他。這與孔子倒無損，與我們則不好，沒有盡到責任。」整個講話分：「中國傳統文化植根於倫理情誼」、「社會家庭化國家天下化」、「孔子在中國歷史上的地位」、「孔子反獨斷的理性主義」、「傳統文化消極失敗的一面」、「中西文化之長短得失」、「開明無執與仁厚有容」、「何以歐洲分裂而中國渾融」等十段。

梁漱溟從闡述中國文化教育入手，然後肯定孔子在中國傳統文化史上的歷史地位。他說：「中國有五千年的文化，孔子是接受古代文化，又影響著他之後中國文化的。這種影響，中國歷史上的任何一個古人都不能與孔子相比。他生活在前二千五百年和後二千五百年的中間，他本人是承前啟後的。」他明確表示：「我的觀點，是與時下流行的批孔意見不同的。」這就是對江青之流全盤否定孔子的答覆。

針對北京大學和清華大學編的所謂《林彪與孔孟之道》的「文件」，梁漱溟說：「林彪是不是走孔子的路、行孔孟之道？我卻不敢相信。我不認為林彪是受害於孔子！」他公開表示：「我的態度是，不批孔，但批林。」

梁漱溟這番言論的後果，便由「批林批孔」發展到「批梁」。從一九七四年三月至九月，「批判梁漱溟」的運動搞了整整七個月，大小批判會一百餘次。贈予他的新帽子是「孔老二的孝子賢孫」和「孔孟之道的衛道士」。

在三月十一日的會議上，他表示「我不再申說，靜聽就是了。」從此以後，歷時半年，每會必到，態度：沉默！

「批梁」運動打算九月底告一段落。作為結束前的高潮，政協開了一次總結性的集中批梁大會，批判會的主持人奉命一再追問梁漱溟對批判的感想。梁漱溟在九月二十三日的座談會上說：「三軍可奪帥也，匹夫不可奪志。」

十一月十八日，梁漱溟還寫了《批孔運動以來我在學習會上的發言及其經過的事情述略》，再次重申了「不可奪志」的明確立場。

有人要梁漱溟對這兩話作出解釋。梁漱溟在會議上侃侃而談：

「說『三軍可奪帥，匹夫不可奪志』。這是受壓力的人說的話，不是得勢的人說的話，『匹夫』就是獨人一個，無權無勢。他的最後一著，只是堅信他自己的『志』。什麼都可以奪掉他，但是這個『志』卻沒法奪掉，就是把他這個人消滅掉，也無法奪掉他的『志』。」

「無我為大，有本不窮」

梁漱溟先生說：他的性情與脾氣，和他的父親（梁濟先生）頗多相似之處。他說：「先父天資不高，我自己亦甚笨。當我十七歲時，先父曾字我曰『肖吾』。——以『肖吾』為名，『肖吾』者乃小我也。」他有兩句贈友和自箴的話，就是「無我為大，有本不窮。」這其實也是他的人格和道德的寫照。

最近，梁先生寫了一幅座右銘，銘曰：「情貴淡，氣貴和。唯淡唯和，乃得其養；苟得其養，無物不長。」

他對自己的早年名著《東西文化及其哲學》，久已感覺不滿，最近還說：「其中實有重大錯失，此番乃加以改正。」在五十年前，他曾發願寫《人心與人生》，正式撰寫開始於一九六〇年，成書三分之一而突遇浩劫，資料盡失，被迫輟筆。經歷「批孔」逆流以後，乃發奮著述，於一九七五年全書卒告完成，自費交學林出版社代理出版。

最近，他又編定了兩部書：一是《我的努力與反省》；一是《東方學術概觀》。梁漱溟先生曾云：「當全人類前途正需要有一種展望之際，吾書之作豈得已哉。」他在中國文化講習班上就作了這樣的展望：「中國傳統文化有它的特殊貢獻，可是也有嚴重的缺點。在解決人生第一個問題——人類在自然界求生存的問題方面，中國傳統文化大大落後了。這不是因為中國人走得慢，而是因為中國人把心思用在人倫問題上了。但中國人的互以對方為重、『禮讓為國』，是未來世界的前途，它必將取代『個人本位』、『自我中心』的思想。……世界的前途必然是中國文化的復興。」

——刊於1984年6月香港《良友畫報》，美國出版《中國的脊樑》、南京師大《文教資料》月刊、臺灣《文星》雜誌等均全文轉載。

（附記）十七年前拙文首次披露「毛、梁爭論」的真相，頗為國際學術界重視。美國、日本和香港以及臺灣等報刊，發文論述（拙文）者有二十餘篇。梁先生在美國的親友和門人奔相走告；從中感受到祖國「改革開放」的新氣象。不料《良友》回饋大陸，某些先生對拙文大加誹議。梁老則將拙文作為「附錄」，收入他的自傳《我的努力與反省》中。從此，攻擊拙文之聲乃告絕滅。往事如煙，記之備檢。

心佛眾生　唯顯自性
——親聞梁漱溟先生的重要談話

甲子新秋，梁漱溟先生著作於神州大地絕響三十餘載以後，重播玄音，再放光華。其在浩劫中「不似達摩、勝似達摩」而撰寫完稿的《人心與人生》，自費於春江出版，國際學術界深為驚愕。日本和美國的學人譯為彼邦文本，弘化人倫，功德無量。這位受大苦難而特意獨行、百折不撓的現代新儒學開山和佛學大師，為探究中華民族文化的主脈及其內在生命的精神，益為世人崇敬。

一九四六年在南京和一九六零年在北京，我有緣曾見先生，「高山仰止」之情與日俱增。由於無法抑制自己的仰慕之忱，便馳京請謁。自此得以時聆清誨，屢親謦欬，在先生生命的最後五年間，幸運地聽到老人家無數次長談，還當場錄音。前輩咳唾珠玉，使我受惠無窮。

如今先生德無不備，障無不盡，永離諸趣，不生不滅。敬擇遺珠，求正大雅。

梁老和我談「和平談判中演了什麼角色？」

二十世紀八十年代，先生寓北京復興門外木樨地新居，住在九層高樓中。陳設簡單，睡的是一張木板床。終年茹素，過著苦行僧一般的生活。正中的客廳較為寬敞，兼作書室。書櫥中放著美國哈佛大學艾愷博士著《梁漱溟傳》、日本木村英一著《梁漱溟的思想》、小野川秀美著《梁漱溟與中國鄉村建設》、後藤延子著《梁漱溟的佛教人生論》；以及《東西方文化及其哲學》和《人心與人生》等英、日文譯本。此外，就是熊十力著《新唯識論》、錢穆著《師友雜憶》、唐君毅著《生命存在與心靈境界》、徐復觀著《夢裡乾坤》以及其他海外友人的贈書。靠窗有兩隻單人沙發，是招待客人的。他自己坐在舊籐椅裡，使用一張陳舊的老式書桌。梁先生經常在這裡伏案著述，我去的時候，他正好重新改畢《東方學術概觀》，寫好《中國文化要義》的《重印自序》，編寫《我的努力與反省》等書。

居住九層樓雖不是「瓊樓最上層」，但因離開了塵囂，顯得安謐。窗外的蔚藍天空，不時飄過白雲。淡淡的一抹陽光，給人以溫暖。坐在梁先生對面，有一種「懷此頗有年，今日從茲役」的滿足，感到無比的幸福……。

我要向老人家請教的問題很多，然而千言萬語，一時無從說起。忽然想起了《毛澤東選集》第五卷第一百零七頁上的第一句話：「梁漱溟先生……在和平談判中演了什麼角色？」——真相究竟如何？這倒是一個有趣的問題，我便不揣冒昧地提了出來。先生不以為忤，耐心地為我作了講述——

原來在抗戰勝利以後，梁漱溟看到蔣介石邀毛澤舉行會談，以為大局已定，和平在望，想打算脫離政治，潛心於文化研究了。不料發生了複雜而嚴重的東北問題，弄不好有爆發內戰的可能。和他一起組織民主同盟的朋友都勸他；不能坐視不理。大家說：「如果爆發了內戰，你還搞什麼文化研究工作？」真是「無巧不成書」，他和美國的馬歇爾將軍一樣，被硬拉出來，作為東方和西方的兩個「調人」，不約而同地出來調停國共和談。馬歇爾是基督教徒，梁漱溟則信奉佛家教義。他為了消弭內戰，拯民於水火，便勉為其難，在茫茫塵世捲進了現實政治的風雲漩渦，與蔣介石、毛澤東、周恩來、張群、馬歇爾、司徒雷登等風雲人物頻繁交往。為了憲法草案問題、軍事整編問題、長春問題、蘇北問題、兩軍駐地問題等等。他舌乾唇焦，疲於奔命，而蔣介石執意要打，張岳軍見風使篷、馬歇爾七上廬山、司徒雷登「新瓶裝舊酒」……，經過與毛澤東窰洞夜談，最後被周恩來當面批評，梁漱溟渡過了彷彿「駱駝想穿過針眼」似的艱苦歲月。我聽了非常激動，因近半個世紀以前的這頁歷史，波濤洶湧，重新展現於腦海。尤其使我感動的，梁漱溟為了和平，心急如焚，根據民盟各領導人的共同意見，代表民主黨派（即當時的第三方面），草擬了一份關於國共雙方軍隊一律就地停戰和改組國民黨政府的程式等問題的三條建議。蔣介石認為這是「幫了共產黨的大忙」而「不能接受」；周恩來則態度憤激地責備梁漱溟幫助國民黨「一同壓迫我們」，聲言「和平破裂先對你們破裂，十年交情從此算完。」當時梁漱溟真是慌了，急得茫然不知所措。梁先生告訴我們：「幸而李璜幫我出了主意，分頭去孫科家中和馬歇爾住處取回了這些建議。我把原件請周恩來過目，並聲明作廢，周才斂容息怒。我也感到如釋重負。經過這一曲折，我知道自己不行，便下決心退出調停工作。起初大家不同意，由於我的堅持，大家沒有法，只得讓我走了。」

有人說「戰爭本是吃人的大老虎」。梁漱溟以佛家「捨身飼虎」的精神為眾生謀求和平，卻遭到左右各方的四面圍攻。我感受到困惑。梁先生沉默有頃，一會兒，他又莊嚴地對我說道：「你感到奇怪嗎？你知道我一直是信奉佛家思想的。我為眾生奔走國事，出世而入世，入世又出世，這是當局諸公不諒解的，也是大家所不理解的。……」

一個大智慧者的一語破的，點穿了我久懸心頭的一個謎。我歡欣萬分，請求先生更道其詳。先生微微笑，拿起茶杯呷了一口水，繼續說道：「從佛家看來，人生總是與苦難給終的。菩薩曰：『不捨眾生，不住涅槃。』從世間萬象，要依眾生生命來顯現，這生命包括人的生命和其他生命；而佛家，則徹見眾生皆以惹妄而有其生命。凡眾生所賴以生活者，無非是不斷的貪取於外以自益而已。他（她）們於內執我，向外取物；我執、法執，是謂二執；所取、能取，是謂二取。凡此種種，皆一時而俱者，生命實寄於此而興起。佛家目之為根本惹。根本無明，所謂由此而蕃衍滋蔓其他種種或妄，至於無窮無盡也。故《般若波羅密多心經》有云：『無無明，亦無無明盡；乃至無老死，亦無老死盡。無苦、集、滅、道、無智亦無得。』不生滅，世間托於出世間。假設世間一切之非虛妄無實，則出世間又豈可能乎？所謂生滅法、世間法者非他，也就是一切眾生生命，而人類生命實居其主要也。」

接著又說：「如以做學問來說，則佛家以人類生命為其學問對象，所謂普渡眾生，旨在從現有生命解放出來，以實證宇宙本體。自非徹達此本源，在本源上得其著落，則無以成其學問。從佛家來看，所謂『遠離一切顛倒夢想苦惱，究竟涅槃』者是也。」

梁先生還說：「佛家之學，要在破二執——我執、法執；斷二取——所取、能取，從現有生命中解放出來。——自性圓滿，無所不足，成佛之云指此；所謂出世間者，其理亦復如是。然而，既有世間，豈得無出世間？有生滅法，即有不生滅法。如前所述，生滅托於不生滅，世間托於出世間。這就是我所持佛家思想的究竟義。當年，我正是本著這一『究竟義』奔走國事，調停國共和談。參加調停和退出調停，充當『調人』又不當『調人』，出世而入世，入世又出世……，轉瞬之間，世事滄桑，數十年過去了。如今，蔣介石、毛澤東、周恩來諸公，已先後歸道山；美國的馬歇爾和司徒雷登，也離開了人世。想當年舳艫千里，旌旗蔽空，一世之雄，今已不在了。反顧海內外，當事者存世，只有張群與我了。毛澤東曾經問我：『跟張群究竟是什麼關係？』要我『交代交代嘛』！我沒吱聲。就是那麼一回事，有什麼好『交代』的。不過，也許我和他有一種緣份，我的《人心與人生》出版後，他的舊作《人生論》也重新付梓。還是這句話；生滅托於不滅，世間托於出世間，生者之於死者的一點故人之情，希望金甌不缺，功德圓滿，彼此也就心安了。」

辭別老人時，已經華燈初放。我隨著人流，遙望南天，猛想起一句古詩：「落日故人情？」——岳軍先生感應否？

梁老談他與熊十力的友誼和分歧

乙丑正月，適逢熊十力先生百歲冥誕。熊氏生前與梁先生情篤誼厚，我們的談話便集中在他們的交遊方面。

熊十力先生一代大儒，生平著作二十三部，長短文章一百多篇。《大英百科全書》稱他「為當代中國哲學家的傑出人物。」其門人弟子遍佈海內外。梁先生說：「我生於西元一八九三年，熊先生比我年長八歲，生於一八八五年。」辛亥革命後，熊氏以熊子真本名刊行《心書》，於佛教較為推崇，書中收有《記梁漱溟君說錢滂博士之學說》一文。後來他在《庸言》雜誌發表《札記》，從《淮南子》談到佛經，批斥佛家談空，使人流蕩失守。署名熊升恒。梁先生看了不以為然，寫《究元決疑論》評議古今中外諸子百家，獨崇佛法，指名批評「此土凡夫熊升恒」為「愚昧無知」……。一年以後，熊氏從天津南開中學寄信給梁先生，內稱：你在《東方雜誌》上發表的《究元決疑論》我見到了，其中罵我的話卻不錯，希望有機會晤面詳談。這就是他們的建交之始。從此以後，迄一九六八年五月熊氏以八十四歲高齡於劫難中病逝，兩人友誼逾半個世紀。

梁先生說：「發生五四運動的那一年暑假，熊先生從天津來北京，住在廣濟寺內，我去看他，一入手便論佛氏之學。他聽從我的勸告，同意研究佛學。後來我介紹他去南京支那內學院，跟歐陽竟無先生習唯識之學。他在內學院先後學了三年。我原在北大講印度哲學，蔡元培校長要我增講佛家唯識之學，我寫了《唯識述義》第一、二兩冊，由北大出版部印出。因顧慮可能妄談誤人，第三冊就不敢續寫了。壬戌初夏，蔡先生約我到他家中，討論胡適起草的《我們的政治主張》一文，同座有胡適、李大釗、陶孟知、朱經農等人。會後，我向蔡校長提出，夙仰南京內學院擅講法相唯識之學，建議去延聘一位講師北來。蔡校長表示同意，並委託於我。為此有南京之行。初意我想聘請呂秋逸，時歐陽先生以呂徵為得力助手，堅不肯放。熊先生在內院學佛三年，度其必飫聞此學，乃向蔡校長推薦，聘熊先生來北大主講唯識學。」

熊先生在《十力語要》和給友人的書信中，曾一再談到他在北京與梁先生的「論學之樂」，我便以此相詢。梁先生說：「熊先生北來後，與我朝夕同處者歷有多年。他先住北京地安門吉安所，後又與我同住西郊永安觀。甲子年夏，我辭北大，應邀去山東曹州講學，熊先生也辭北大同往；翌年回京，熊亦同回。其時我與同學十多人同住北京十剎東梅厂胡同，熊先生也來同住，自題其居處『廣大堅固瑜伽精舍』。在這期間，我們每天要舉行朝會，就是清早靜坐共讀。特別是冬季，天將明未明之時，大家起床後在月臺上閉坐。有時只見疏星殘月，懸於空際；山河大地，一片寂靜，空氣好極了，只聽見報曉公雞在喔喔作啼。此情此景，使人感到心曠神怡，處於一種非常清醒的境界，更加覺得自己對於世人、對於社會責任重大，不敢有絲毫的懈怠。大家不一定講話，即講話亦不在多，主要是反省自己利用這生命中最可寶貴的一剎那，抑揚朝氣，振奮精神，砥礪心志。大家很快樂，熊先生也樂於相從。後來馬一浮先生賦詩贈熊十力，詩云『剎海花光應似舊』就是指當年『朝會』等論學生涯。丙寅年間，我和王平叔、黃艮庸等偕同學十餘人，與德國學人衛西琴，同住北京西郊萬壽山大有莊，開始講《人與人生》，大約年餘。熊先生也來相處，住勉仁齋。第二年南遊，我在上海會晤陳真如，即後來在淞滬抵抗『一・二八日寇侵略的陳銘樞將軍。他信奉佛學而師事歐陽竟旡先生。當時他陪我到西湖南高峰住了幾天，議論時政。熊十力和張難先等。也來相會聚談。不論是山東鄒平，還是四川北碚，我居處每有轉移，熊先生與我們均相從不離，親如家人……。」

梁先生談了他和熊先生治學上的分歧。我由於淺陋，沒有置喙餘地，只能如實記錄如下：

其一、「出乎意料」

梁先生說：「我們雖同一傾心東方古人之學，相交遊、共講習者四十餘年；在治學談學上卻難契合。譬如北大的唯識學，我因自己小心謹慎，唯恐講錯了古人學問，乃去聘請內行專家。不料熊先生才氣橫溢，不守故常。歐陽竟無先生是江西宜黃人，人稱：『宜黃大師』。他提出法相與唯識兩宗，本末各殊，不容淆亂。敘刻法相諸論，震動佛學界。闡明宗義之成就，世所公認。他講《唯識抉擇談》時在東南大學講課的梁任公也前來聽講，說『兩旬所受之熏，一生受用不盡。』熊先生從學三年，初作《唯識學概論》，計九萬言，分唯識、諸識、能變、四分、功能、四緣、境識、轉識諸章，據佛家本義，實宗護法，忠於內院所學。不料到北大以後，卻一反內院之學，盛疑所宗，盡毀前稿，別標《新唯識論》，反對歐陽之說，實出乎意料。內學院劉定權作《破新唯識論》以駁之；熊再寫《破破新唯識史觀識論》。而辯之。歐陽先生說『逾逞才智，逾棄道遠，過猶不及，賢者昧之。而過之至於滅棄聖言量者惟子真為尤。』彼此論辯往復頗久。最初除蔡元培、馬一浮稱道外，佛學界人士無不責難。太虛法師和印順法師均著文批評。我對他的《新唯識論》，亦未敢贊一詞。」

其二、「稍加規勸」

梁先生說：「這場爭論從三十年代持續到四十年代，熊先生與呂徵先生書信往返，辯論不休。熊先生自己說：《新論》文言本猶融《易》以入佛，至語體本，則宗主在《易》。」呂先生說他「奪朱亂雅」、「揣摩以迎時好。」熊先生把它寫的，《與梁漱溟論宜黃大師》抄寄給呂先生，文中非議歐陽竟無先生『從聞熏入手』、『心地不拓』，『以經師而終』；又在信中說『佛家之說』，『其妄誕處實不少』，『我對於佛，根本不是完全相信的』云云。呂秋逸先生責問他：「尊論動輒立異。談師則與師異，說佛則與佛異，……無往不異，天壤間寧有此理乎？認真講學，只有是非，慊於師說、聖說、佛說，一概非之可也。不敢非而又欲異，是誠何心哉？」後來呂先生等人以《辯佛學根本問題》為題，發表了這組通信。我曾寫信給熊先生，我對《新唯識論》所以始終不發一詞者，即在『心為實體』這一點上，尚等商量。勸他體會如來『四十九年未說一字』之義。我把自己讀大、小乘經典的理解告訴他，他卻說我讀書不得其法。對熊先生也曾規勸，熊先生不以為意，他說『矢心斯學六十年矣，其果內無所持而挾私逞異者哉！』我也就無話可說了。」

其三、「直抒所見」

梁先生說：「自毛澤東先生一九五三年發動對我的批判開始，我被排除在朋友行列之中，長期成為一名不戴帽子的『反面教員』，動輒對我進行有組織的批判。我即閉門讀書。我看了熊先生的《體用論》等著述頗有意見，和友人林宰平先生談及，熊先生知道了，便來詢問，其時是一九五四年。我雖在被批判聲中，在回信中直抒所見，原信如下：

力兄所晤：連得一信兩片，知兄動氣。（苦哉！）弟前信未及陳出所見，一面實是忙碌，欲寫而未成；一面正為兄年高，怕有所刺激。不謂寥寥一二語，竟亦使兄動氣，推想或是宰平先生有信提及我如何如何邪？若宰老果已提及，而兄今雙迫我必須說出，我再不說，那就更不好了。今於開會忙中寫此信，乞兄教之！我今問兄：兄將謂兄玄想（此詞出尊著《體用論》）之『空』與《般若心經》『照見五蘊皆空』是一事抑否邪？菩薩照見之空度一切苦厄，兄玄想之空果曾除得自己身心痛苦否？我以為一則當真證會本體，一則猶在六識緣影之中，遠遠不可相比。然兄似乎竟把佛家亦看同在作玄想，於是賞之曰『奇慧』，斥之曰『辯』。當然我不否認佛徒末流（印度諸大論師在內）亦有修證實際不足而從玄想構思來做幫補者。但總是末流，未可代表佛家。是佛家之所賤，非其所尚。縱然兄之玄想構思有勝於此輩，亦何足貴？而兄顧高談大睨，自居於佛之上，明明還是個凡夫，何能令人心服？弟竊謂兄於著書中對佛家偏處（注：我不承認其偏），若委宛以申其疑問、最合自己身份，而且較之劍拔弩張之詞句亦更有力，未知兄以為如何也。至尊著成物章中有昧於科學常識處不一其例，弟之科學知識正不多於兄，自不能備舉。兄於事屬科學實驗範圍者而以推論出之，猶自己說『這個推論或不至遠離事實』，豈不難哉！成物一章之失敗在此。匆覆不盡……

在當時的處境中，為了對朋友負責，也只能如此。

其四、「忠於學術」

梁先生說：「熊先生著作甚富，晚年尤孜孜，屢有成書，每出書，必先以贈我。我讀之，曾深深嘆服，摘錄為《熊著選粹》一冊。但讀後，心有不謂然者復甚多，感受殊不同。乃在一九六一年四月著筆，寫《讀熊著各書書後》，中間毀稿改寫多次，至七月初得其大半。又以避暑去海拉爾而擱筆。八月中回京續寫後半，又有多次寫出而復毀改或刪掉，至十一月中旬乃得卒成。全稿三萬餘字，內容分九節。即：一、先從一些瑣碎疏忽錯失處說起；二、為認清熊先生的思想路數再舉一些例證；三、試論我所不敢苟同復不敢抹殺處；四、我與熊先生彼此所見有合有不合；五、假若今天我來寫《原儒》；六、熊先生緣何有種種失敗？七、嚴重的失敗是其本體論宇宙論；八、在一個最根本問題上疏了神；九、我對熊先生的評價及其他。」

梁先生寫道：「我們總以為熊先生在學問上所以思路大啟，既得力於佛家，（此層熊先生屢屢自白之）《新唯識論》之作雖修詞立義不盡同乎舊師，而基本准據固自離不得。且從其著書最初計畫來看，……，其量論之『量』即從佛家所云『現量』『比量』而來，則尊重佛家瑜伽功夫為佛學方法所在，又甚明白。像這樣，要將佛法從本體論、認識論兩面來闡明，其做法何等高超而謹嚴。——其實我們一切誤會了。我們誤以為熊先生在搞佛學，因而對他後來（特別是晚年）的一切懷疑否認，不免詫訝其入而復出。其實他乃是既不曾入亦不曾出。……他乃是始終站在佛法的外面，來玩弄那些理論而已。……始則他有所欣賞，轉而又修改它，末後卒於棄絕了它。熊先生把弄佛典數十年，就是如此。然而，其於佛法這真實的學問全不相干，亦就明白了。」

梁先生認為：「熊先生在一個最根本的問題上疏了神，這就是『我執』的問題。……佛法徹始徹終只在解決這一個問題，熊先生把弄佛典數十年，『我執』問題在其眼中、耳中、腦中、口中，來去應不止千次萬次，何能疏忽得？然而常言說的好：『熟視無睹』。他卻真真地熟視而竟然無睹。……熊先生蔽於感情，不達出世之理，菲薄宗教，反對佛說法，總緣他於佛家所說『我執』問題，缺乏注意和瞭解爾。」（按：即於篇幅，事例從略——作者）

最後，梁先生充分肯定了「熊先生學問價值之所在」；指出「其恣意呵斥古人，蓋由於大我慢。熊先生自來我慢特重，愚往昔曾進智箴規，《十力語要》中尚存有答我之語。……三十餘年來勤於著述之業怠於反已之實功，其勢只有助長，所不待言。……儒者為學，原期以見性而變化氣質，庶幾於日用間恒有主宰，不隨境。乃熊先生一度見性，卻不自勉於學，任從情趣亦即任從其氣質之偏，誤用心思，一往不返，隨年力之衰，而習氣愈張，德慧不見也。其用思辯理，愈以泥執成礙，不過表現之一端，試看其命筆屬文，不既已冗複累贅，雜亂開章，敗徵滿紙乎？擲筆興歎，不勝慘惻於心。時為一九六一年十一月十九日。」

梁先生還說：「如我所見，熊先生精力旺盛時，不少傳世之作。比及暮年，則意氣自雄，時有差錯，藐視一切，不惜詆斥昔賢。例如《體用論》、《明心篇》、《乾坤衍》，即其著筆行文的拖拉冗複，不即徵見出思想意識的混亂支離乎。我在《讀熊著各書書後》一文中，分別的或致其誠服崇敬，又或指摘之，而慨歎其荒唐，要皆忠於學術了。學術天下公器，忠於學術即我所以忠於先生。我不敢有負四十餘年之交誼也。」

次年春，梁先生託王星賢先生將《讀熊著各書書後》手稿帶到杭州，請馬一浮先生審閱。一九六二年四月三日馬一浮先生覆信如下：

「漱溟先生侍右：星賢來，辱手教，見示尊撰《熊著書後》，粗讀一過，深佩抉擇之精。熊著之失，正坐二執二取，騖於辯說而忽於躬行，遂致墮增上慢而不自知。迷復已成，虛受無望，但有痛惜。尊論直抉其蔽，而不沒所長，使後來讀者可昭然無惑。所以求其失者甚大，雖未可期其晚悟，朋友相愛之道，固捨此末由，亦以見仁者用心之厚。浮讀歎有分，夫何間然。尊稿仍囑星賢奉還，草草附答，敬頌道履貞吉……。」

馬先生原來稱讚《新唯識論》「囊括古今，平章華梵，促使生肇（道生、肇僧）斂手而諮嗟，奘基（玄奘、窺基）撟舌而不下。」此時卻同意梁先生的意見。梁先生《讀熊著各書書後》，是三十年代以來佛學和儒學之爭的繼續。聽梁先生談話，如沐春風，使我受到莫大的教育。

梁老在「文革」中為何寫《儒佛異同論》？

時逢丙寅，神州大地爆發的文化大革命已過去整整二十年了。梁先生歷劫倖存，重憶往事，非常安詳而坦然。

梁先生說：「文化大革命是突如其來的，很突然，思想上沒有準備。物質上受了點損失。也不是我一家一戶，全國的千家萬戶，都受到騷擾。我的女人吃了苦頭，我還好，活了下來，歷劫嘛！所有的字畫、簡牘、圖書都燒毀了，這些都是身外之物，沒有什麼。不過，思想是銷毀不了的！儒家的作人之道，在乎『精思力踐』、『踐行盡性』。能解決『二執』『二取』，那就成佛了。菩薩『不涅槃、不捨眾生』。仍必回到世間來，踐其大悲宏願。因此，一個人不論學儒、學佛、都要在日常人事生活中求得鍛煉。只有時刻慎於當前，從不離開現實生活一步，求親切體認人類生命的『極高』可能性，『精思力踐』以求『踐形盡性』消除『二執』『二取』，這就樂在其中了……。

梁先生說：「起先批判《海瑞罷官》，我以為像批判電影《武訓傳》一樣，沒有什麼。看了《人民日報》的社論《橫掃一切牛鬼蛇神》，感到吃驚和困惑。過了兩個月，林彪一夥利用青年人單純、無知、容易衝動的特點，煽動他們造反，『造反有理』。於是，破四舊、鬥黑幫，直至打砸搶，許多暴行都發生了。」在林彪煽動紅衛兵造反的第五天，世界聞名的作家老舍和藝術家荀慧生等三十餘人揪出批鬥；到了第六天，他們找到七十三歲的梁漱溟先生家中。

梁先生說：「那時我住在德勝門積水潭小銅井一號，在八月十四日，忽然有人來敲門，是附近『一二三中學』的紅衛兵。我忙說：你們是來檢查『四舊』嗎，請進來吧。領頭的訓斥道：什麼檢查『四舊』，我們是來造反的！大家蜂湧而入，開箱、倒櫃、翻抽屜、撕字畫、砸古玩、燒圖書……，搞得不亦樂乎。我們梁家祖上三代：即曾祖寶書公、祖父承光公和父親巨川公的許多藏書、明清以來的名家書畫，以及無數文物古籍，被拉走了許多車，此外，統統堆在院子裡焚燒，燒了好幾天。這些東西，是曾祖、祖父和父親當了三代京官陸續購買的。其中有些珍本，對我們用處不大；我向來反對附庸風雅，對名人書畫也不感興趣。如果真是『革命』需要，要處理就處理吧。……不過有兩本工具書：《辭源》和《辭海》。是向四川的一個學生借來的，紅衛兵也要燒毀。我告訴他們：這兩本書是借來的，工具書不是『四舊』，不要燒。燒了，我就無法物歸原主了。他們不聽，硬把兩部書丟火海。當時我心理很不愉快，因為我將失信於學生，是我終生的一個遺憾……。」

紅衛兵看中梁家的住房要作什麼「司令部」，把他們日常生活用具和衣服被褥全部帶走。梁夫人要求留一點生活必需品……，被拳打腳踢，罰跪汰衣裳擦板的楞格角上。梁先生對他們說：「我們要打，就打我，與她無關。」紅衛兵就拖了梁漱溟遊街、批鬥……。他們一面批鬥，一面大呼「紅色恐怖萬歲」。梁先生聽了，心中無法平靜，夜裡也失眠了。梁先生說：「國民黨反動派搞白色恐怖，殺害了李公樸、聞一多兩位，我當是民盟的秘書長，曾代表民盟去調查此事。事後發表調查報告，譴責反動派。現在把芸芸眾生當作『牛鬼蛇神』，對他們實行『紅色恐怖』，怎麼得了呢？後來家裡人偷偷告訴我；在我們被抄家的當天深夜，老舍不堪凌辱，投太平湖自盡了。北京郊外

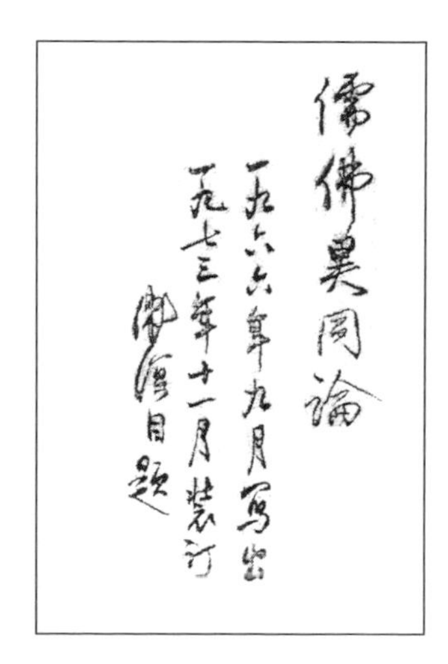

幾個公社，五天中活活殺害的大小『牛鬼蛇神』三百多人，最大的八十多歲，最小的出生僅一個多月，有的人家被趕盡殺絕。有一千幾百年歷史的戒台寺大佛和數千尊小佛，全被砸光。著名的白塔寺和潭柘寺，遭到痛心的破壞。有尊千手千眼的千年古銅佛，被砸成了碎塊⋯⋯，簡直理智泯滅，人性喪盡。」——梁先生被折騰了將近一個月，最後關在南小屋中，「勒令」他寫「交代」⋯⋯。

梁先生說：「我面對白紙，想到數以億、萬計的儒學書籍和佛家經典，化為灰燼而無益於世道人心，真有無限感慨。但是，思想是消毀不了的。大乘菩薩『不捨眾生』，回到世間踐其大悲寵願。我經過考慮，在白紙上寫下一個題目：《儒佛異同論》，時為一九六六年九月二十一日。」梁先生苦心孤詣，想通過論儒學佛學之異同，喚人性之復歸，針對把一切眾生當作「一切牛鬼蛇神」和大搞「紅色恐怖」的種種暴行，寫下了《儒佛異同論》三卷。我拜讀了梁先生的手稿，受到極大的感召。根據梁先生的指教，我體會到這樣幾個方面：

首先，闡明儒、佛的根本立場「從不離開人來說話」

梁先生針對現實生活中把人不當人的現象，開宗明義寫道：「儒佛不相同也，只可言其相通耳。儒家從不離開人來說話，其立腳點是人的立腳點，說來說去總還歸結到人身上，不在其外。佛家反之，他站在遠高於人的立場，總是超開人來說話，更不歸結到人身上——歸結到成佛。前者屬世間法，後者則出世間法，其不同意彰彰也。⋯⋯兩家為說不同，然其為對人而說話則一也⋯⋯進修提高云者，正謂順乎生命本性以進以高也。兩家之所至，不必同，顧其大方向，豈得有異乎？」

其次，闡明佛學中人生有「兩面」和「兩極」的不同。

梁先生針對現實生活中發生「紅色恐怖」暴行而寫道「人生卻有兩面之不同，亦且可說有兩極之不同。何兩面不同？首先從自然事物來看，人類生命原物類生命演進而來，既有其類近一般動物之一面，又其遠高於任何動物之一面。復次，由於客觀事實具此兩面，在人們生活表現上、從乎主觀評價即見有兩極。一者高極：蓋在其遠高於動物之一面，開出了無可限理的發展可能性，可以表現為崇高偉大之人生。……一者低極：此既指人們現實生活中類近於動物而言，更指其下流、頑劣、奸險、兇惡遠非動物之所有者而言。它在生活上是暗淡齷齪的，又是苦海沉淪、莫得自拔的。」

其三，闡明佛家的「作人」之道

梁先生針對現實生活中出現「禽獸之歸」的現象寫道：「佛家期於『成佛』而儒家期於『成己』，……亦即俗語所云『作人』。……然而作人未易言也，形體機能之機械性勢力至強，吾人苟不自振拔以向上，即陷於俱生我執、分別我執重重障蔽中，而『光明廣大』之心不可見，將終日為『役於形體』而不自覺，幾何其不為禽獸之歸耶？」還寫道：「人類遠高於動物者，不徒在其長於理智，更在其富於情感。……必情感敦厚深醇，有發抒，有節蓄，喜怒哀樂不失中和，而後人生意味綿永，乃自然穩定。」

其四、分別闡明人生之苦、苦樂轉化和生命自主。

梁先生從老舍之死聯想到眾生的苦難，特意寫到『人生之苦』說「《般若心經》總不過二百數十字，而『苦』之一字，前後凡三見。自佛家看來，人生是與苦相始終的。」但苦與樂是能轉化的，他寫道：「在受苦後輒易生樂感，掉轉來亦復有然。其變易也……，量變積而質變，苦極轉不見苦，樂極轉失其樂。」更重要的在於生命自主，他寫道：「苦莫苦於深深感受厄制而不得越。」「一切苦皆從有所執著來。執著輕者其苦輕，執著重者其苦重。」「生命禍福，誰則能免？但得此心廓然無所執著，然果我執之不存也，尚有何厄制可言乎？」「人類生命具有自主變化之無限可能性，故終不足以厄制乎人也。」

梁先生始終認為：佛法是人生之學。他最後寫道：「佛家作為一種反躬修養的學問來說，有其究竟義諦一定而不可易。……淺言之，即因勢利導，俾眾生隨各機緣，得以漸次進於明智與善良耳。」——他在浩劫困厄中花了二個月寫成三卷《儒佛異同論》，正是體認了人類生命的「極高」可能性，精思力踐以踐形盡性，充分發揚大乘菩薩「不捨眾生」的精神，隱劣顯勝，實大聲宏，為世間一切眾生重明慧炬，指點迷津。其大智大悲，無量功德，固亦獨步神州，光耀千秋。這部手稿，當時即已衝破重重阻礙，輾轉化為手抄本流傳於北京、上海、四川及東北等地，成為善男信女們歷劫度厄的精神力量。

梁老談為何給孔子鳴不平、
繼承中華民族文化的主脈

梁先生心似明月，碧澄皎潔，天真靈性，舉世莫匹。丁卯重陽，按我國傳統，是他高齡九十五歲壽辰，全國政協要為他祝壽。他說：「自己誕生，為母親受難之日，何足為慶？所以一向不願做壽。」辭謝了有關方面的盛意。在此期間，他以一代大儒和佛學大師之尊，慈心三昧，化為甘霖，諄諄教誨一個二十五歲行將出國深造的青年，使她在進入世界聞名的高等學府之前，先在祖國受到一次深刻教育，如此善緣，令人難忘。

這個青年就是月新，「文革」爆發時年僅四歲。她看了《東西文化及其哲學》等不少中外名著，萌發了研究比較文化的興趣。她考取美國哥倫比亞大學讀比較語言文化學位後，出於對梁先生的崇敬，專程前往晉謁。梁先生親切地同月新作了重要談話，講了這樣幾個問題：

其一、為什麼要給孔子和儒學鳴不平？

梁先生說：「我一生宣導孔子之真，反對盲目批孔。比較主要的，是二十世紀初期和『文革』期間的幾次。民國六年，我二十四歲，蔡元培先生聘我到北京大學任教，先講《印度哲學》，後來又講《儒家哲學》和《唯識述義》，同事中有陳獨秀、胡適之、李大釗、高一涵、陶孟和諸先生，他們崇尚西洋思想，反對東方文化。我與他們朝夕相處，感到精神上壓力之嚴重。難道中國文化果真一無是處嗎？問題不可忽視，非求出解決的道路不可。我到校長室找蔡先生，問他對孔子持什麼態度？蔡先生說，我們並不反對孔子，儒家學說作為一門學問，是必須認真研討的。我說我這次進北大，除了替孔子發揮，替釋迦發揮而外，不再作旁的事。蔡先生表示同意。我就系統地閱讀儒家書籍，認真的思考和研究，認為儒家孔門之學，有消極一面，更有積極一面。不能全盤否定。對於孔子，我很同意周樹人即魯迅先生的看法。他說：孔子在生前頗吃苦頭，死後卻被種種權勢者用白粉給他化妝，抬到嚇人的高度，帶累孔子也更加陷入悲境。他還說：因為袁世凱、孫傳芳、張宗昌這三個利用孔子作『敲門磚』，因此從二十世紀開始以來，使孔子的運氣很壞。事實確實如此。周先生還說：不能厭惡和尚，恨及袈裟。我很贊成。當時大家反對袁世凱稱帝，反對張勳復辟：整個文化界『打倒孔家店』反對儒學，也形成高潮。從『厭惡和尚』而『反對袈裟』學術界涉及孔子和主儒學都羞澀不能出口。在這種情況下，對孔子和儒學本身，若非我來鳴不平，有哪個出頭？反對袁世凱等權勢者和正確對待孔子，是兩回事，不能混淆。『文革』中因批林而批孔，把林彪和孔孟之道劃等號，甚至把後世的『吃人禮教』也算在孔子帳上……。我說假如『吃人禮教』起著壞作用，孔子亦不任其咎；那麼，後世所形成的禮教，又何得歸罪孔子？我的立場，就是始終堅持實事求是評價孔子。五四時代我宣揚孔子之真；『文革』期間我堅決反對批孔。對中華民族文化妄自菲薄。全盤西化，是要不得的。為了反對洋教條、破除洋迷信，我首先把中國文化納入世界文化的總體結構中平等地論述，這就是《東西文化及其哲學》的成因。書中有不足和錯誤，我是但開風氣不為師。有人說這本書是二十世紀初年產生的現代新儒學的開山之作，這是過譽。」

其二、什麼是中華民族文化的主脈？

梁先生說：「何謂文化？中外古今的學者專家給它下的定義，有二百幾十種。我在《中國文化要義》中是這樣寫的：『文化』，就是吾人生活所依靠之一切。幾十年來，我沉潛於人生問題，反覆於出世和入世，涉獵於東西百家，對東方文化和西方文化進行了比較研究，認為西洋文化的特點是『人對自然』；中國文化的特點是『人對人』；印度文化的特點是『人對自己的生命』。你（指月新）問我：究竟什麼是中國文化即中華民族文化的主脈？在《東西文化及其哲學》中我曾寫過：『中國文化自很古時候到後來，中間以孔子作個樞紐；孔子以前的中國文化差不多都收在孔子手裡；孔子以後的中國文化又差不多都由孔子那裡出來。』在《東方學術概觀》中我也寫過同樣的話。這就是說：在中國上下五千年歷史中，孔子生活在前二千五百年和二千五百年的中間。他接受古代文化，又影響於後代文化，起了承前啟後的重要作用，爾後儒家之學。遂歸之於孔門，稱為儒者孔門之學，是中國傳統文化的核心，源遠流長，影響深廣，構成了中華民族文化的主脈。《易傳》云：『有親則可久，有功則可大。或久則賢人之德，可大則賢人之業。』觀乎人文以化成天下，在歷史上能夠連綿數千年而不斷，體現了它具有一種『可大可久』的內在生命力。創造新文化，不能輕率地一刀割斷中華民族文化的主脈。」

其三、略述思想傾向為何「會三歸一、佛家為主？」

梁先生說：「任何一個人的思想，不會一成不變，總是要發展的。五十年前我在《自述》中談過一生有四個不料。就是：一不料自己從小厭嫌哲學，而到北京大學講《印度哲學概論》，終被人視為哲學家；二不料自幼未讀四書五經，而後來變成一個擁護儒家思想、讚揚孔子的人；三不料我家幾代生長在北京，是城市人，而成為從事農村工作，宣導鄉村建設運動的人；四不料鄉建運動竟與民眾教育或社會教育為一回事。從四個不料的經歷中，我的人生思想或哲學觀點有三度變化。最初受我父親影響，我父親的思想與詹姆士、杜威等思想相近，對世間一切，認為有用即好，無用即不好，有點實用主義。其次從十九歲至二十八歲，在順天中學受同學郭人麟的影響，讀了不少佛學書。我在《思親記》中寫道：『自民國元年以來，謬慕釋氏。語及人生大道，必歸宗天竺。』此時以佛家出世思想為主。到北大以後，看了大批西洋哲學書，更系統閱讀儒家典籍，發表《東西文化及其哲學》，由佛家思想轉入儒家思想。自己省察，在第一期可謂西洋的思想，第二期可謂印度的思想，第三期可謂中國的思想。彷彿世界文化中的三大流派，都在我的腦海中巡迴了一次。你（指月新）問我：思想傾向為何『會三歸一』以『佛家為主』？因為儒家之學乃人生實踐之學；而佛家之學是人生解放之學。兩家之學雖同為人生之學，其救世精神兩家更有相通之處；但大乘佛法出世不離世，利濟群生，至全人類徹底解放，則非復世間境界也。故我由佛轉儒，而內心所持，仍是佛家精神。」

其四、佛家之學為什麼是人生解放之學？

梁先生說：「稱佛家之學是人生解放之學，乃簡而言之。應該說佛家之學是世間迷妄生命的解放之學。佛家看人生，不外是起惑、造業、受苦。眾生我執，便是起惑。無我可得而強執著者，故是惑也。世間萬象要依眾生生命以顯現，佛家則徹見眾生皆以惑妄而有其生命。生命活動不斷貪取於外以自益，眾生賴此以生活，於內執我而向外取物。我執、法執是謂二執；所取、能取是謂二取。佛家之學要破二執、斷二取，從現有生命中解放出來，故謂解放之學。小乘出世，偏而未圓；大乘菩薩『不捨眾生』，出世而回世，宏揚佛法，普渡眾生。小乘有五蘊四諦之說。五蘊者色、受、想、行、識。色指身體，受指感受，想指思想，行和識則指生命流行的本身。中諦者苦、集、滅、道。苦有生老病死諸苦；惑業苦因即集、集為苦之本。此二者住世間之法。消滅人生之苦必得修道，道乃寂滅之本。此二者出世間之法。大乘佛法五蘊皆空、四諦不立。有如《般若心經》一切皆一切的否定。在實踐上不捨眾生，乘願再來，出世間又回到世間；出而不出，不出而出，方為圓融。在小乘基礎上大乘更進一步；生滅托於不生滅，空：『空中無色，無受想行識』，乃至『無苦集滅道，無智亦無得』。即對世間托於出世間。根除『我執』，必在『行深般若波羅密多時』，改惡遷善，離苦得樂，不經假借，徹達出世，依賴所依賴泯合無間，由解放自己而完成自己，自心清淨，至性圓滿，無所不足，社會上自覺自律成風，圓融無礙，到達智慧彼岸，人類徹底解放，亦即諸佛之所由以成佛之道也。由此可知，佛家之學就是從世俗迷妄生命中解脫出來的出世間法之學。簡言之，佛學為人生解放之學。」

最後，梁先生對於月新赴美攻讀比較文化表示支持。他說：「人與人，國與國、民族與民族之間的交往，都離不開文化的交流。文化交流是人類不斷前進、永遠向上的希望之一。」還說：「任何一個國家和民族的文化，如果處在封閉的孤立狀態之中，不能不枯萎。而每一個國家之所以最成功和最優秀的民族文化，大都要依靠自己的和外來的因素，擇其善者而從之，其不善者而棄之。經過不斷的豐富、補充和發展，使自己的文化更加優秀、更加完善。」還說：「只有保持自己優良的，吸收外來積極的，反對所有消極的，才能更加顯示出自己文化的特徵，而樹立我們民族的聲望。」梁先生詢問了月新去美國的行期，語重心長地說：「文化繼承要擇善而從，文化交流要擇善而從，對古今中外的文化進行比較研究，也要擇善而從。既然文化的傳播和交流能激發最抽象的思維體系，那麼，比較文化工作就可能成為思想發展史帶來一種不可代替的貢獻。願你（月新）學業必成，好自為之。」梁老把他的新著《東方學術概觀》和《我的努力與反省》親手題款送給月新，還和月合影留念。月新依依不捨拜別梁老，梁老親送至門口。暮色蒼茫，北京城已經萬家燈火。月新深情地說：「梁老先生真不愧為『萬家生佛』。」

梁老談對待生死問題應持的態度和境界

丁卯戊辰冬春之交，我為編寫《梁漱溟研究資料》，留京匝月，向梁先生提出了幾十個問題，又同他老人家作了十多次長談。梁先生回憶了近百年來他在政治、文化、教育、新聞等方面的親身經歷，敘述了他平生交遊的許多史實，特別對他過去寫的文章中沒有提及或故意略去的人物和事件，更作了詳盡的補充和說明。有一次，他和我談到馬一浮先生。還從馬先生『文革』中遭劫而死，進一步談了一個人對待生死問題應持的態度和應有的境界。

梁先生說：「人、貴有自知之明；『人』、尚在未了之中，即『Man，the unknown』是也。就是說：我們對於自己，貴在能自知；但對人類生命的認識，則還在認識很少、很淺的階段。至於生死禍福之事，人所必經，又莫測難知。其最為牽動擾亂人的感情和意志的，

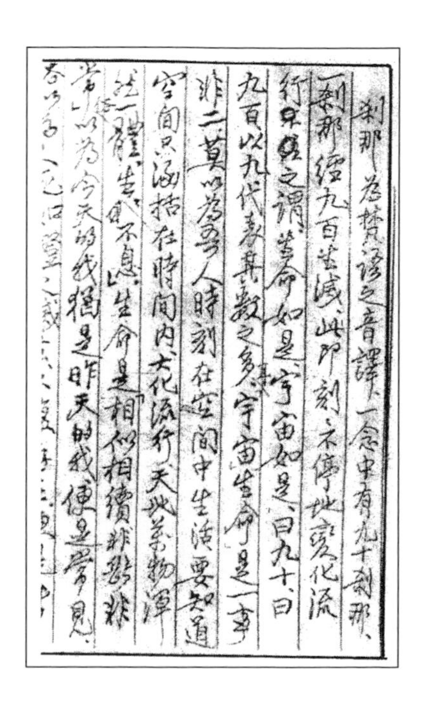
剎那為梵語之音譯，一念中有九十剎那、
一剎那經九百生滅，此即刻刻不停地變化流
行之謂。生命如是，宇宙如是，曰九十、曰
九百以九代表其數之多耳。宇宙生命是一事
非二，莫以為吾人時刻在空間中生活，要知道
空間只涵括在時間內。大化流行，天地萬物渾
然一體，生生不息。生命是相似相續，非斷非
常，俗以為今天的我猶是昨天的我，便是常見，

也恰恰在此。世俗以生、福為喜，以死、禍為悲。殊不知『禍兮福所倚，福兮禍所伏』；一個人從結胎到身死，不過是其生命一個段落的起訖。生命決非胎生而起始，亦非身死而告終。有何悲喜可言？人生活動固然不能無借於此身；然而此身雖死，生命卻並不遽絕，決非死了就完。相似相續，非斷非常，乃是人生的實況。一般說來，人死於此，即生於彼，故佛門以死為往生極樂世界。梵語稱死為『涅槃』，中文意譯為圓寂。何謂圓寂？德無不備稱圓，障無不盡名寂。佛家所說永離諸趣，入於不生不死之門。死者乃其幻身，本性不生不滅，涅槃永生。若悟此理，何足悲懼？一切全在一悟字。悟者即頓悟，頓者一剎那……。」

從「剎那」一詞，梁先生又談到「常見」，「斷見」之非。他說：

「剎那為梵語之音譯。一念中有九十剎那，一剎那經九百生滅，此即刻刻不停地變化流行之謂。生命如是，宇宙如是，曰九十、曰九百，以九代表數之多耳。『宇宙』『生命』是一事非二，莫以為吾人時刻在空間中生活，要知道空間只涵括在時間內。大化流行，天地萬物渾然一體，生生不息。生命是『相似相續，非斷非常』。俗以為今天的我猶是昨天的我，便是常見；俗以為人死如燈火滅去，不復存在，便是斷見。常見、斷見皆非也。」

——梁先生特地把這段話寫給了我。（梁老手跡見附圖）

梁先生還說：「古人有『千古艱難唯一死』之歎。一個人臨死時能從容清醒很不容易。所謂『慷慨成仁易，從容就義難』。究其因，無非由我執而有『煩惱障』；由法執而有『所知障』。二障原於二執，二執變生萬象而有二取。於是，二執不破、二障不除、二取不斷，一個人處於迷妄之中便無法從生死中超脫，當然難從容清醒。但是，能從容清醒而視死如歸的，也大有人在。比如：宋代高僧道濟，俗稱濟顛和尚，其臨終偈語是：『六十年來狼籍，東壁打到西壁。而今收拾歸去，依舊水連天碧』。近代高僧弘一法師，原名李叔同。早年文章驚海內，是絕世才華的藝術家和教育家。出家後成為第十一代律宗祖師。他預知死期，力拒醫藥延長生命。一九四一年秋給友人寫信：『朽人（已）於九月初四日遷化。（其時尚未死）曾賦二偈：

『君子之交，其淡如水，執象而求，咫尺千里。
問余何適？廓爾亡言，華枝春滿，天心月圓。』

他們的境界都很高。還有馬一浮先生，在『文革』中受到衝擊折磨，書物掠劫一空，誣為『封建遺老』，——其實他是中國從德文讀馬克思《資本論》原著的第一人。批鬥後被勒令搬出長期居住的西湖蔣莊，在安吉路棲身。一九六七年夏抱病寫了《告別諸親友》，詩云：

『乘化吾安適，虛空任所之。形神隨聚散，視聽總希夷
漚滅全歸海，花開正滿枝。臨崖揮手罷，日落下崦嵫。』

這和他原來所撰聯文：『心行處滅，凡聖情盡；言語道斷，文字性空』是一致的。他的境界也很高。所惜者，是熊十力先生。他受到衝擊後，不能像馬先生那樣看得開。上海的造反派批鬥京劇表演家言慧珠時，拉了熊十力先生去陪鬥。熊先生認為奇恥大辱，憤而絕食。後來他在住處立了孔子的牌位。膜拜自責。他本來已經不信佛學了，此時卻天天念誦《往生咒》，冀求往生極樂。他的神志不清，有點昏昧了。可見臨死時的從容清醒，確是不易。

梁先生還談了他自己。他說：「費爾巴哈有句話很妙，『唯有人的墳墓才是神的發祥地』。人死後先求入土為安，佛家涅槃也以荼毗為安。人之安命，莫此為甚。一個人的壽命，確實是有限度的，『大限』者大去之限度也。你（指筆者）希望我活過百歲，上次月新來時也說等她學成回國來祝我百歲壽辰……。謝謝你們好意，但這是不可能的，我距大去之日不遠了。陶淵明《歸去來辭》：『聊乘化以歸盡，樂夫天命復奚疑！』我也頗有同感。」

我想起了五十年代至七十年代對梁先生那些不實事求是的「批判」，問他有何看法？梁先生說：「漫天風暴無聲，萬頃江海無波，事情早已過去了。我一貫認為要破執、除障、斷取，從來沒有放在心上。縱浪大化中，不喜亦不懼。如此而已……。」說畢，梁先生把這兩句話寫給了我。（梁先生手跡見附圖）

我問梁先生，是不是像弘一法師、馬一浮先生那樣，能否預先寫些偈語，留示後人？梁先生聽了一笑，說道：「我從小受父親影響，精思力踐，踐形盡性，從不吟詩作詞。說到大去，我希望是：『心佛眾生本一如，念念唯期顯自性。』……梁先生應我的要求，把這兩句話寫了下來。他說：「心、佛、眾生，三無差別，是佛家恒言。龍樹《心贊》：『諸佛出生處，墜地獄未滅，成佛原未增，應敬禮此心，』禪宗大德云：『即心是佛，佛即是心。』又云：『有人識得心，大地無寸土。』至於眾生，與佛原自無別，其別只在迷與悟之間而已。眾生自性是佛，固未嘗以迷而改；一朝覺悟，依舊是佛。心又與生命同義，而心大於身。世之落於斷見者，只見其身，無見其心。其實，人身固有限而人心實無限也。因此，古人有詩云：『身在天地後，心在天地先。』而明儒都謂：『身在心中。』我很欣賞王陽明的《詠良知》詩：『人人自有定盤針，萬化根源總在心』；『無聲無臭獨知時，此是乾坤萬有基』。（梁先生手寫的這兩首詩，見附圖）自性從廣義講，即生命本性，在生活實踐中既是道德；又是不斷向上奮進。我說的『顯自性』，是涅槃時『滅卻意志，歸於虛無，心定神凝，內顧返視而萬緣滅寂』。我希望自己大去時能做到這一點。在大去之前，觀音教義說得好：『眾生渡盡，方證菩提，地獄未空，誓不成佛。』我住世間一日，仍要莫知其所以然的精思力踐。一個人如果失去其向上奮進之生命本性，便落於失道而不德。……」

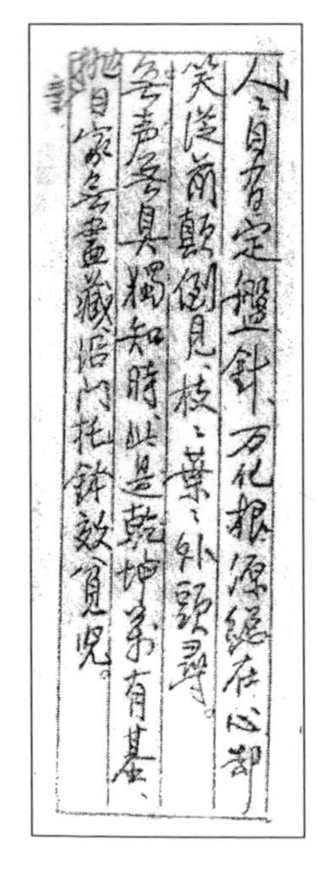
人人自有定盤針，万化根源總在心，却
笑從前顛倒見，枝枝葉葉外頭尋
無声無臭獨知時，此是乾坤万有基，
拋卻自家無盡藏，沿門托鉢效貧兒

梁老最後談對臺灣青年的希望和遺願

在梁先生和我談話的三個月後，江南鶯飛草長，百樹生花。梁先生為即將在香港召開的「中國宗教倫理與現代化」學術研討會撰寫發言稿，題目《父慈子孝、兄友弟恭》闡述了儒學、倫理、天下太平等中國傳統思想的現實意義。他說：「天下太平這個精神最偉大，是人類的理想」；「中國此種傳統精神與現代化不相衝突，它在空間上不分地域，在時間上無論何時，均合情合理。」

戊辰穀雨後五日，梁先生感覺身體不適，去協和醫院檢查，發現患了尿毒癥，留院治療，病情緩解並有所好轉。

梁先生住院兩周後，醫院提出手術方案。小滿節那天，梁先生平靜地向家人說：「人的壽命都是有限度的。醫生治得了病，卻治不了命。我的命已經完了，壽數就是這樣了。不必要勉強去延長生命。」五月十七日，臺灣《遠見》雜誌記者到病房探望梁先生。記者告訴梁先生，她在臺灣上大學時就讀過先生的《中國文化要義》。她只向梁先生提出一個問題：「您對臺灣青年有什麼希望？」梁先生答道：「注意中國傳統文化」，停了一下又說：「順應時代潮流」。五月二十一日，臺灣大學教授韋政通特來病房拜見梁先生，他是在臺灣出版《梁漱溟思想綱要》的作者，他說此次來北京只想拜見梁先生。梁先生說：「對不起」、「很抱歉」。六月十五日，「中國宗教倫理與現代化」學術研討會在香港正式召開，在研討會的開幕儀式上，首先放映了梁先生關於《父慈子孝，兄友弟恭》的講話錄音和錄影。這是梁先生住世間的最後一次公開講話。六月十八日，醫院通知梁先生的家人，準備在二十四日為先生做手術。六月二十日晚，梁先生對他的兒子說：「我的壽數已經很高了，大概到此為止，不要勉強採取措施……。」要家人「應該看得開些。」家人問先生還有什麼話要說？梁先生只回答：「火化。」六月二十三日上午10時，梁先生的心臟跳得很快，醫生們為他量血壓、做心電圖……。梁先生對大夫說：「我想休息了，我要安靜……」。梁先生真正在「心定神凝，內顧反視而萬緣滅寂」中，於十一時三十分心臟停止了跳動。——大乘菩薩「不住涅槃、不捨眾生」的精神，梁先生躬行力踐，完全做到了。在紐約的月新獲悉惡耗後打來長途電話，哽咽的聲音要我代她送輓聯。七月七日上午九時，北京的天色晦暗，落著靡靡細雨，正在舉行向梁先生遺體告別儀式，靈堂設在醫院裡。梁先生的遺體安在翠柏鮮花之中，容貌仍像生前那樣安謐慈祥。靈堂正門兩側，懸掛著大幅隸書對聯，聯文是：「百年滄桑，為國救民；千秋功罪，後人評說。」正中的橫額是：「中國的脊樑」。梁漱溟先生永垂不朽！

——刊於香港《內明月刊》1989年5月號

發願文
我今在佛前頂禮
披瀝一心作懺悔
無始以來貪瞋痴
身語意業罪垢重
或有覆藏不覆藏
而今一切深慚愧
願佛菩薩証知我
立志發願更不造
願佛菩薩加被我
清淨心開三業淨
佛道無上誓願成
法门無量誓願学
煩惱無盡誓願斷
眾生無邊誓願度
心佛眾生本一如
念念唯期顯自性
一九五四年春初卧
病北京医院撰此文
以自勉勵，忽忽不覺
廿餘年矣
一九七七年三月廿日
八十五叟梁漱溟於
北京東郊寓廬

清風明月　卓犖無忝

——記趙樸初居士青年時代二三事

大千世界，因緣生滅，芸芸眾生，三界火宅。由於歷史和時代等因緣聚合，趙樸初居士以傑出的愛國宗教領袖，成為中國共產黨的親密朋友。他以出世精神做入世之事，修持正法，「護國興教」。美國世界宗教研究院院長沈家楨博士稱他是「續佛慧命的偉大護法」。日本、韓國、泰國、緬甸等國佛教界公認他是「世界佛教的傑出人物」。他因病於今年5月21日離世往生，遺偈云「生固欣然，死亦無憾。」「我兮何有，誰與安息？」灑脫崇高，高山仰止，止不住我對他綿綿的思念……。

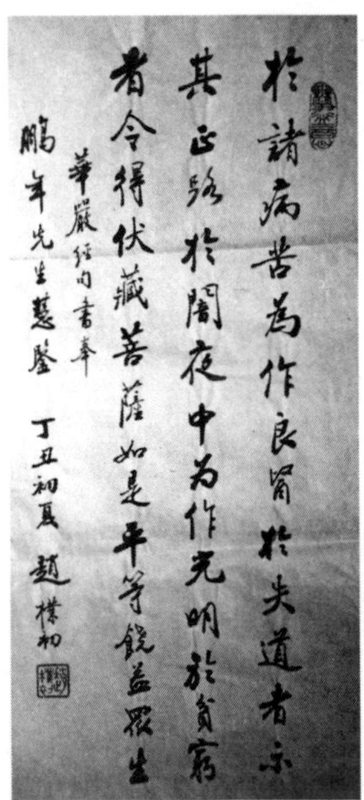

十六年前，我離休後去北京，承樸老撥冗接見，合影留念；並親切地與我談到緣起性空等佛理，寫下「《華嚴經》句」給我（附樸老手跡），教導我認識「佛言色即空」的精神，要我更好地發揮餘熱。更加難忘的是，早年我在上海漢口路誠正學院（從原光華大學分出），師事蔣維喬竹莊老師，親聞蔣維喬所說樸老青年時代軼事。蔣師曾云：「趙樸初為人光明磊落，其行卓犖無忝，有如炎暑清風，長夜明月，可親可敬。」——樸老解超行卓，更足為人楷模。

一

趙樸初祖居安徽太湖縣，1907年11月5日誕生於一個出過四代翰林的書香門第。幼承家學，穎慧過人。「五四」運動那年，正如諸法因緣生，他從偏遠的皖西家鄉來到繁華的「十里洋場」；從基督教辦的教會學校的大學生成為一個青年佛教工作者；自三十年代初期助掌「淨業流浪兒童教養院」教職，到「八・一三」抗戰期間挑起救濟上海難民的重擔，出任「上海慈聯救濟戰區難民委員會」負責人之一，並兼收容股主任，期間活人無數，功德無量。簡而言之，這就是樸老的青年時代，也就是他無私無畏地獻身於中國人民解放事業和造福社會的開端，其年尚不足三十周歲。

蔣維喬老師曾說：「萬法緣起，起於善因。青年趙樸初的佛緣，其重要的善因，與他的親戚關絅之先生有關，關絅之與趙樸初有『舅甥』的關係……。」關絅之（1879～1942）是一個虔誠的佛教徒，也是佛教大護法，上海佛教居士林發起人。他早年加入同盟會，追隨孫中山從事民族民主革命，為光復上海作出貢獻。他精通英文，擔任上海公共租界「會審公廨」主審官員達二十三年，剛正清廉，維護主權；秉公執法，不畏強權，在南京路上發生「五卅血案」後，他堅持事實，抵制帝國主義的誣陷，從法律上保護了革命群眾與愛國青年學生，深受上海人民的敬仰。三十年代後期公開同情共產黨，出任地下黨領導的外圍組織「益友社」名譽董事……。

有一次我聆聽樸老談話，他說：「我十三歲到上海讀書，得到關絅老的照顧，曾常住關家。後來考入美國教會辦在蘇州天賜莊的東吳大學，每年的寒假暑假，都來上海關家居住。」在關絅老的關懷影響下，趙樸初的英語水平有了很大提高。1927年趙樸初因病輟學，從蘇州回到上海。關絅老介紹趙樸初住在滬西著名的私人花園「覺園」療養。覺園中亭榭樓閣、花木荷池，景幽清靜，更藏有大批佛學經籍。他在此一面養病，一面讀經，身體很快康復。通過關絅之，趙樸初認識了上海佛教居士林林長施省之，上海佛教淨業社社長黃涵之，世界佛教居士林林長王一亭。關絅之、施省之、黃涵之和王一亭，人稱「三之一亭」，是當時上海乃至全國佛教界「一言九鼎」的權威人物。趙樸初得到「三之一亭」的賞識器重，被推薦和擔任上海江浙佛教聯合會秘書，上海佛教會秘書。黃涵之老居士見趙樸初年青有為，便退居讓賢，請趙出任佛教淨業社社長。1932年日寇侵略上海，爆發「一・二八」事變，敵人的炮火使原來繁華的閘北成為焦土廢墟，大批同胞家破人亡，無數兒童流離失所。佛教淨業社成立上海淨業流浪兒童教養院，趙樸初任副院長兼管教育工作。他聘請教員，悉心教育流浪兒童學習文化，學習知識，學習技能，使他們健康成長，成為社會上的有用之材。

二

1985年我去北京拜望樸老，談話中我提到了魯迅先生的學生曹白的近況，取出隨身帶著的上海文藝出版社1983年9月重印的曹白的散文集《呼吸》，我把集中第一篇即曹白在1937年9月3日寫的《這裏，生命也在呼吸……》中的兩段話讀給樸老聽，其中之一：

> 「有一個慈善機關正在救濟難民，開辦難民收容所，可惜沒有人去幫他們的忙。我傾聽之下，很欣喜，就馬上決定了：我去！……」

樸老聽了，驚喜而感慨地說：「曹白本名劉平若，初見面時化名焦明。曹白是他寫文章時用的筆名……」，流露了對戰友的欣慰和關懷。樸老說：「從『八・一三』上海軍民抵抗日寇侵略，到1941年12月8日太平洋戰爭爆發，日寇佔領租界前的四年中，我們在『孤島』上海的困境中，先後設立難民收容所五十多處，收容難民五十多萬人。曹白即焦明是難民收容所的重要骨幹。我們合作得很好。」

樸老說：曹白文章中提到「……平時只會手拿佛珠，口念阿彌陀佛的和尚們，這回卻戴著笠帽到火線上去救護傷兵的勇敢的故事……」，是確有其事的。他說：當時我們組織了僧侶救護隊，由宏明法師任隊長，帶領一批和尚深入前線救護傷兵。自詡「佛教是國教」的日本侵略者對佛門信徒並不「手下留情」，犧牲了不少和尚。樸老稱讚「曹白是有心人，記下了歷史的真實。僧侶救護隊的英勇事蹟，是不應該忘記的。」

應我之請，樸老回憶了往事：

抗戰爆發那年，樸老是年方三十歲的青壯年。他就以上海佛教會、佛教淨業社和上海慈善團體聯合救災會為基點，投入了抗日救亡活動。「七・七」蘆溝橋事變發生後，他就著手籌組救亡工作。由佛教會組織「僧侶救護隊」，準備上前線；由慈聯會租用十輛大卡車，準備運送受難同胞。「八・一三」日寇不宣而戰進犯上海租界以外的地區，兵艦炮擊，飛機轟炸，使閘北、南市、浦東等地一片火海，四郊難民湧入租界，露宿街頭，擠滿了河南路、雲南路、新閘路、北京路、西藏路一帶，陷入饑、困、貧、病的水深火熱之中。原來駐在慈聯會的社會局的人溜走了，趙樸初爭取「三之一亭」的支持，毅然挑起了收容和救濟難民的重擔。這時，在沈鈞儒等「七君子」為首的救國會工作的東吳大學老同學吳大琨來了，樸老對他說「你來得正好，我們趕快把難民轉移安置起來。」於是兩人各執「紅十字」旗幟，把露宿街頭的難民分別安排在寧波同鄉會、金城大戲院、天蟾舞臺等十幾個地方住了下來。緊接著，除了難民們每天的伙食和醫療等問題外，日常的管理更是迫在眉睫的大難題。從哪裡去尋求「難民收容所」的管理人員呢？當時是國共合作抗日時期，但國民黨方面鮮有人肯來幹這「苦差事」。張愛萍同志聞悉其事，便給趙樸初遞去字條，要他去找當時公開的「中共上海辦事處」尋求支援。第一次見到了劉少文同志，第二次會晤了潘漢年主任。最初來當難民收容所所長的是焦明和陳常，是由地下黨「群眾工作委員會」書記王堯山同志所派。焦明即曹白，後來長期擔任譚震林同志的機要秘書；陳常即彭柏山，建國後任華東軍政委員會文化部副部長及中共上海市委宣傳部部長。兩位都是魯迅先生的學生。八月中旬，中共上海辦事處與租界當局交涉後，從法租界盧家灣西牢中釋放出一批為愛國救亡身陷囹圄的「政治犯」，趙樸初熱情接待他們，先領他們去浴室洗澡，給大家換穿了新衣服，分派到五十多處難民收容所工作。這些「政治犯」不但成了難民收容所的工作骨幹，不少同志在建國後擔任了黨和國家的重要領導幹部。其中比較著名的如：曾任上海市市長的曹荻秋，曾任上海市市委書記的陳國棟，曾任上海市副市長的劉述周和楊堤，曾任外交部副部長的韓念龍，而吳大琨不但成了著名經濟學家，還擔任全國人大常委。此外，還有許晴等不少同志，先後犧牲在抗日戰爭與解放戰爭的戰場上。趙樸初在這許多精英的協助下，救濟難民工作出現了奇跡般的巨大成績。收容所不但解決了難民們的日常生活和治病醫療問題，更對難民們進行了文化教育和抗日救亡教育。先後創辦了難童小學與慈聯職業中學，為抗日救亡大業培訓了大批人才和骨幹。

經過趙樸初的精心籌畫，得到中共上海辦事處負責軍委工作的張愛萍等同志的指點，幾千名受過教育和培訓的青壯年，除了部分送往蘇南、蘇北等地參加抗日武裝鬥爭外，大部分被送往新建立的新四軍總部。趙樸初通過黃涵之的努力，設法向第三戰區顧祝同要來一大筆交通經費，藉口將難民運往浙江溫州「墾荒自救，自食其力」，租用英國輪船，避開日軍的檢問，順利送達目的地。臨別時趙樸初親自至碼頭送行，賦詩相贈。詩云：

「揮手汽笛鳴，極目樓船遠。
談笑憶群英，怡怡薪與膽。
雄風舞大旗，萬流助浩汗。
同張射日弓，待看乾坤轉。」

三

這是中國慈善救濟歷史上別開生面的輝煌一頁。趙樸初為神聖的全民抗戰的勝利，作出了重要的貢獻。樸老卻說：「抗日救亡，收容難民，是我早年做過的一件事。這件事的作成，也是因緣聚合，中共地下黨的『群英』是重要的善因，沒有善因，難得善緣，也結不出善果了。許多同志奉獻了生命，我只作了佛教徒『眾善奉行』的份內之事，不算什麼……。」

當年的難民收容工作真的「不算什麼」嗎？

我看到一份抗戰初期上海難民收容所的情況簡報。就是在支援中央「建黨建軍」方面，也成績輝煌。從1938年至1941年，在難民收容所中發展中共黨員三百九十餘人。三次向皖南新四軍軍部輸送青年幹部一千二百餘名，其中黨員八十人。向上海市的郊區、蘇南、蘇北、蘇中等地輸送二千多人，其中黨員骨幹五十多人，有力地領導了這些地區的抗日武裝鬥爭。上海工廠陸續復工以後，從收容所中有計劃地選出五十名中共黨員幹部，進廠開展工人運動……。為此，黨中央給予充分肯定和讚揚。上海解放以後，上海首任市長陳毅、市委書記劉曉、總工會主席劉長勝等領導同志一見了趙樸初，都親昵地叫他「老朋友」。周恩來總理也一再表揚了趙樸初。陳毅和趙樸初建立了肝膽相照的生死友誼。

樸老的高風亮節，如清風明月；愛國愛民，更卓犖無忝，這是永遠值得我們學習繼承的。

影視篇

巨片《魯迅傳》的誕生與夭折

歷史巨片《魯迅傳》誕生與夭折的故事，至1986年已經被歪曲和湮沒二十多年了。

這個故事，涉及我們黨按照文藝特性和藝術規律領導文藝的一次實驗；涉及二十世紀六十年代我國藝苑的一件大事；涉及當時文藝界某些內部矛盾的若干側面；涉及幾個舉世聞名的作家和藝術家的血淚和生命。當然，也不能不涉及一些美與醜，正義與邪惡，乃至一方面莊嚴的工作和另一方面卑鄙的陰謀……。

這個故事，當年曾經使多少人高興、期待、嘆惜和憤恨；如今更使人們有「莫志其初」、「莫繹其終」的遺憾。

「真理是時間的女兒」，事隔二十多年以後，當事人有責任按照事物的本來面目，原原本本地奉獻給讀者和關心這個故事的朋友們。一個詩人說得好：「我不說自己的過去，我只是忠實的真理翻譯者；我們活著是為了現在，或者再加上未來。」為建設社會主義的精神文明，「欲治而知自治之源；惡亂而知防亂之術」，也許不無意義吧！

上篇：為山九仞

1966年8月1日深夜，上海華山路枕流公寓二樓，透過窗簾隱約露出昏暗的燈光。室內，一個面容憔悴的五十五歲的中年人坐在沙發裏沉思，煙灰缸裏堆滿了煙蒂。

書桌上有兩張隔日報：7月30日《文匯報》和7月31日《解放日報》，都刊載一篇同樣內容的批判電影《魯迅傳》創作組的長文：

《徹底粉碎周揚黑幫詆毀魯迅的大陰謀》。是白天兩個不速之客帶來的。他們奉命要他「交代《魯迅傳》創作組的全部活動和黑後臺」，據說「這是文藝黑線全線出動，文藝黑幫傾巢而出的反黨陰謀。」他當然想不通。他們說：

「在帝、修、反瘋狂反華，地富反壞右蠢蠢欲動，右傾機會主義者向黨倡狂進攻時，你們利用《魯迅傳》全面反對毛澤東文藝思想，妄圖以黑線來統治中國文藝界，你還不認罪嗎？」他們還說：

「你們通過拍攝《魯迅傳》，是為篡黨、篡政、篡軍和復辟資本主義作輿論準備。這就是你們的問題的要害。領導指示：如不老實交代，就給你換一個環境，去嚐嚐另一種滋味。」

他明白，所謂「換個環境」就是拘留關押，他不在乎。問題在於「交代後臺」。這使他想起了三十年代的魯迅先生和四十年代的周恩來同志。

那是三十三年前，他二十二歲，剛從日本回國，在「左聯」擔任組織部長，常與魯迅接觸。由於叛徒出賣，被捕入獄。敵人妄圖從他口中套出魯迅活動的情況，用了電椅等酷刑。他抱著寧死也決不出賣魯迅先生的決心，咬咬牙挺過來了。黨營救出獄後，組織上分配了新的工作。從抗戰到全國解放，他一直在周恩來同志直接領導下從事白區的文藝工作。這一切，組織上都是清楚的。因此，他明確地回答：「我的工作都是紅後臺，絕對沒有什麼『黑後臺』！」

「今天寫好交代，明天來拿。頑抗只有死路一條。」不速之客臨走時警告他。他沉思了幾個小時以後，始終認為：「我們沒有搞陰謀。究竟是不是『陰謀』，讓歷史去作結論吧！」什麼「交代」和「揭發」，他一個字都沒有寫。

8月2日凌晨，他在四樓過道的窗口看到有輛汽車疾馳而來，在門口停下後跳出兩個人，其中一人是昨天來過的不速之客。他不肯昧著良心去玷污周總理的光輝形象，不願用自己的筆去出賣和踐踏自己的靈魂……，決心寧死不屈。他不等來人發現，立刻奔上六樓，從高空奮身一躍而下。……

這個殉難者，就是電影《魯迅傳》創作組長、上海市文聯和作協上海分會副主席葉以群。在以群死後，張春橋陰險地說：「一根線斷了……」。

一

一九六〇年元旦剛過，新僑飯店裏住了不少來北京開會的文藝界人士，顯得格外熱鬧。雖說小寒和大寒等隆冬的節氣還沒到，這裏卻已經是春意盎然了。

這一天，周恩來總理將要來看望各地的文藝界人士。

在二樓的過道上，有一個顯得還很年輕結實、個子矮小的四十九歲的中年人。不時看看手錶，似乎在期待著什麼。他——就是葉以群。

原來在兩年前，葉以群根據周總理的創議，寫了《艱難時代——魯迅在上海》的電影文學劇本。那時正處於「大躍進」的高潮，負責上海市委領導工作的那個「好學生」，提出要「超越魯迅」。他的文章在《紅旗》雜誌上發表後，周總理認為，要「超越魯迅」首先應該瞭解和學習魯迅。為此，他希望上海能夠拍攝一部關於魯迅的故事影片，更好地幫助群眾瞭解和熟悉魯迅。於是，葉以群在石西民的支持下，在1958年12月寫出了電影文學劇本的初稿；1959年3月又印出了劇本的修改稿。九個月過去了，上海方面意見不一。他很想聽聽總理的意見……。

周總理在過道上遇見了葉以群，他要以群陪著去看望了來自上海的同志們。總理在會見徐平羽、張駿祥、孔羅蓀、杜宣、白楊、趙丹、張瑞芳、鄭君里等人後，還和各地來的歐陽山、沙汀、柯仲平、草明等二十五位同志在新僑樓梯口的浮雕前合影留念。

當總理要離開新僑、和大家告別時，順便問以群：「你的電影文學劇本怎麼樣了？」

「寫了兩稿，上海認為本子還不行，像紀錄片，不像故事片，還要重稿。」——以群答道。

總理聽了，想了一下，就說：「既然還要重寫，我看拍上、下兩集，表現魯迅的一生。爭取明年七月先拿出上集，作為向黨成立四十周年的獻禮片。」

葉以群向石西民彙報了總理的意見。石西民要葉以群和張駿祥兩人出面，去邀請夏衍、林默涵、邵荃麟等來新僑聚餐，商量總理提出的意見。

1960年1月7日傍晚，在新僑六樓的西餐廳裏，夏衍、林默涵、邵荃麟、葉以群、張駿祥等共進晚餐，邊吃邊談。大家都認為要表現魯迅的一生，以兩集為宜。問題是獻禮的時間較緊。

夏衍算了一下：如用八個月搞本子，四個月分鏡頭（包括看外景和選演員），再用六個月拍攝，可以爭取在明年七·一前完成上集。

林默涵說：「本子就仍由以群執筆吧！」

以群建議：請陳白塵執筆。

林默涵說：「《人民文學》的主編張天翼在生病，工和都壓在白塵的身上，能抽得出來嗎？」

邵荃麟說：「要抽三、五個月，還是可以的。好在白塵是個快手。」

林默涵說：「要搞上、下兩集，重擔不能要白塵一個人挑。上海的柯靈、杜宣都應參加搞本子，集思廣益嘛！」

夏衍說：「這個劇目非同一般，請中央直接抓。」

張駿祥說，市委指示成立了一個「顧問團」。請沈雁冰、周建人、許廣平、楊之華、巴金、周揚、夏衍、邵荃麟、陽翰笙、陳荒煤等人為顧問。

關於人員安排，請示了總理。總理說：「由葉以群擔任創作組長，夏衍擔任顧問團長。他們兩人都與魯迅熟悉。」

春節期間（1月29日，即農曆正月初二）石西民約葉以群、杜宣、柯靈等在上海文化俱樂部聚談。石西民正式宣佈葉以群為創作組長，並指定杜宣為創作組的黨小組長。（後來成立了創作組支部，由市委宣傳部副部長楊仁聲兼支部書記，杜宣為支部副書記。）《魯迅傳》創作工作便開展起來。

二

過了春節，陳白塵趕到了上海，創作組在歡樂的氣氛中開始活動。

魯迅一生跨越了由舊民主主義轉變為新民主主義的兩個革命階段；經歷了清朝政府、北洋軍閥政府和國民黨政府等三個朝代，接觸的歷史人物和歷史事件難以數計。要從中理出頭緒、編成戲劇，用藝術形象再現在銀幕上，實在不是一件容易的事。更何況電影中勢必涉及的不少歷史人物（如正面的、反面的、先正後反或先反後正的）如何評價？有些歷史公案（如魯迅與李四光的筆戰、魯迅與創造社的筆戰、兩個口號之爭）如何反映？他與共產黨人的關係，特別是毛主席的形象能否出現？他與陳獨秀的交往能否表現？他與李立三的會晤能否正面描繪？等等。這一大堆難題，決不是任何一個作家個人所能解決得了的。華東局宣傳部副部長俞銘璜向葉以群建議：「這些難題只有請示總理。」

三月份，白塵為《人民文學》編輯工作匆匆離滬。其他成員也分兩批去北京。柯靈和張駿祥等一行，因出席人代大會和政協會議先走一步，下榻民族飯店；葉以群、杜宣和沈鵬年略遲幾天，下榻新僑飯店；《魯迅傳》顧問巴金，抵京後下榻前門飯店。巴金、張駿祥和柯靈等參加有關會議。葉以群、陳白塵、杜宣和沈鵬年則去尋訪紹興縣館、八道灣、磚塔胡同、西三條和舊教育部等當年魯迅生活和工作的舊址，與周作人作了幾次長談，還看了《周作人日記》等材料。

周總理宴請各地的人民代表時，見到了張駿祥和柯靈，問起《魯迅傳》的創作情況。總理說：「總的原則，創作《魯迅傳》一定要以毛主席在《新民主主義論》中對魯迅的評價為綱。具體問題，過幾天約時間再說吧。」

過了幾天，齊燕銘和葉以群通電話，詢問「難題」的具體內容，並告知「大致在四月上旬接見。」

三

中南海裏，春暖花香，風光旖旎。周總理接見了《魯迅傳》創作組組長以葉以群等同志。

總理首先指出：攝製《魯迅傳》影片，應以毛主席在《新民主主義論》中對魯迅的評價為綱。這是必須遵循的原則。接著，總理反覆闡明：「為什麼要以毛主席對魯迅的評價為綱？」他說，在當代，對魯迅最瞭解的是毛主席。魯迅逝世一周年，毛主席發表《魯迅論》，稱「魯迅是新中國的聖人」，還說「他並不是共產黨的組織上的人，然而他的思想、行動、著作，都是馬克思主義化的」。這是對魯迅最科學、最正確的評價。總理認為。「毛主席讀過魯迅的著作，很早便和魯迅接觸。他對魯迅有感性認識，又有理性認識。」總理說：「三・一八慘案以後，段祺瑞通緝北京進步教授，魯迅也上了黑名單。毛主席當時很關心魯迅的安全。當時國共合作，毛主席擔任國民黨的中宣部長。曾要顧孟餘、朱家驊等人出面請魯迅南下。」總理強調：「這些歷史應該讓你們瞭解，但不能寫進戲裏。因為毛主席本人不同意。」因此，「《魯迅傳》影片不能表現毛主席的形象，一定要以毛主席對魯迅的評價為綱。」

關於影片中如何表現黨的領導問題。總理說，這是一個非常複雜的問題。因為「黨從1921年成立到1935年遵義會議。領導新民主主義革命，大方向是對的。但中央領導犯過好幾次左和右的路線錯誤。」因此，影片不能表現為陳獨秀領導了魯迅或王明領導了魯迅，這不符合事實。總理認為：「黨的領導只能表現思想上的聯繫和感情上的呼應，同聲相應，同氣相求。」總理說，「魯迅在廣州，可以寫陳延年與魯迅的會見；上海時代，應該寫瞿秋白和魯迅的戰鬥友誼。魯、瞿兩人在並肩戰鬥中結成深厚的革命友誼，但不是什麼領導與被領導的關係。」

「關於創造社、太陽社同魯迅的筆戰問題，」總理問道：「你們準備如何處理？」

「想避開矛盾不寫。」——葉以群答。

「客觀存在的歷史事實不能回避，」總理說。他指出：在黨的「六大」以前，創造社、太陽社的年輕黨員受左的思想影響，與魯迅打筆戰。黨中央發現以後，及時解決，最後壞事變成好事，促進上海革命文藝界的大團結。總理說：「最早發現這個問題，向黨中央報告的，是惲代英同志：具體處理這一事件的，是李立三同志。他們的功不可沒。潘漢年在這個問題上也起了很好的作用。」他說，「因此，這個問題在影片中可以接觸一點。這不要緊，總結自己的正面和反面的經驗嘛！當然，寫得太多是不好的。」

「關於劇中涉及某些現猶健在的人物，應用真名或假名的問題」，總理說：「必須慎重對待。」他以三個人物為例，作了具體的分析和區別。總理說：

第一個是李四光，「他出席了一次宴會，被當作『楊蔭榆死黨』。是冤枉的。」因為「當時李四光應蘇聯邀請，正在準備出國參加蘇聯科學院的紀念會。他的夫人許淑彬是女師大教員，與楊蔭榆同鄉。李情不可卻，才去赴宴。」因此「影片不能涉及此事，用假名也不行。」

第二個是周作人，總理談了「他在抗戰期間『落水』的一些內情。特別指出「周在出任偽職期間，掩護了不少共產黨員，為黨作了工作。延安《解放日報》曾對周在北平抵制奴化教育等事蹟，作了側面報導。」總理說：「影片中如果出現周作人，不能用假名，可用他五四時代的筆名。不要醜化他。」

第三個是「老虎總長」章士釗，總理說，看過《魯迅全集》，都知道他是典型的「反面人物」。但是，總理認為「影片中可以不要提了。因為此人早年參加辛亥革命；五四運動後資助新民學會的會員赴法勤工儉學；抗戰勝利後國共談判，他獲悉蔣介石的陰謀後，立刻勸毛主席『三十六計走為上計』……。他在歷史上幹過壞事，也為人民做了好事。」

至於「其他人物」，總理說「一般可用假名。但像許廣平這樣的人物，就不能用假名了。」

關於袁世凱和蔣介石。總理說：「《魯迅傳》上集中要寫到袁世凱。對袁我不熟悉，但北京有熟悉袁的老人，可以訪問；下集中如果要出現蔣介石，我可以向你們提供資料。兩次國共合作，我和蔣的來往不少，對蔣比較熟悉。不要因為他們是『竊國大盜』、『人民公敵』就不敢碰，不敢摸了。暴露舊的東西，挖出封建主義和官僚資本主義的老根子，可以不割斷歷史、教育後代。」

此外，總理談到「影片中可以有內山和他的書店，但不宜過份渲染」。總理批評了有些人說「內山是魯迅的親密戰友」和「保護魯迅的義士」等不恰當的提法，指出要「掌握好分寸」。

總理還說：「最近盛傳魯迅給我送火腿的事，這件事是有的。不光送給我一人，還給毛主席、黨中央。此事由馮雪峰經手，影片中不提它算了。」

最後，總理提及「通過影片的拍攝，以魯迅為中心」把有關的「歷史資料收集起來，是十分重要的工作。」他希望「資料工作」也能「作出新的貢獻」。

四

4月8日夏衍和創作組研究了劇本結構和魯迅性格的塑造等問題。

夏衍說：「總理的意見很重要。以毛主席對魯迅的評價為綱，這點必須肯定。任何人寫劇本和拍片，都不能動搖。」

關於結構，夏衍建議：上集的戲從辛亥革命開始比較妥當。魯迅從日本回國。滿腔熱情，要推翻清朝的反動統治，希望建立共和國。但辛亥革命失敗了，國家的情況一天比一天壞，魯迅陷於失望之中，……到廣州以後，他又興奮了……；下集開始，大革命失敗，又是一個大失望，對民族資產階級的「革命」和革命家，完全絕望了。……看到唯新興的無產者才有將來，終於成為共產主義者。

關於塑造魯迅的性格，夏衍認為：魯迅的性格要全面寫出來，光寫他「硬骨頭」的一面是不夠的。魯迅很風趣，但原則性很強。塑造形象時要注意，一方面是戰鬥性；另一方面又很有人情味。接著，夏衍說：「我是在1929年開始接觸魯迅先生的。和他有點同鄉關係，熟悉後一直沒有吵過架。第一次認識時，魯迅問我：『什麼時候從日本回來的？』

『我是在四・一二後聽到國民黨殺人，憤而回國的。當時我很幼稚，曾以左派國民黨員的身份寫信給汪精衛抗議。』

魯迅聽後笑了起來。我還引了兩句當時的民謠，講給他聽：

『白日青天滿地紅，青天白日殺勞工。』

魯迅聽了，高興得要命。連說『非常好，非常好。』他在閒談時一直罵國民黨蔣介石『是劊子手！』……」

夏衍還說：「魯迅對當時有些文人，是有自己看法的。」他舉了幾個例子：蔣光慈有時高談闊論，有時瘋瘋顛顛的樣子，魯迅是有反感的。但對馮乃超則不同。儘管馮乃超寫文章罵過他，他後來對馮乃超是很好的。馮乃超當時恂恂君子，魯迅是歡喜這樣的人的。田漢喝了酒唱戲的作風，魯迅也是看不慣的。有一次日本的左翼作家藤森成吉來華，在福建路知味觀請飯。田漢三杯落肚，又要唱戲了。魯迅過來拉拉我，悄悄地說：

「走哉走哉，（意為我要去了）要唱戲哉啦！」

夏衍還說：「左聯成立前夕，魯迅很認真的找我們。他把要在成立大會上的講話問題徵求我們的意見。他說：『要我講些什麼呢？第一點講……，第二點講……，你們看行不行？』

我們當時都是小青年，他來找我們，是對黨的尊重。後來在成立大會上他講了個把鐘頭，講的內容都是事先商量過的。「（見1960年6月上海市電影局印行《〈魯迅傳〉創作組訪談記錄》第一集第3-4頁，記錄付印前，曾經夏衍審閱同意。）

關於辮子問題，夏衍說「可以提一筆。辛亥革命時，我十二、三歲。進城要剪辮子，非常緊張。農民要保留辮子，跪在地上求饒。當時城門口專門有剪辮處。剪辮風氣是當時很重要的一件事。」

經過討論，初步寫出了《劇本提綱草案》。

五

《魯迅傳》顧問團為研究劇本的結構和人物塑造等問題，假座北京國際俱樂部召開會議。

4月16日一清早，創作組的資料員先去前門飯店接了巴金；又去北海大石作十號接許廣平；然後再到東四頭條胡同接茅盾和周揚。他們是住在一個院子裏的領導。茅盾早在等候，周揚因中央有重要會議而向顧問團請假。他說：「會議精神，請茅公回來後給我傳達吧。」

會議由夏衍主持。會上先向顧問們分發了《劇本提綱草案》。夏衍說：

「創作組和我交換意見，提綱初步分上、下兩集。關於整個創作過程，大體想分三步進行。第一步，先把結構樹立起來；第二步，把劇本初稿寫出來；第三步，對魯迅等人物性格和整個劇本的風格等等，再作進一步的加工。」

在白塵介紹了創作構思的經過後，夏衍說：

「提綱初步考慮分八段行不行？上、下兩集之間怎樣斷？怎樣結？現在上部斷在北伐和大革命失敗；下部結在長征勝利。這個方案行不行？請大家審議。」

茅盾說：「前兩天以群和我交換意見，我是贊成這個方案的。關於結構問題，主要根據歷史事實，有些地方允許虛構。私人生活可以避開不寫，……」

夏衍插話：「對海嬰可以寫一些，這樣便於表現魯迅的人情味。」

茅盾說：「這可以寫，但份量不多。在人物方面，有些人一定要用真名，如胡適。在戲中，許大姐（即許廣平）一定要出場，這也不能用假名。另外的人，與其用假名，還是不出場為妙。如有必要，可以對話中適當提一下。」他認為楊杏佛、瞿秋白、陳延年都要出場，都應用真名。他不同意在戲中稱他「止敬」，也不希望寫他。

提到楊杏佛，茅盾說：「楊杏佛演說時，有時拳頭一伸，臺子一碰，很有煽動力。魯迅從來不這樣劍拔弩張。」又說：「我和陳延年在廣州一段相當熟。」他忽然想起什麼，回過頭向旁邊在作記錄的沈鵬年問道：「陳延年的照片是否找得到？」沈鵬年停下筆來答道：「已經找到了。是留法勤工儉學的集體照，有總理、蔡和森、鄧小平、陳延年、陳喬年等。但對兩兄弟中誰是陳延年？一時還吃不準。那天拿給總理看了，總理一看照片立刻就指出來了。」

巴金說：「以前上海已搞過一個《艱難時代》，太拘泥於事實，每一段話都有出處，每一細節都有根據。這對學習和研究的人來說，固然很有幫助。但給一般觀眾看了，就不能使他們激動。」他還說：

「對魯迅的生平事蹟，將來可以再搞一部大型紀錄片。」

「已經有過一部《魯迅生平》了，佐臨搞的。」——夏衍說。

巴金認為：「這一次為了使更多的人，特別是青年，瞭解和學習魯迅，就一定要寫出魯迅的精神面貌。只有這樣，才能起教育人、鼓舞人的作用。」

巴金仔細地審閱了《劇本提綱草案》後說：

「照提綱草案的八段分法，我覺得很好。影片分上、下兩部也好。主要問題是要能貫穿到底。人物方面，有些人物可以取消，如許壽裳作用不大，可以略去。凡是合乎魯迅性格的，可以創造一些，不必完全拘泥於事實。對反派人物，可以誇張一下。有些人物可以集中概括；有些人物與戲的關係不大，可以不要。」他認為：「寫魯迅，主要是寫他的思想發展。私人生活可以精煉一點。」最後，他說：「這部片子，外國對它的期望也很大。影片放映出來，要使從來沒有看見過魯迅的人，使不知道魯迅的人，都能夠瞭解、都能夠感動。這一次搞，我相信是一定可以搞好的。」

陽翰笙也同意《提綱》上的八段寫法。他想了一下，又看看《提綱草案》，說道：「段落上究竟落在那一點比較好？上集能不能寫到左聯的成立？」

夏衍說：「左聯成立在1930年，距1927年還有三年。」

周建人說：「關於人物出場，同意沈部長的意見。除必要的外，有些熟朋友可以不要寫。否則，魯迅早年和陳儀、和蔣仰卮都是熟朋友。一一寫來，太麻煩了。」

邵荃麟認為「拍攝《魯迅傳》是很大的一件事，拍出來影響很大。」他說：「看了《提綱草案》，我考慮了三個問題。一個是怎樣表現魯迅和革命的關係問題；另一個是怎樣表現魯迅思想的發展過程；還有一個問題是怎樣表現魯迅的性格和個性，而個性是和思想相聯繫，又不能離開環境。」

他把魯迅和國際上的著名作家進行了一些比較。他說：「寫魯迅要寫出中國革命知識份子從民主主義走到共產主義的道路。這樣的作家，在全世界也並不多。高爾基是一個；托爾斯泰是從貴族出身，同情農奴，詛咒沙皇制度，但沒有達到更高的高度。羅曼・羅蘭和巴比塞，從民主自由走向共產主義。有的人，像紀德和美國的一些作家，走了一段又退了回來。而魯迅，是堅持走這條道路，一直走到底的。因此，拍攝《魯迅傳》不僅是中國的一件大事，也是有世界意義的。」

夏衍接著補充說：「魯迅那種『俯首甘為孺子牛』的精神也是全世界知識份子的榜樣。歐洲有不少大知識份子，他們和共產黨的關係是：『走你的道路，但是要和你分庭抗禮。』而魯迅，他是甘為『革命的馬前卒』……。」

在茅盾、周建人等議了一下魯迅早期的思想後，邵荃麟說：「我們的一些同志曾說『魯迅在五四前後是進化論，1927年以後才轉變為階級論的，』這個說法，不夠恰當。人的思想不能分割，不能一刀切的。」

他對魯迅從五四以後至1927年的思想及演變，作了精闢的分析和論述以後，還說：「在第二次文代會的報告拿到中央政治局討論時，報告原來是提出繼承傳統只提『繼承延安文藝座談會的傳統』。

毛主席看了以後，就說：『繼承傳統為什麼不從五四開始？』

主席提出：『要重視魯迅。』他還說：『說魯迅在五四以後的思想中不包含社會主義因素，是說不通的。』

主席認為，從五四到大革命，魯迅的文章中還保留著殘餘的進化論觀點。但，如果說魯迅的世界觀還是以完整的進化論為主導，是不對的。很難得出這個結論。……」

最後，邵荃麟說：「演員問題很重要。郭老（郭沫若）對魯迅有一段話說得很好，他說『魯迅是從熱到冷，冷裏發出熱來，是最大的熱。冷與熱的結合，又是冷又是熱。』這個精神狀態，應該表現出來。」

夏衍同意荃麟的意見，接著說：「演員和導演，確實是個大問題。怎樣掌握好分寸，正確表現魯迅先生的氣質。我和魯迅相處時，覺得他幽默得要命。他講一句話，自己並不笑，但你仔細一想，忍不住捧腹大笑。」

他還舉了自己親見親聞的兩個例子：「有一次我去看魯迅，他摸出一包香煙遞給我，一看是普通的『品海』牌。我就拿自己的『大前門』回敬他。他笑著說『儂上當哉』。打開一看，裏面裝的是專門敬客的高級香煙三五牌。接著對我說：『形式和內容勿一致的啦！』很風趣，非常平易近人。

還有是聽人家說的，有一次魯迅和馮乃超等一起開好會，在外面吃飯，他也喜歡喝點酒。馮乃超也在坐，魯迅順口說了一句：『喝兩杯是勿會醉眼朦朧的。』……」（見《訪談見錄》第28頁）

開完會，資料員送茅盾回家，進門遇見周揚剛剛回來。周揚問茅盾：「會開得怎樣？有什麼事情要我做的嗎？」茅盾說：「等劇本出來後，請您提意見。」茅盾順便問了一下：「在影片中，兩個口號問題能不能涉及？」周揚說：「為什麼不能涉及？兩個口號都是革命口號，魯迅是正確的。胡風有錯誤，我也有錯誤。如果影片要表現，對我不能『親者諱』；對胡風也不要醜化。」

六

一天，中南海來了電話。原來中共中央辦公廳副主任田家英給創作組提供了一個重要信息：當年在廣州奉陳延年之命與魯迅聯繫的中山大學支部書記徐文雅，就是現任中國革命博物館副館長徐彬如。他已要徐彬如接待創作組。經過三次長談，獲悉了魯迅在廣州的許多重要情況。周揚建議創作組，「應該到廣州去實地瞭解一下。」

5月8日，創作組一行登上京廣直達快車，向羊城進發。

10日上午，車站廣場幾棵巨大的榕樹和明豔的紅棉花，彷彿宣告這次長途旅行暫告段落。歐陽山、韓北屏、黃新波、郁茹、容希英等早在迎候，因為他們昨天收到了林默涵的電報。

韓北屏陪同創作組成員下榻廣東迎賓館。他帶領大家步入幽雅的庭園，在單幢樓中住下時，就說：「去年郭老在這裏寫出了《武則天》；今年你們在這裏寫《魯迅傳》。希望兩部傑作，相互爭輝，使此地蓬蓽生輝。」

在廣州，參觀了中山大學舊址，魯迅的白雲樓故居，文明樓上陳延年工作和生活的地方，還瞻仰了黃花崗、紅花崗和農民運動講習所。在廣東魯迅紀念館前合影留念。

創作組在聽取了歐陽山、蘇怡等介紹魯迅在廣州的生活事蹟後，去原嶺南大學宿舍探訪馮乃超。馮乃超正在感冒，他抱病在門口迎接大家，抱病回答了大家提出的問題。他說：「大革命失敗後，黨正在從破壞到恢復的過程中，革命青年思想上一度有點混亂，革命文學陣營內部便混戰一氣。當時不但發生創造社批評魯迅的事件，創造社和太陽社之間也互相吵架謾罵。黨發覺後就很快糾正了，明確指出：『這樣下去是不應該的。』爭論便停止了。」

接著，馮乃超回答了與魯迅交往的問題。他說：「以後，我和魯迅有過許多次會面，有四、五次是到他家裏去看他。

第一次去看魯迅先生，是柔石陪我的。我問柔石：『我曾經批評過他，去了會不會挨罵？』

『沒有關係的。』——柔石說。柔石為人很好，他鼓勵我去。我也迫切希望去。過去我們實在對他不瞭解。

魯迅先生平易近人。一到他家，看見他正在翻譯盧那察爾斯基的《解放了的唐吉訶德》，是根據德文本子。我們剛接觸，他知道我懂德文，便『請教』我譯文上的事，不恥下問，謙虛極了。一下子，我們就接近了。他對我們過去批評他的事，一字不提。魯迅先生的風格很高。」

當馮乃超把《左聯綱領》送給魯迅看，請他修改時，魯迅說：「沒有什麼，這樣的文章是不容易寫的，我也寫不好的。」有一次，魯迅和馮乃超談到文學的階級性，同時諷刺主觀主義和經驗主義者，隨口講了二個故事。魯迅說：「一個農民挑水時，胡思亂想。忽然想到一個問題：『一個皇帝他是怎麼挑水的呢？』後來又自己設想、回答自己道：皇帝大概是用金扁擔挑水的。」——魯迅又說：「一個農婦正在餓著肚皮的時候，她想像著這個時候皇后娘娘可舒服了，只要手一伸，叫一聲：『太監，給我拿一個柿餅來吃吃。』她以為吃柿餅是皇后娘娘的最高享受了。」

以群插問：「九・一八以後，左聯開積極分子大會，您身穿西服，很漂亮。當時在哪裡工作？」乃超想了一下：「在地下黨的報館裏，住在東熙華德路。左聯的工作實際上不再過問了。不過，在路上遇見魯迅先生，他對我仍很親熱。每出版一本書，都送給我的。」

告別出來，馮乃超帶我們去看了陳寅恪。門口一條白色水泥鋪的路，十分耀眼。這是陶鑄照顧他雙目失明而特地鋪的。他每天要散步，靠白色反射，便於盲人走路。這是黨對知識份子的關心。

回到賓館，廣州市長朱光已等候多時了。他代表省委和陶鑄向大家問好，並分贈他的近作《廣州好》。接著便邀請大家去愛群酒家出席宴會。他說：「你們接受了黨的重要任務，我們代表人民感謝你們。」

七

回到上海，立即進行創作。經過一個月的努力，六月中旬完成了上集詳細提綱。

6月18日，夏衍趕到上海，代表顧問團談了對詳細提綱的意見。他說：「看了詳細提綱，是滿意的。架子已搭起來了，有戲，那是不容易的。不足之處，主要有兩個問題。

其一，毛主席講魯迅反帝反封建很徹底。在詳細提綱中反封建很突出，反帝沒有表現。這可以在歷史背景和人物對話中作些補救。

其二，魯迅在前集中調子高了，下集中難以為繼。是不是讓他先站在後面、然後由後面站到前面、最後挺身而出，逐步的高昂起來。

魯迅寫《阿Q正傳》，對農民是『哀其不幸，怒其不爭』。毛主席說中國的歷史是一部農民革命鬥爭史。農民在鬥爭，知識份子沒有看見、認識不足。魯迅對農民問題也是很關心的。從《故鄉》到《阿Q正傳》都接觸到農民問題。他和瞿秋白熟悉後，非常關心蘇區的情況；他和陳賡會見時，也瞭解過工農情況；沈澤民從鄂豫皖蘇區秘密來上海治病，我陪他去看魯迅，魯迅拼命地問：『蘇區的農會組織怎樣？農民的生活農樣了？』魯迅在上集中的態度是同情和關心農民；到了下集，就明確了必須依靠勞工和勞農了。」

夏衍說：「骨架基本不動，結構再堅實一點。《魯迅傳》能搞到這樣是不容易的、有戲。」他希望劇本早日寫出。

石西民、俞銘璜、楊永直、陳其五、張駿祥、楊仁聲都認為詳細提綱寫得不錯。

為了爭取時間，創作組雙管齊下搞本子。即一路由陳白塵負責，在錦江飯店寫上集初稿；另一路由柯靈、杜宣負責，在閔行寫下集詳細提綱。組長葉以群則全面總抓、照顧兩頭。國慶前後，兩項寫作任務初步完成。上海市電影局局長張駿祥高興地說：「現在的問題不是爭取獻禮，而是保證獻禮了。」

《魯迅傳》上集電影文學劇本在《人民文學》上發表以後，影響很大。在圖書館和公共汽車上，大多數青年幾乎人手一本，都在看這個劇本。北京大學魯迅文學社、北京師範大學中文系師生、上海復旦大學中文系師生和華東師大中文系，以及廣州、廈門、杭州、西安等地的大學中文系師生都紛紛召開座談會，對劇本展開討論和研究。大家對劇本感到滿意。對不足之處也提了意見。

八

黨中央宣傳部、文化部和顧問團看了劇本，一方面由林默涵在北京召開顧問和專家的座談會；另一方面由夏衍專程趕到上海與攝製組的創作人員進行具體的研究和動員。

在北京文化俱樂部，顧問許廣平、陽翰笙、陳荒煤和嚴文井、何其芳、李希凡等專家，以及魯迅生前的老朋友章川島、曹靖華都圍繞劇本展開了熱烈討論。

在上海，夏衍與創作組成員交換了「歷史背景」、「魯迅人物性格的成長」、「這部片子的風格」等問題後，提出「長度」和「今後措施」。接著，他又與演員趙丹、藍馬、于藍、于是之、謝添、石羽等同志交換了意見。他說：「外國報刊已登了消息，很關心這部影片的拍攝。因此這部片子必須搞好。」他聽了演員對劇本的意見後，又說：「聽了大家的意見，感到大家確實已經鑽進去了。」他鼓勵大家努力演好、拍好影片。

九

陽春三月，中央要周揚在西子湖畔主持文科教材會議。創作組得到消息，立刻奔赴杭州，準備「逼」著他看劇本和提意見。全國高等院校的教授和各地的專家雲集杭州，周揚實在分身乏術。

創作組要沈鵬年一天三次去找周揚夫人——三十年代肩披一條紅圍巾，人稱「左聯之花」的蘇靈揚，打聽「周部長什麼時候有空？」一連三天，終於感動了蘇靈揚。她說：「明天早晨我來截住他，不給他出去，你們上午八時來吧。」

1961年3月17日上午八時，在杭州飯店四樓的大會客室，葉以群、陳白塵、杜宣、于藍、趙丹、藍馬、石羽、謝添、于是之等人已坐在那裏等候了。

「我還沒有看過劇本，沒有發言權啊？……」周揚無可奈何地說著時，蘇靈揚卻三推兩搡地把他推進了會客室。

周揚向大家招呼後，一再表示歉意。大家一定要周揚談談。沈鵬年再把劇本和北京座談會的記錄送到周揚手中。

「好好好，謝謝、謝謝！」周揚滿臉笑容地說。

葉以群扼要地談了創作的經過和情況。周揚一面看著北京座談會的記錄，一面聽葉以群彙報，不時地點點頭……。

記錄看完了，彙報聽過了，周揚微笑地望著大家，還在思考……。蘇靈揚在旁邊催促道：「你講話啊！」

周揚不得不開口了。他說：「北京座談會的記錄看了，意見都很好，我基本上同意這些意見。」

接著，他對「魯迅和時代的關係」、「魯迅的風格」和「文藝界左的影響問題」談了自己的看法。他說：「有人說：魯迅是個『賽他耳斯脫』，諷刺家……」

正在旁聽作記錄的沈鵬年停下筆來，問道：「什麼叫『賽他耳斯脫』？」

周揚笑著回答：「這是一個英文名詞，就是『諷刺家』的譯音。」說畢，站起來，走到沈鵬年的面前，在記錄稿紙上寫了——『SATIRIST』」。

寫好後，便繼續談下去：「……大家都知道魯迅的幽默，不要認為一幽默就會是不堅強了。恩格斯說過，幽默是一種相信自己的智慧超過對方的優越感。魯迅正是這樣。沒有這種自信就產生不了幽默。魯迅的幽默也是一種反抗。」

談到魯迅的風格時，周揚說：「毛主席有一次和我講過魯迅風格，這話對我的影響很大，我感到自己遠沒有做到。主席說：『魯迅風格是斷制與虛心的結合，知之為知之，不知為不知，知道的就很堅定，堅信不移，凡是不知道的就說是不知道，決不強不知以為知，也決不隨便寫。這就是魯迅精神。』

魯迅演說，講話很短，比較平易、幽默，性格溫和。凡是大人物、大思想家都是如此。……只有在感到自己的力量勝不過別人時，才表現劍拔弩張來，那是革命的急躁。」

周揚反覆強調「藝術要含蓄，要留有餘地」。指出「寫歷史人物要注意歷史特點」。他說：「魯迅的幽默也是反抗，是對敵人鬥爭的一種武器。『嬉笑怒罵，皆成文章』。這是魯迅性格塑造中要特別注意的問題，這也是更符合歷史的表現手法。」

在談到魯迅與農民和電影上如何表現阿Q的問題時他說：「魯迅寫農民寫得很深刻，但他的確也只寫了農民的一個方面，他偏重地寫了農民的消極面，沒有寫農民的革命面。農民革命的一面他沒有看到，所以他不隨便寫，他是一個熱情而嚴格的現實主義者。閏土有沒有革命性？祥林嫂有沒有革命性？都沒有。阿Q寫了一點，但阿Q的革命太糊塗了、太盲目了。最後為革命而死，被敵人槍斃了。」

接著，周揚對阿Q這個人物作了具體分析。他說：「反映在阿Q身上，三風五氣都有。共產黨所批評的宗派主義、主觀主義、教條主義、地方主義、本位主義……他身上都有。還有一條：輕視婦女。雖然犯了這許多毛病，但他有一條：『要革命！』所以應該得到肯定。」

周揚風趣地說：「因此，阿Q身上儘管有千條缺點、萬條缺點，只要有了『要革命』這一條，就當作同志對待，是阿Q同志，不是阿Q混蛋。但他的作風相當壞，如果讓他當領導，一定是個三類社。」

周揚最後說：「毛主席對阿Q的估價，還是當他革命的。至於在電影上，阿Q的確很難表現。我看把阿Q搞得引人同情好一些，不要使人有厭惡之感。」

十

清晨的湖畔，籠罩在淡淡的輕紗之中，空氣分外清新。周揚用過早餐，還有一點時間，便約于藍和以群同去散步。

當大家信步踏上蘇堤時，以群情不自禁地問：「劇本看過嗎？」

「看了一下，還在考慮。」——周揚慎重地答。以群和于藍要求他先談談直感。周揚就說：「劇本寫魯迅，對有些政治運動，寫得太直接了，又沒有根據，是不是妥當？」他說：「某些實有其事的，像《新青年》編委會，把它突出一下是好的；而沒有的，如三一八前魯迅去通風報信，把魯迅寫成參加者、甚至是運動的組織者似的，這樣就不好。」

關於魯迅對農民問題的認識，周所作了精闢的分析。他說：「解決農民問題的根本關鍵是要解決土地問題。這一點，不僅魯迅看不到，李大釗也看不到。」接著，他談了「民主主義者、革命的民主主義者和共產主義者的聯繫和區別問題。」他說：「能『哀其不幸』的，是民主主義者，同情不幸的人、同情下層人，人道主義；『哀其不幸』再加『怒其不爭』的，是革命的民主主義者，如魯迅就是這樣，主張要起來反抗；而同時發現農民有鬥爭力量的，那就是共產主義者了。

當時已經有農民在鬥爭了，民主主義者、人道主義者沒有看到。包括革命的民主主義者和革命的人道主義者都沒有能看到。唯一能看到這一點的是共產主義者、真正的馬克思主義者。毛主席就是這樣的人。毛主席也不是一下子就看清楚的，而是深入群眾，經過調查研究以後才得出這個結論的。」

為了說明「有許多問題不是一下子能看清楚的」，周揚還談了這樣一件事。他說：「毛主席的小孩子在小學念書，回去告訴毛主席：『爸爸，你小的時候是不信神的？』

毛主席問小孩怎麼知道的？小孩子說是學校裏老師教的。毛主席聽了非常生氣，後來和人家說：『我小時候同樣是在封建禮教的統治和教育下，怎麼能不信神呢？我和別人一樣，同樣是相信過神的！』總理自己也常常講，在當時有許多問題，他也沒有一下子就弄清楚。」周揚一再指出：「有些問題，當時不但社會上許多人看不到，就是在黨內也有許多同志看不到。李大釗也看不到，不能苛求魯迅。總的要注意歷史的真實，不要違反歷史。」

當晚，陳白塵等自費宴請周揚，創作人員全體作陪。座中，于是之賦詩一絕。詩云：

「一席佳醑一曲崑，江湖伶工謝二陳；
未嚐叫花雞中味，空負西子一片春。」

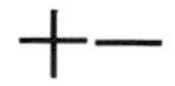

3月19日晚上九點，杭州飯店二樓葉以群的臥室中，擠滿了創作組和攝製組的成員，大家正在聽他傳達周揚在早晨的談話精神。

「這裏好熱鬧啊！」周揚突然推門而入，他就坐在以群的床上，和大家談了開來……。

「《魯迅傳》劇本已看過了，粗看了一下。主要意見：

一個是重大的革命事件和重要的歷史人物，大體上要符合歷史的真實。局部的事件和一些次要人物、虛構一點，關係也不大。重大的歷史事件如「三一八」、「五卅」和當時的一些全國知名人物，這些人有的還活著，有的知道的人很多，過分的虛假是不行。局部的事件，一些不知名的人物，是可以有若干虛構的。這是主要的一個意見。

第二個意見：作為革命文學家的魯迅、革命家的魯迅，他的主要活動是文學活動，革命家開始時也還只是民主主義革命家，成為共產主義者也還是在大革命以後。

看了劇本，這的確難寫，寫成這樣是不容易的。演員表演也很難。演魯迅無非是沈默，文學家麼，思想活動都在腦子裏。」

周揚向沈鵬年點點頭，問道：「劇本中寫的李大釗稱讚《阿Q正傳》，有沒有根據？」

沈鵬年答：「李星華發表一篇回憶錄，記敘李大釗拿了《吶喊》回家，和小孩子們談《吶喊》的價值，稱讚了《阿Q正傳》等，但沒有具體的評價內容。」周揚聽了，就說：「好啊！就可以利用這個情節，在家裏和小孩子講，可以更生動、更生活一些，也更真實。不要講『對辛亥革命作了極其正確的估價？』那麼一句話，演起來不大好演，講又不大好講。」周揚認為：

「劇本中如寫李大釗在家裏和孩子講話不要緊；但如寫在天安門大會上講話，就要上歷史，專家們要進行考證了。」周揚反覆強調：

「寫革命文學家魯迅的革命運動相呼應，應該是精神上的呼應，直接聯繫減少一點，這樣才顯出他的偉大。」還說：「我們現在不走《約翰・克利斯朵夫》的路，但老一代的知識份子，當時很多是經歷了個人摸索、個人奮鬥的過程。有些問題在今天是不成其為問題的，但在當時，他非這樣的摸索不可。」

關於魯迅的寂寞問題，周揚說：「任何一個思想家，當他還沒有和群眾聯繫、還沒有和群眾鬥爭聯繫起來時，確是感到相當寂寞的。魯迅是這樣，高爾基和羅曼・羅蘭也是這樣，都有過寂寞之感的時候的。就是和群眾鬥爭緊密聯繫在一起的革命家，有時候也難免有寂寞之感，毛主席在井岡山的時候，不是也有人提出『紅旗究竟能打得多久』嗎？這時候，毛主席也有一點『深深寂寞』的孤獨之感的。這是在當時的歷史情況下，作為偉大的革命家、思想家個人在特定的時代背景和具體的歷史條件下，整個發展過程中的一種反映。決不能因此而把他寫成為孤獨人物。如果這樣寫了，那就錯了。這樣，戲還可以多一點，容易涉及到人家來提意見的地方，也可以避免一些。」

周揚舉出了近代和現代歷史上的許多知名人物，同魯迅進行比較和分析，幫助創作組成員更進一步地理解魯迅的偉大和作用。時間已過了深夜十二點，他的談興正濃，大家都沒有半點睡意。以群考慮到他明天還要回北京開會，只能請他休息。

大家依依不捨地送周揚上四樓時，已將近20日的零點了。

一個月以後，沈鵬年把這幾次的談話記錄送請周揚審閱。不久，周揚在百忙中回信道：

沈鵬年同志：

看了你的記錄和意見，謝謝你的好意。我將努力注意。重新研究魯迅，今後任務更大。希望你能做出成績來。此致

敬禮

周揚　五、六

回首天涯路幾程，風雲際會撼書城。這個美好的故事將留在人們的心目中，直到永遠、永遠……。

下篇：功虧一簣

1973年春，趙丹被「四人幫」設的冤獄單獨監禁五年多後，假釋回家。這一天，他坐在一隻常坐的、早已破舊的沙發上，身子筆直、眼睛發愣、喘著大氣。他的孩子和他相見後，都躲到後樓小屋裏哭著道：「爸爸完了，爸爸不可能再演戲了。」

半夜裏，趙丹自言自語，自問自答，把愛人驚醒了。他的愛人叫著他，對他說：「你想說話，就把我或孩子叫醒吧，別自己跟自己說話，怪叫人害怕。」

「習慣了。我擔心失去說話能力，就不能再演戲了。」

原來在牢獄中為了想有朝一日重上銀幕，他就常常一個人自說自話，鍛煉說話能力。

「你是怎麼活過來的？」——他的愛人問道。

「我想戲，沒人打攪我時我就想戲。」

「想什麼戲？」

「想著演魯迅！當然還想著演李白、齊白石，還有阿Q。……其實『他們』也不會讓我再露面，我現在並沒有自由。」

四天以後，他被送到東海邊上的電影幹校編入「勞改隊」。

1979年春節，上海電視臺應廣大觀眾要求，要趙丹和上海的電影演員一起在春節聯歡上登臺表演。趙丹發急道：「唉！趙丹該是什麼樣的？不化妝上臺發怵。」

他找了化妝師嘀咕一陣，又鑽進服裝倉庫……。聯歡會開幕了，白楊、秦怡、張瑞芳等一一獻藝。掌聲中，燈光漸暗。

追光，雪花飄舞，「魯迅先生」撐著紙傘，從遠處慢慢走來。「魯迅先生」在台中站定之後，收起雨傘，燈亮。——原來是趙丹演的魯迅，演得那麼像，立刻爆發一陣掌聲！

「魯迅先生」望著在臺上的演員們，用略帶魯迅家鄉口音的語調說：「唔，都是電影明星……你們大家好啊？……我怎麼跑到電影界來了？噢，大概是因為我寫一篇《論『人言可畏』》談『阮玲玉之死』吧……」在追光中、雪花中，「魯迅」撐起傘漸漸地走遠了、走遠了……。一共演了兩分半鐘的戲——他夢寐以求地盼望了二十年之久的「二分半鐘的戲」。

「演員是通過角色向世界發言的。」趙丹說。他通過兩分半鐘的演出，向全世界宣告：「趙丹要演魯迅，趙丹能演魯迅。」

1980年春節之前，趙丹興致勃勃地拜望老朋友——《魯迅傳》執筆者陳白塵，要求他修改劇本，使《魯迅傳》能重見天日。白塵說：「1961年時，演員陣容無比強大。除了您演魯迅外，藍馬的李大釗、于藍的許廣平、于是之的范愛農、石羽的胡適、謝添的農民阿有、衛禹平的陳源……，都是高標準的人選。但藍馬已不幸逝世，衛禹平也中風在床……。」

「曾經滄海難為水」。白塵把難處向趙丹掬誠相告，趙丹一向豁達和天真的眼神流露出淒然之色，他嘀咕了半句話：「那要什麼時候……！」

那要什麼時候？不料僅僅時隔半年，趙丹查出晚期癌症，不得不臥病於病榻了。在彌留前，他痛苦地沉吟道：「為了《魯迅傳》影片，我從1960年試鏡頭以來，鬍髭留了又剃，剃了又留，歷時二十年沒有拍成。這不是一個演員的藝術生命所經得起的……。」

他帶著「《魯迅傳》影片遲遲不能問世」的遺憾，在1980年10月10日離開人間，活了六十五歲，他比葉以群只多活了十歲。

《魯迅傳》顧問巴金，在1979年為葉以群主持骨灰安放儀式；一年後，在趙丹逝世次日，又為趙丹寫了悼文，他寫道：

「在討論《魯迅傳》電影劇本時，我曾向人推薦趙丹扮演魯迅先生，……他為此下了不少的功夫。有一個時期聽說片子要開拍了，由他擔任主角。我看見他留了鬍髭又剃掉，剃了又留起來，最後就沒有人再提影片的事。」

果真「沒有人再提」嗎？——在紀念魯迅誕生一百周年時，海外出版的報刊提到「《魯迅傳》不能問世」都說「這件歷史懸案是『謎』——一個夭折之謎」……。

二

1961年5月1日傍晚，毛澤東同志在上海關懷和過問了電影《魯迅傳》的創作情況。這條重要信息最初係《北京晚報》所透露。標題是，《有關電影〈魯迅傳〉的消息》。原文如下：「《魯迅傳》發表後，引起了廣大群眾的興趣，得到黨和國家領導同志的關懷和注視。『五一』之夜，毛主席和上海群眾共慶佳節時，扮演魯迅的趙丹曾激動地向主席彙報《魯迅傳》劇本修改的情況。主席風趣地向趙丹說：『上次是剃了光頭（拍《林則徐》），這次要留長頭髮了。』這種親切、細緻的關懷，曾給了趙丹以無比巨大的鼓舞力量。」（見1961年5月28日該報）

據1961年5月3日打印的《毛主席與〈魯迅傳〉演員談話紀要》，這一次談話是這樣開始的：「你過去剃光頭留辮子（指《林則徐》），現在留頭髮了。」毛主席風趣地說，趙丹笑著點頭。主席問：「魯迅有一篇《頭髮的故事》，你讀過嗎？」

「還沒有讀。」——趙丹答。主席接著又說：「應該讀一讀。」——他又問趙丹：

「總理說《魯迅傳》要拍攝上、下兩部。上集表現魯迅在北京，下集表現魯迅在上海。是不是這樣啊？」

「是的。」——趙丹答。主席又問趙丹：「你見過魯迅嗎？」

「沒有見過。」——趙丹答。主席就說：「沒有見過就要多讀點魯迅著作。文如其人，通過其文瞭解其人。把魯迅演得有點深度。」——主席囑咐趙丹：

「影片拍攝後先給我看一看。魯迅在北京時，我是見過的，有過一些交往，所以有發言權。不過你可不要緊張。放手演，演得自然點。」

趙丹問毛主席在何處見到魯迅？毛主席說：「我見到魯迅，先在北大，還去他家登門拜訪。他當時很孤獨，講話卻很風趣。我在北大圖書館每月掙八塊錢，生活很苦。魯迅在教育部，要為我謀個好差事。我志不在此，婉言謝絕了。魯迅是很關心青年的。」

趙丹問及魯迅與黨的領導同志的關係。

「魯迅和我們黨的不少領導幹部，老中青三代都熟悉。」——毛主席說。接著，他舉了這樣一些事例：「南陳北李（即陳獨秀和李大釗）與魯迅關係很好；瞿秋白、李立三和魯迅打交道，有過很好的合作；潘漢年、夏衍、周揚與魯迅接觸時都是小青年。黨處境越困難，魯迅和黨靠攏得越緊。魯迅是共產黨的患難之交。」

為了啟發趙丹演好魯迅，毛主席說道：「當時黨還比較幼稚。幾個領導人都犯了錯誤；魯迅的馬克思義水平較高，是革命的諍友，陳獨秀右傾，李立三和王明左傾，都是黨內的事，魯迅不可能瞭解。他從現象上覺察有問題，進行勸告和批評。勸告我們搞白區工作不能照搬蘇維埃的一套；批評王明的教條主義不懂中國的國情，意見都很正確。」

毛主席還談到黨與魯迅的關係問題，他說：「大革命失敗以後，黨中央的秘密機關設在上海。領導人連續犯了三次左傾錯誤：瞿秋白盲動主義，立三路線和王明路線。在此種情況下，年青黨員受到影響，左得厲害，錯誤打擊魯迅。」——因此發生了創造社攻擊魯迅的事。

毛主席認為：這件事「主要責任應由黨中央承擔，因為中央領導犯了左的錯誤。」接著，主席還說：

「六大以後，總理發現了創造社圍攻魯迅的事件，要李立三代表黨中央向魯迅陪禮道歉。李立三處理得很好，他一面親自找魯迅談話；一面向創造社的青年黨員進行說服教育。黨中央承擔了責任，魯迅就諒解了。他和創造社團結起來共同對敵，合作得很好，出現了三十年代文藝的大繁榮。……李立三團結魯迅，立了一功。」

毛主席在談了「魯迅很講原則」、「瞿秋白和魯迅的私交」等問題後，還談到他「很欣賞」魯迅的《辱罵與恐嚇決不是戰鬥》這篇文章。他說：「延安整風時，我把它列為整風必讀文件之一。」

最後，他鼓勵趙丹道：「如何演好魯迅，確是一個難題。希望你克服困難，演好魯迅。」

當晚，趙丹回到瑞金路150號，異常興奮，不能入睡。他通讀《魯迅》劇本後，又畫了一幅國畫《巍巍高山不老松》，發表在《解放日報》和《上影畫報》，表達了對主席的感激和祝福。他在毛主席的鼓勵下，為了「演好魯迅」，寫了《魯迅藝術形象探索》，設想了豐富劇本的「點子」。

【後來，趙丹把毛主席和他談話的內容，分別告訴一些民主黨派負責人和上影廠有關同志。見人民文學出版社《毛澤東與著名作家》第6-7頁。詳見1985年8月《大眾電影》和同年11月5日《電影晚報》發表（趙丹與「魯迅傳」）等文。】

二

劇本在《人民文學》發表後，周總理聽到有關人士的反映，「把魯迅提得高了一些。」周總理說：「按真實寫，不要提得太高了。從歷史真實考慮，一方面承認他是偉大的思想家；另一方面亦應給予歷史的真實的評價。」

周揚從杭州回到北京後，周總理問他：「《魯迅傳》的工作進展得怎樣？」

周揚說，他在杭州看了劇本，認為寫得不錯；也看了與魯迅熟悉的一些知情人對劇本的意見，認為都很中肯。感到對劇本還要作些修改。——總理同意周揚的意見。

總理認為：《魯迅傳》電影文學劇本的修改工作，由夏衍負責。為此，總理親自通知齊燕銘，安排一段時間，使夏衍能專心修改劇本。總理特別指出：「爭取在今冬明春（即1961年冬和1962年春）投入攝製。」

夏衍從上海回到北京後，周揚和林默涵幾次向夏衍談了，要他看了陳白塵的修改稿（即三稿）後「再潤色一遍。」並明確表示：這是中宣部交給夏衍的任務。夏衍說：「既然中宣部交給了我這個任務，我就沒法推掉了。」

當時，他想只在小的地方對劇本稍為改一下，在魯迅性格、電影手法等方面作一些小修飾，像過去為《青春之歌》、《風暴》等電影劇本幫助在語言上、結構上小動一下一樣。

陳白塵從杭州回到北京後，以最快的速度寫出了修改稿（即三稿）。白塵要求夏衍幫助潤色。夏衍表示謙讓。白塵說：「我『授權』請您修改。」夏衍笑著答應了。他為了尊重白塵的創作勞動，要文化部印刷廠立即將三稿用大字體印出，分送有關領導和顧問們審閱。

文化部黨組根據周總理的意見，經研究決定後批准夏衍「創作假一個月」。齊燕銘把這個決定通知夏衍，希望夏衍安心修改《魯迅傳》劇本。夏衍把劇本三稿仔細看了以後，覺得對某些不一定落實的重大歷史事件，如魯迅聽陳延年讀毛主席《湖南農民運動考察報告》等等，還有保留；對胡適之、陳獨秀等人的暴露，也似早了一些。因此要動，就可能會牽涉的面大一些，而一個地方動了，就必然要涉及別的地方。這個情況，他也和林默涵談了。

關於修改原則，夏衍和創作組有過一次談話。他說：「歷史的具體性和描寫的真實性必須堅持，至於表現上露一點、火爆一點，還在其次；即使人物或風格還不太像『魯迅的』，這也只是藝術處理上的問題。但重大歷史事件的真實性，這是原則問題。我在修改中幾次請沈鵬年查核材料，也大都是歷史事件方面的材料。……我曾和你們講過笑話，我說即使有一事不符，可能大多數觀眾不會有意見，但如沈鵬年同志等特殊觀眾，卻是連一點點小漏洞也一定會看出來的。」（見中央文化部印發文件第4頁）

夏衍先後花了不到一個月的時間，在同年八月初把劇本修改完畢，稱為「四稿」。在修改過程中，他考慮了三方面的意見：

首先是中宣部的意見。林默涵說：「魯迅和黨的關係，如果提得太早，是不合適的。很多當事人還在，他們如有異議，問題就麻煩了。」——夏衍接受了這個意見。

其次，趙丹提出要增加「序幕」、「閏土一開頭就上場」、「魯迅上化學課」等內容。——夏衍認為「閏土一開頭出場」，會變成僅次於魯迅的角色，份量重了。異峰突起而後面難以為繼，這是編劇上的大忌。——說服了趙丹。

第三，攝製組導演對三稿提出要增加數十項內容，甚至要求把上集「一分為二」，變成兩部。（即想拍成《魯迅的童年》、《魯迅的青年》）——夏衍不同意而拒絕了。

總之，夏衍在修改過程中並不是一帆風順的。

三

劇本修改過程，也是充分發揚藝術民主的過程。總理說：「民主作風必須從我們這些人做起。」還說：

「奉勸作家同志，你們也不要企圖一揮而就。偉大的政治家、藝術家對自己作品的修改工作都是非常嚴肅的。」

夏衍在寫出《魯迅傳》修改稿後，遵循周總理的意見，他向創作組明確表示：「我改的，僅供參考，可以推翻。甚至全部否定，我也毫無意見。」

邵荃麟和葛琴看了修改稿都講：「改得好，增加了很多生活的真實感。」葛琴當時負責《電影創作》，寫信給夏衍要求發表修改稿。夏衍不同意發表，對潤色的事也不要大家傳開。但是他卻督促攝製組對修改稿提意見。攝製組由於所提的要求在修改稿中沒有被接受，就表示「稿子不能這麼定下來，還要從長研究，不能定稿。」

原執筆者陳白塵也談了自己的看法。他說：「夏公的稿子是改好了，但是還有一些問題，劇本四章好似四間房子，夏公在內部拆修了、改好了、更漂亮了；但是我進去還不習慣，有點摸不清門路了。夏公自謙，可在時代氣氛和語言上幫忙，實際上是在歷史真實性上和魯迅性格上都改好了，這是我怎麼努力也達不到的。這些好的地方，是應該肯定下來的，成功是主要的。以後不管如何改，這些地方都應定下來的。」

陳白塵接著又說：「我說還有意見，主要是不習慣。我的不習慣有兩方面：一是改對了，我還沒有摸著門路；一是對材料的理解上和使用上還有分歧。分歧有兩點：一是對一些具體事件和情節的處理上，如李大釗與魯迅見面、胡適與魯迅見面，夏公避開了我的缺點但是又有了新的缺點。比如夏公在修改稿中胡適與魯迅一次都沒有照面。而事實上兩人是見過面的，他們在《新青年》還一起開過會。現在背對背，固然抓不住辮子，但是戲劇性就更少了。在第一章裏，夏公的修稿寫魯迅與章介眉沒有照面，事實上他們不但見過面，而且還有親戚關係。」

對於歷史真實性的問題，陳白塵也有自己的看法。他說：「我認為歷史真實性也有兩種：一種是專家和史學家要求的歷史真實；另一種是普通觀眾從魯迅作品中所理解和想像的真實。因此，在這方面就有些分歧了。」

陳白塵對攝製組坦率地提出批評，他說：「攝製組同志過去提了些意見，有些意見和設想我接受了；有些因為用不上，沒有接受。但是，他們勉強夏公接受。夏公在修改稿中接受了他們很多意見，但有好些地方感覺到是夏公勉勉強強接受的。比如在魯迅寫《狂人日記》之前有個狂人出現，我就不大同意。事實上『狂人』不狂，他在當時是個最清醒的人；還有孔乙己，祥林嫂等等的出現，也有類似毛病。這些方面我對攝製組同志有意見，他們不應勉強夏公接受這些帶有片面性的意見。」

陳白塵為了顧全大局，接受組織原則，先向邵荃麟談了自己的看法。邵荃麟考慮以後，給中宣部寫了一封信，信內表示了自己對夏衍修改稿的肯定，認為「改得很好」；同時也反映了白塵的意見。邵荃麟覺得：「既然原作者有意見，那麼讓他再搞一次。」林默涵看了這封信，在信上加了按語：「我同意荃麟同志的意見，可以肯定，再給白塵同志綜合一下。」

原信轉給了周揚，周揚請示了周總理，周總理同意讓白塵再搞一次。與此同時，林默涵在1961年8月12日向攝製組作了《關於〈魯迅傳〉定稿工作的談話》，他說：「我們是不採取原作者還沒有同意時就定稿的辦法的。……但是，白塵確實可以從夏衍的本子中吸收很多東西。我們很多人沒有見過魯迅，而夏衍和魯迅很熟，在上海時期和魯迅又比較接近，他能夠抓住魯迅的特徵，白塵可以從中吸收更多的東西。」

關於魯迅這個人物的塑造問題，林默涵說：「如何塑造魯迅的性格？這也並不涉及什麼風格的問題。決不能因為兩個作家有兩種風格而可以寫出兩個魯迅來。不同的作者可以從不同角度來表現魯迅，但魯迅終究還是魯迅，只能是一個魯迅，而不能是兩個魯迅。」

關於生活方面的問題，林默涵說：「這個問題也很重要，現在有一些電影就是太不注意這個問題了，缺乏生活真實感和時代氣氛感。夏衍年紀大一點，熟悉當時的生活，也熟悉電影。他非常注意時代氣氛和生活的真實。葛琴也講：『夏衍修改以後，生活氣息很濃，增加了很多生活的真實感，這是難能可貴的。』白塵寫出了故事，夏衍幫助他豐富了生活。白塵可以盡可能的加以吸收，當然，也要注意吸收得自然。」最後，林默涵強調：「大家都在等著《魯迅傳》，這個工作一定要搞好。」

四

為了慎重解決《魯迅傳》的定稿問題，1961年9月2日下午，中宣部在辦公大樓336室專門召開座談會。出席者有林默涵、陳荒煤、袁文殊、陳白塵、陳鯉庭、趙丹等。會議由林默涵主持。座談會一開始，陳白塵鄭重地說：「現在出現了一種不好的印象，或者誤會為夏公把陳白塵的稿子改壞了；或者說陳白塵不虛心、不接受意見。如果發生這兩種印象，都不是真相。」

接著，陳白塵談了定稿中的具體問題，他說：「這幾天與攝製組又討論了一下，編劇、導演和演員共同的認識是：過去搭的架子是

『辛亥革命中的魯迅』、『五四運動中的魯迅』、『三一八運動中的魯迅』、『一九二七年大革命中的魯迅』，雖然也研究過魯迅思想的發展，但是還很抽象，沒有做到以魯迅思想發展作主線。按《魯迅傳》的要求來說，應該是以魯迅思想的發展作主線的，而不是幾個運動中的魯迅。篇幅長的問題亦由此產生。過去有些滿足於外在的材料，例如魯迅與王金發的關係，現在看來可能成為贅疣。」——最後，他談了困難：

「困難在於如果按魯迅思想發展來寫，魯迅與胡適、李大釗的關係可能避開，但見面還是難免的。第三章寫得不好，是為了避開章士釗。魯迅許多文章針對章士釗，避開了成為無的放矢。……可不可以用一個假擬的名字寫一些？但如果要請示周總理，又比較困難。」

陳荒煤認為「拍《魯迅傳》是件大事，不能把魯迅搞成一個概念的人物。定稿的原則是塑造好魯迅的性格。」

趙丹認為「現在的本子寫滿了，擁擠了，沒有給演員留下創作的餘地。」他希望白塵「跳出原來的基礎來改寫。」

林默涵最後作了總結發言，他說：「白塵寫出第一稿後，大家看了比較滿意。凡事都有一個過程：原來感到魯迅難寫，看了初稿，感到還有戲劇性、還有情藝，比想像中的順暢。但後來又逐漸感到不滿意了——這是發展中的不滿意。進一步要求把魯迅這個人物性格刻劃出來……，作者自己也感到不足，這是認識上的提高。因此反覆幾遍，多搞幾稿也並不奇怪。」

接著，林默涵對「歷史真實性」、「打破舊框子」、「作為文學家的魯迅怎麼寫」等問題提出具體意見後，特別說明：「不要感覺《魯迅傳》搞了很長時間，似乎有些浪費了。實際上，作為《魯迅傳》這樣一個題材，時間還不算太長，不能說是浪費。」

從1961年9月至11月，陳月塵在兼顧《人民文學》副主編工作的情況下，完成了定稿工作。11月29日，他寫信給上海的攝製組，在稿子付印前先告知定稿的主要內容：

「第一章、第二章在若干地方都做了刪削工作，文字上約可刪去十分之一。第三章作了兩處較大的刪節：一是五卅以後魯迅與許季茀路上談話那一節全刪；二是女師大復校那一節全刪，以復校新聞的特寫為結，下接胡適、陳源那場戲。這都是枝節。第四章校樣尚未打出，要到十二月一日或二日才能付郵。這一章動手處不大，但自覺尚滿意。……默涵同志處通了電話，他答應看一下校樣，我也希望他在三號前告以意見。荒煤尚未聯繫上，……我今天下午尚在西頤賓館休息半日，明早離館返城去了！正滿預定日期也。」

經中宣部同意後，同年12月《電影創作》第六期發表《魯迅傳》定稿，定稿工作終於勝利結束。

五

《魯迅傳》電影文學劇本定稿本到達上海後，創作組、攝製組和上影廠黨、政領導經過認真閱讀和充分研究，一致認為可以投入攝製了。因此，1962年2月13日上影廠發出《給上海市電影局、上海市委宣傳部和中央文化部的報告》，報告寫道：

「《魯迅傳》上集電影文學劇本，自1960年7月寫出提綱後，在同年11月27日至1961年11月25日，已先後寫出了五稿。……作者已經完成了創作任務。……為此建議：請作者和領導授權導演，……寫出分鏡頭本，作為拍攝的主要依據。」

上海市委宣傳部將上影廠的報告送達市委書記石西民，石西民看了上影廠的報告後批示：「同意上影廠的意見」，並指示：「劇本不宜再作根本性的變動。」

上海市電影局在1962年3月9日給中央文化部發出了《滬影（62）丁藝字007-2號報告》，報告中轉達了「市委石西民書記批示」的內容，並明確表示：

「我局同意上影廠的意見，……爭取在今年（即1962年）內進入拍攝。」

中央文化部接到上海市電影局的報告後，在1962年3月23日發出《文化部：文（62）電夏字第297號批文》，批文中寫道：

「關於《魯迅傳》上集電影文學劇本創作告一段落，由導演……寫出分鏡頭本，作為拍攝的主要依據的意見，我部同意。」

中央文化部副部長兼電影局局長陳荒煤來滬，對開拍前的準備工作進行了檢查和督促，他要上影廠「趕快攝製，因友好國家都來訂購影片拷貝了。」

《魯迅傳》攝製組擬訂了《開拍工作計畫》，計畫預訂「1962年6月編寫分場綱要；8月編寫分鏡頭本；10月排戲試拍；12月正式拍攝。」

由於中共中央辦公廳副主任田家英的關注，新華社連續發表了《五彩電影〈魯迅傳〉籌備攝製》、《表現革命文豪的硬骨頭性格，電影〈魯迅傳〉分上下兩集攝製》、《魯迅傳》在加緊籌拍中等十餘條報導。廣大群眾十分高興，紛紛給攝製組寫信，「希望能夠早日觀看《魯迅傳》」。趙丹看了一大堆群眾鼓勵他「在《魯迅傳》中取得更大成就」的來信，激動地說：「我將盡最大的努力，不辜負觀眾的希望。」李大釗扮演者藍馬和胡適扮演者石羽相互激勵，藍馬寫了一首打油詩：

「上海分別語話遲，舞臺白髮似故知；
但願影片拍得快，祝君演好壞胡適。」

六

「但願影片拍得快」——不僅是藍馬和攝製組成員的共同願望，也是廣大觀眾的普遍希望。可是事與願違，正當需要導演編寫，分場綱要》和，分鏡頭本》「作為拍攝的依據」時，導演却長期休養了。原由副廠長兼任的第一副導演也不及過問。為山九仞，功虧一簣。攝製組「群龍無首」，只得臨時解散（時為1962年12月）。

1962年9月8日，夏衍來上海檢查《1963-1964年度電影劇目安排》的情況，他看到上影廠對《魯迅傳》的攝製工作按兵不動，導演分鏡頭本一字未寫，便強調指出：「《魯迅傳》影片，是非拍不可了。既然要拍，是否就力爭在1964年上半年完成，作為建國十五周年的上映劇目。」（夏衍的「強調指出」，實際上是周總理的意見。半年以後，1963年4月25日，周恩來給張瑞芳打了兩次電話，詢問《魯迅傳》和趙丹。周總理鑒於上影廠對《魯迅傳》按兵不動，問張瑞芳：《魯迅傳》還搞不搞啦？張瑞芳答：「導演陳鯉庭還在醫院裡。趙丹在思想裡暫時把他丟開了，生產計畫中今年也沒有安排」周總理說：「也不要把它全部丟了，已經下了許多功夫。」——見中央文獻出版社《歲月友情》第346頁）

廣大觀眾要求早日觀看《魯迅傳》的來信，不僅大批寄到上影廠，還寄到市委宣傳部和上海市電影局。為了「望梅止渴」、聊以解嘲，有關方面要上海文藝出版社先出版電影文學劇本《魯迅》。陳白塵在《校後記》中寫道：

「它如果要拍成電影，那是先要經過電影藝術家們的『手術』，然後才能進入再創造過程的了。那麼，這本小冊子姑且如舞臺劇之有書齋劇一樣，先讓它作為一本電影的書齋劇來印行吧。」

當「電影的書齋劇」《魯迅》出版時，正是上海市委有人提出「寫十三年」的口號之日。《魯迅傳》攝製計畫有流產之虞。經過石西民的力爭，才得到上海市委同意繼續拍攝。張駿祥到北京告訴陳白塵說：「上海電影局所屬各廠的歷史題材的電影一律下馬了，但《魯迅傳》作為唯一例外，被市委領導（柯慶施）批准繼續拍攝。」

陳白塵無可奈何地表示：這真是「皇恩浩蕩」了！他想，到魯迅逝世三十周年——即1966年時，這部電影總可以問世了吧？（見陳白塵《對人世的告別》第789頁）

然而，這個希望依然無法實現，當時導演還在休養之中。也許生老病死是不可抗拒的自然規律。為這個自然規律所制約，基層領導也許束手無策，攝製人員只能眼巴巴地期待了整整一千天。在此期間，趙丹完成了《烈火中永生》和《青山戀》的拍攝。

年復一年地盼到1964年，石西民卻從上海調北京工作；張春橋被人看中，接替石西民走後的遺缺。從此以後，攝製《魯迅傳》的計畫便完全落空。（1964-1965年的有關《魯迅傳》報刊組的情況，見於上影廠編劇孫雄飛在《大眾電影》1985年第8期發表的文章《風雲突變》，此處不贅。）

七

攝製《魯迅傳》的計畫不僅落了空，反而變成一項「大罪名」！這是任何人所始料不及的。

1965年，幾乎與姚文元秘密起草《評新編歷史劇〈海瑞罷官〉》的同時，在張春橋主持下印出一本《三十年代文藝的組織狀況》內部材料。（一個極其偶然的機會，這本內部材料在1968年1月轉輾落到了《魯迅傳》創作組資料組長手中。）這本材料分三個部分，一是「組織狀況」；二是「三十年代人物的活動」；三是「三十年代人物的關係」。其中竟把「籌備拍攝《魯迅傳》」同所謂「潘漢年策劃」、「保留昆侖據點」、「包庇于伶」、「翠明莊會議」、「創新獨白」等都列為「電影界建國以後的反黨活動」。——把黨中央和上海市委決定拍攝電影《魯迅傳》，誣為「反黨活動」，實在荒唐。可是早在1965年，張春橋已經這麼幹了。1966年7月，上海兩報發表批判《魯迅傳》創作組的長文，無非是把「內部材料」公開化。（張春橋的矛頭指向周總理。1966年7月中旬的傍晚，葉以群囑咐我的話，證實了這一點）。

孔羅蓀在1979年寫的《懷念以群》中，提出了「以群之死的謎」。他說：

「1966年6月下旬，我和以群先後從四清工作隊回到上海作協。不久，市『文革小組』的負責人來到作協，當眾點了我們兩人的名，宣佈『只要把葉、孔打倒了，作協的運動就取得勝利。』……災難從此開始了，過了一個多月的光景，突然傳來以群跳樓自殺了的消息。我大吃一驚，立即在腦子裏出現了一連串的『？』……在文化大革命的十年中，懸在我腦海裏的『謎』，一直沒有解開。」

葉以群之死的「謎」是和《魯迅傳》夭折之「謎」相聯繫的。那本《三十年代文藝的組織狀況》是揭開這兩個「謎」的重要物證。1966年2月，張春橋參與起草《林彪委託江青召開部隊文藝座談會紀要》，進一步把，三十年代文藝的組織》誣陷為「三十年代文藝黑線」。這裏還必須指出這樣兩件事：

其一、座談會在上海秘密開場，江青一上來就宣佈「不准讓北京知道。」咒罵「建國以來的文藝界壓制和排擠」她，攻擊周總理提出的文藝創作要「革命化、民族化、群眾化」口號連「資產階級也能提」，叫嚷「這是錯誤的，他（指周總理）是應該檢討的！」

其二、在《紀要》中把十七年來的文藝界和三十年代的文藝界「捆在一起」。江青說「這打中了要害」。張春橋說要打倒的對象「就是從三十年代開始一直統治文藝界直至這次文化大革命的那幫人。」

葉以群曾說：「究竟誰搞陰謀？讓歷史去作結論吧！」

歷史已經證明，真正的陰謀家是江青反革命集團的一夥人。他們是最終導致電影《魯迅傳》夭折的兇手。《魯迅傳》創作組長葉以群、主要演員藍馬和趙丹，先後獻出了寶貴的生命。

六年前，趙丹曾淒然地說：拍攝《魯迅傳》「那要什麼時候？」《大眾電影》1985年第八期《編者按語》指出：「在新中國的銀幕上，三十六年不見表現魯迅形象和事蹟的故事片，是件大憾事。」今年是魯迅先生逝世五十周年，以「魯迅生平為題材，拍出一些片子來，讓魯迅的傳統通過銀幕傳向後世！」這應是我們的共同願望。

——本文經夏衍「轉請（胡）喬木、周揚同志審閱」後同意公開發表。

1986年11月由學林出版社出版、新華書店上海發行所發行的《生活叢刊》作為「本刊特稿」將三萬餘字一次發表。

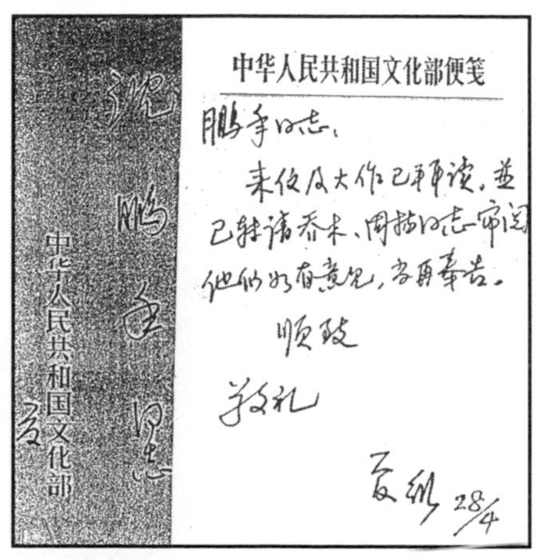

沈鹏年同志
中华人民共和国文化部
夏

中华人民共和国文化部便笺

鹏年同志：

来信及大作已拜读，并已转请乔木、周扬同志审阅，他们如有意见，容再奉告。

顺致

敬礼

夏衍 28/4

（1985年12月25日訪夏衍同志後寫畢，1986年2月2日據《魯迅傳》藝術檔案副本核實定稿）

名著《圍城》從小說到螢光幕

《圍城》引起的回憶

歲月如流，《圍城》問世忽忽三十五年。作為一個在四十年代嗜讀和偏愛它的青年讀者，曾經從中認識了行將崩潰的舊中國面貌，看到了知識份子精神上的困境，堅定了要求前進、追求革命的信心，因此長期來總像思念故友似的，一直縈繞於懷。新印本出版了，展卷重讀，它的光澤依舊、魅力如昔，更令人愛不忍釋。

當《圍城》問世初期的一些往事、幾個對《圍城》傾倒備至的戰友——他們在十年動亂中先後去世了。「暗香疏影無窮意，桃李漫山總不知」。我不能不感到綿綿的惆悵。

一

《圍城》的寓意，乃法國成語「fortesse assiegée」，就是「被圍困的城堡」的意思。解放前夕，當出版界不景氣而唯有《圍城》在短短一年半中重版三次，風行暢銷之際，正是「百萬雄師下江南」、上海成為「圍城」之時。正像《圍城》中描寫方鴻漸在峨嵋春川菜館的筵席上，聽蘇文紈、褚慎明談論「金漆的鳥籠」和「被圍困的城堡」，所謂「籠子外面的鳥想住進去，籠內的鳥想飛出來」；「城外的人想衝進去，城裡的人想逃出來。」方鴻漸後來也說：「我近來對人生萬事，都有『圍城』之感。」《圍城》象徵著人生領域的一場戰役。

大千世界，芸芸眾生。熙熙攘攘，沒有了局。舉凡愛情的糾葛、家庭的風波、人事的傾軋、生活的煎熬、階級的對抗、社會的矛盾、國族的戰亂、塵世的紛爭……都和《圍城》的情況相彷彿。《圍城》中描繪了一些留學生從海外到國內、都市到鄉鎮、學校到家庭，出現各個階層大小人物六十餘名；而主人公方鴻漸轉輾奔波、到處碰壁；沖進逃出、謀生乏術……小說中寫他的困境是：「鴻漸鬱勃得心情像關在黑屋裡的野獸，把牆壁狠命的撞、抓、打，但找不著出路。」（見一九四七年初版第407頁、一九八〇年重印本第305頁）《圍城》既是啟示人生之路的象徵；又是揭露命運之謎的妙喻。

這部傑作「感而能諧，婉而多諷；使彼世相，如現目前」。從一滴水窺滄海，《圍城》反映了整個時代。人們不會忘記，在解放以前的人生長途上，出現過許多似曾相識的方鴻漸的面影；他是帝國主義「給中國造成了數百萬區別於舊式文人或士大夫的新式的大小知識份子」中的一員。（見《毛澤東選集》合訂本第1374頁）方鴻漸儘管「百無一用」、「書生氣十足」、身上有許多毛病，在「新式知識份子」中並不是「先進分了」；但他具備了中國人民最基本的一個「精神條件」，即「對於帝國主義的仇恨」。他留歐四年、「遊學」三國，對「帝國主義文化」卻表示了鄙視，認為「西洋文明」傳來中國的，只不過是「鴉片和梅毒」。方鴻漸能夠保持民族自尊心和愛國主義感。當他服務的「華美新聞社」被「敵偽收買」了，便毅然向報館辭職；他在身無分文、餓著肚子時，也不能「做資本家走狗的走狗」。最為可貴的，他「不願意跟國民黨走」。國民黨反動官僚蘇鴻業的「千金」小姐「女博士」自願委身相許，方鴻漸決不領情、不肯「攀龍附鳳」。他見了國民黨「政客王爾愷」的字，就「撇嘴」冷嘲、百般挖苦，還說「不向他謀差使」。對國民黨反動派的幫閒，也是恥與為伍，不肯隨波逐流。最後，為保存一本「時髦書《共產主義論》」，竟被校方視為「思想有問題」而「解聘」。他和趙辛楣一樣，認為「要靠了裙帶得意，那人算沒有骨氣了」。總的看來，這是一個「曾經是自由主義者或民主個人主義者」，而在「帝國主義及其走狗國民黨反動派面前」

正開始「站起來」的「有骨氣的中國人」。（參見《毛澤東選集》合訂本第1384頁）在中國新民主主義革命的大時代裡，方鴻漸的「典型性格」正和俄國革命前夜的《羅亭》一樣，具有十分普遍的現實意義。《圍城》在四十年代後期之所以一紙風傳、萬人爭誦，其源蓋出於此。

一九四八年，我參加了一個地下黨領導的讀書會，成員有信孚印染廠的陸君、立豐布廠的顧君、新華銀行的石君……都是當時的「《圍城》迷」。有時在生活中接觸到某些人物，議論中常與《圍城》中的人物相類比。我們當時在滬西番禺路上的石君家中集合，主要在私地裡學習《新民主主義論》。《圍城》中的某些情節，幫助我們從感性上加深了對《新民主主義論》中某些章節的認識。比如：《新民主主義論》中提出，「我們要革除」的那種「在中國的帝國主義文化」。大家在討論中各抒己見，爭論得不可開交時，石君隨手拿出《圍城》，翻開小說第二章，其中描寫方鴻漸留學歸來，在家鄉的省立中學演講《西洋文化在中國歷史上之影響及其檢討》，讀著：「方鴻漸強作笑容說：……海通幾百年來，只有兩件西洋東西在整個中國社會裡長存不滅。一件是鴉片，一件是梅毒。都是明朝所吸收的西洋文明……」（見《圍城》初版本第48頁）大家在笑聲中都認為方鴻漸不倫不類的「演講」，卻說出了簡單明白的道理。人們記憶猶新，帝國主義用鴉片戰爭轟開了中華帝國大門，畸形的賣淫制度便和「五口通商」的租界同時發展起來。在舊上海，「會樂裡」的高等書寓、「青蓮閣」的「紅倌人」、「四馬路上的妓院」、大大小小的「燕子窩」（大煙鋪）……同帝國主義統治機構的「工部局」和「巡捕房」，都是設立在同一條馬路上的。「鴉片和梅毒」，是對「帝國主義文化」絕妙的諷刺和概括。

《圍城》通過對方鴻漸留學生精神世界陷於困境的精湛描寫，展現了一幅資本主義精神文明在中國失敗和破產的歷史畫卷。在這個意義上，《圍城》是中國知識份子的一面鏡子。

二

最難忘的，《圍城》在解放初期，曾配合對知識份子「思想教育」起過積極作用。

一九四九年八月，毛澤東同志以「新華社社論」名義寫了《為什麼要討論白皮書》《唯心歷史觀的破產》等重要文章，接著便圍繞討論白皮書、認清「民主個人主義」本質，對知識份子進行了一次「思想教育」。《圍城》由於對帝國主義吹噓的「歷史上曾為自由主義與民主政治的脊骨」的上層知識份子，別開生面地作了深刻的揭露、解剖、諷刺和批判，正好為大家認清「民主個人主義擁護者」的面目，提供了一份生動的形象材料。

《圍城》在塑造主人公方鴻漸的同時，還刻畫了一大批上層知識份子的群像。他們是與方鴻漸由「情敵變為同情兄」的趙辛楣，表面上像「正派」的「留學生」；使方鴻漸認為「像尊人物，不勝傾倒」的董斜川，雖然「英年洋派」而「口氣活像遺少」；後來當了方鴻漸的姑父的陸總工程師，「好談論時事」，卻對帝國主義「存著幻想」……都是一些典型的「自由主義或民主個人主義的擁護者」，屬於人民群眾中的中間派。此外，有「靠著三四十封」西方學者「回信嚇人」的「哲學家」褚慎明、向反動統治賣身投靠的曹元朗、冒牌博士韓學愈、偽君子汪處厚、假道學李梅亭、趨炎附勢的顧學謙、卑鄙無恥的陸子瀟，以及「花旗洋行買辦」張吉民，等等。他們有的是政治上近視、思想上模糊；有的頭腦中充滿著許多反動的思想。在人民群眾中是各階層中的落後分子。這一群形形色色的富於時代氣息、富於社會共性和鮮明個性的人物和情節，有機地構成了殖民地半殖民地舊中國的「典型環境」。在中國人民面臨兩種命運、兩條道路進行決戰的歷史關頭，「帝國主義者及其走狗國民黨反動派」賴以支柱的，就是這「一層薄薄的社會基礎」；當人民革命取得全國性的偉大勝利後，帝國主義者夢寐以求鼓勵他們「終於會再顯身手」的所謂「中國悠久的文明和她的民主個人主義」的代表（見《毛澤東選集》合訂本第1375頁），也就是這樣一些人物。為了用善意去幫助他們，進行思想教育是很必要的。上海滬西區委為此吸收各工廠企業的高級職員，舉辦了「職員學習班」。開始時，大家對怎樣認識「民主個人主義者」並與「民主個人主義」思想劃清界線等問題感到有困難。針對這種情況，「學習班」負責人之一的陸君，便和我談起了《圍城》。他說：「如果讓大家讀讀《圍城》，對於『民主個人主義者』本質的認識，可能有所幫助」。經過區委領導的同意，《圍城》便列為學員們的輔助參考讀物。

我當時是「學習班」的工作人員，不但有機會看到學員們的《思想小結》；協助陸君一同整理了《運用〈圍城〉等文藝作品進行思想教育的幾點體會》；還在上海總工會辦的「工會幹部學校」中介紹《怎樣做好職員的思想工作》第二部分，引用了《圍城》的例證。學員們在《思想小結》中聯繫《圍城》談體會，主要有這樣四點：

其一、通過讀《圍城》，認識了資本主義精神文明不能救中國。

大家普遍認為：「讀《圍城》，進一步加深了對《唯心歷史觀的破產》等文件的感性認識」；「從方鴻漸的遭遇，更看清了『民主個人主義』，原來是留學生當作救國救民的靈丹妙藥從歐洲帶回的。正像《圍城》所描寫：『照例每年夏天有一批中國留學生學成回國。……有在法國留學的，有在英國、德國、比國等讀書，……他們天涯相遇，一見如故，談起外患內亂的祖國，都恨不得立刻就回去為它服務』。（見《圍城》第2頁）但這套在中國根本行不通。」不少學員還以方鴻漸為鑒，照了一下鏡子，回憶了自己在舊社會的經歷。都認為「方鴻漸為人比較正直、有愛國心，能保持『中國人的骨氣』；結果到處碰壁，沒有出路。可見『民主個人主義』救不了方鴻漸；資本主義精神文明也同樣不能救中國。」

其二、通過讀《圍城》，看到了「民主個人主義」的反動實質。

他們說：「從《圍城》中趙辛楣、曹元朗的經歷和演變，進一步看清了『民主個人主義』的反動實質。例如，趙辛楣從美國留學歸來，自命清高，不屑當『外交公署處長』，而在『華美新聞社當政治編輯』，當他在『三閭大學』出醜後溜到重慶，投靠國民黨反動派，

『進了國防委員會頗為得意』，『一步一步高上去』，終於『步』入了反對人民的行列。曹元朗原來是『留學英國，在劍橋念文學，是位新計人』，回國後自命風雅，做些莫名其妙的詩；但與國民黨反動官僚的女兒結婚後，在『戰時物資委員會當官』，死心塌地為『帝國主義及其走狗』效勞，終於加入了反對革命的陣營……他們的經歷，就是從『民主個人主義』演變為反對人民、反對革命。『民主個人主義』的實質，也就是反對人民、反對革命……」。

其三、通過讀《圍城》，批判了「保守中立」的「清高」思想的錯誤。

他們原來以為：「過去能夠『不左不右、保守中立』，思想上很清高」。「從《圍城》中陸總工程師的形象和抗戰期間『約翰牛』『山姆大叔』、『法蘭西雄雞』的描繪，認識到『政治上是不可能有真正的『中立』的，自己的『清高思想是錯誤的」。他們都認為：「《圍城》中寫道：『那時候，只想保守中立；中既然不中，立也根本立不住，結果這『中立』變成只求在中國有個立足之地。（見《圍城》初版本第432頁）這是對一切標榜『中立』的中間派思想本質，富於幽默的藝術概括。」

其四、通過讀《圍城》劃清了與「民主個人主義」的思想界線。

他們說：「《圍城》用藝術形象把『民主個人主義者』作了一次集中展覽，認清了他們的真面目。」有的說：「本來還以為『民主個人主義』思想是『人皆有之，無傷大雅』；認為這種思想即使不好，也無非像一塊『臭豆腐乾，外臭內香』……現在通過《圍城》中的褚慎明、韓學愈、李梅亭、汪處厚等人身上，暴露了這批『民主個人主義者』的面目是如此醜惡、靈魂是如此齷齪……看到他們，人皆厭惡。誰還願意去步他們的後塵呢？」——從而便自然地與「民主個人主義」思想劃清了界線。

《圍城》作者站在四十年代「歷史的前線」，寫出了「現代中國某一部分社會、某一類人物」，既豐富了中國現代文學史畫廊中的藝術典型，又為殖民地半殖民地的特定生活環境塑造了一批栩栩如生的藝術形象。「詩人是預言者」，小說《圍城》為新華社社論批判的「民主個人主義者」預示了一份生動的形象材料。《圍城》的形象思維終於能為新華社社論的邏輯思維服務，這就證明，凡是一部革命現實主義的傑作，總是為革命的政治服務而具有其強大的藝術生命力的。

三

《圍城》問世以來，有人譽揚；有人詆毀；有人把它當作一面「自我教育」的鏡子；更有人不求聞達、數十年如一日地埋頭從事研究。

國外的學者和記者認為：「《圍城》在海外盛行而在本國絕少人提起。」——其實，這是不確的。

《圍城》一發表，曾經紙貴洛陽、在國內文壇引起了極大的轟動。一九四八年四月，趙景深在《文壇憶舊》中寫道：「《圍城》已經成為我們家中的『Favorite（最愛好）了。我的兒子、內侄、姨女、內嫂以及我自己都爭奪般地搶著看，……」

同年七月，一位署名「無咎」的老作家在《讀〈圍城〉》中承認：「朋友聚談時，要我來談一談《圍城》，說幾句話；且說，這是位和平後出現的作家，頗有些讀者的」。

但是，「秀出於林，風必摧之」。《圍城》也同時招致了一場激烈的責難和圍攻。

一九四八年二月二十五日，橫眉社出版的《橫眉小輯》第一期，發表了引人注目的《論香粉鋪之類》，指責《圍城》道：「這部小說裡看不到人生，看到的只是像萬牲園裡野獸般的那種盲目騷動著低級的慾望。」

同年四月二十日，同代人社出版的《文藝叢刊》第一期，發表了一篇《從〈圍城〉看錢鍾書》，竟然胡謅什麼：「《圍城》是一幅有美皆臻無美不備的春宮畫，是一劑外包糖衣內含毒素的滋陰補腎丸……」。

同年七月一日，香港出版的《小說月刊》創刊號，也發表了一篇《讀〈圍城〉》，說這部小說只是：「抓取不甚動盪的社會的一角材料，來寫出幾個爭風吃醋的小場面。」

由此可見，圍繞《圍城》，掀起了一場軒然大波；並非「在本國絕少人提起。」儘管「提起」時有褒有貶，卻都是重視《圍城》的表現。

有人說：在一九四八年，領導和指揮這場圍攻《圍城》事件的，是共產黨的地下組織——經過調查，這種說法，並不符合事實。

解放以前，地下黨上海市委的負責人是劉長勝、馬純古等同志。解放初期，劉長勝同志任市委第三書記兼上海總工會主席；馬純古同志任市委常委兼勞動局局長。當時他們大力支持滬西區委舉辦「職員學習班」，都親自來講課。在學習班確定把《圍城》作為輔助參考讀物之前，滬西區委副書記安中堅同志指定陸君和我，一起向劉長勝、馬純古等同志進行走訪，瞭解一九四八年由上海首先發難的圍攻《圍城》事件。

劉長勝同志說：「這件事」，他「一點也不瞭解」。據他所知，「當時的市委領導，從來沒有發表過任何要批判《圍城》的指示和意見。什麼螞蟻社、橫眉社批《圍城》，我都不知道。這件事同我們黨的市委領導沒有關係。」

馬純古同志說：「對文壇上的情況不清楚。但是有一點可以肯定，去年（即一九四八年）的打擊《圍城》，與我們黨的領導毫無關係。因為在當時，我們主要是貫徹執行一九四七年十二月毛主席說：『中國新民主主義的革命要勝利，沒有一個包括全民族絕大多數人口的最廣泛的統一戰線，是不可能的。』公開打擊《圍城》和它的作者，是違反『擴大文藝統一戰線』的精神的；因此，批《圍城》決不是黨的意見……」。

我們還請教了邵荃麟同志。他說他「是反對抹煞《圍城》的那種過左傾向的。」在他執筆的《對當前文藝運動的意見》中，明確寫道：「我們必須避免重複左聯時代所犯的關門主義的錯誤。輕視或放棄對於一切可以合作前進的人的團結與爭取，這種傾向……應該及時糾正。……反對抹煞一切的過左傾向，……帽子亂戴，……這將使新文藝運動的發展，遭受巨大的損失。」（見一九四八年三月一日香港出版《文藝的新方向》第15頁）

事實證明：一九四八年圍攻《圍城》，並不是黨的意圖；一九四九年滬西區委把《圍城》當作「思想教育」的參考材料，反映了我們黨對《圍城》的根本態度。

當我國的諷刺藝術傑作《圍城》出版時，蘇聯正在以傾國之勢發動全民批判諷刺小說《猴子奇遇記》達到高潮。個別人不問國情、生搬硬套，便向《圍城》開刀。影響所及，導致《圍城》在上海未能及時重印。這是我國文藝界的一個損失。時代的諷刺：蘇聯去年出版了索洛金的《圍城》俄文譯本，「序」中批評「中國埋沒了這部書」，令人啼笑皆非。

事實上，「左」傾思潮對《圍城》的錯誤打擊，反而激發人們對《圍城》的認真研究。如果說：在國外研究《圍城》是為了考博士、碩士等學位，「一舉成名」，可以獲取一生衣食不愁的「金飯碗」；那麼，在我們社會主義祖國的大地上，幾個共產黨員不問對《圍城》的褒貶、不論處境的順逆、不計個人的榮辱，堅持為革命文化發展的需要而默默地研究《圍城》及其作者的所有著作，苦心孤詣、鍥而不捨，垂二十餘年，這純粹反映了中國無產階級最善於吸收人類優秀文明的胸襟和氣魄！

建國初期，陸君從全國總工會幹部學校學習歸來，邀請石君和我，談了他聽艾思奇講《歷史唯物論》的體會和學習列寧《青年團的任務》的心得，相約繼續研究《圍城》等問題。他雄心勃勃，提出通過《圍城》對錢氏著作進行系統研究，以十年為期，集體寫作《錢鍾書評傳》。我自審水準很低，缺乏寫《評傳》的才識，便承擔了搞資料的任務；陸君原來愛讀「西洋文學」，便負責對錢氏全部創作的研究；石君是名教授嚴景耀先生的門生，負責《談藝錄》《小說識小》等著作的研究。可惜後來情況起了變化：石君遠去青海西寧；陸君調至郊縣嘉定。千裡外魚雁相通，大都是交流讀《談藝錄》的心得；難得從郊縣回滬，見面時娓娓交談，也無非是對錢氏創作的分析。陸君曾把《圍城》同《阿Q正傳》《紅樓夢》《儒林外史》《羅亭》《名利場》、《贛第德》《堂吉訶德》等中外名著進行了比較分析，提出了許多獨到的看法。有一天，陸君急匆匆跑來，向我借《圍城》。他說他的一本「被朋友借去弄丟了」。三個多月以後，原書還我時，給我看了一部恭楷繕寫的手抄本《圍城》。這是他用一百多個假日和晨昏，以每天抄寫二千多字的進程的結果。一九六六年八月，我收到石君給我最後也是最短的一信，原文是：「已受審、勿來信。」後來獲悉，他已經死於非命。陸君則在折磨後癱瘓失音、成為殘疾；在洞庭東山養病多年後，也不幸逝世了，骨灰安葬在太湖中的莫釐峰下。他們雖然魂遊「泉台」，但孜孜不倦倦地為革命而研究《圍城》的精神，將永留人間。

「雪老霜新慣自支，歲寒粲粲見冰姿」。在黨的三中全會精神的光芒照耀下，《圍城》首次重印十三萬冊，不出百天，搶購一空；

再次重印，擬出二十萬冊，讀者已在翹首等候了。我好不容易在新華書店排隊購到一冊，於清明前夕帶到陸君墓前焚化以表心意。片片紙灰、化作蝴蝶，隨著春風吹面、翠柳拂首，在長空飛舞，我彷彿看到陸、石兩君的英靈，正在百花叢中微笑。

一九八一年四月二十七日病中草

《圍城》怎樣改編上螢光幕

一

錢鍾書先生編定《槐聚詩存》「棄餘」的早年詩還有《奉答雨僧師》之十二，有兩句很有意思：

「百年樹木遲能待，頃刻開花速豈甘。」

全詩見於1935年5月中華書局出版《吳宓詩集》卷十三《故都集下》。「遲能待」和「速豈甘」象徵錢鍾書先生早年治學態度，也是在此十二年後發表《圍城》經歷的讖語。

《圍城》面世，好評潮湧；嗣後被封凍三十年；最後如「鐵樹開花」，朝野讚揚，譽滿全球。豈不正是「頃刻開花速豈甘」到「百年樹木遲能待」的歷程嗎？

改革開放新時期的1980年11月，《圍城》重印第一版十三萬冊，讀者爭購一搶而空。多次重印累計超過百萬冊；國外紛紛爭相翻譯，《圍城》重新煥發青春。

吳學昭女士在《聽楊絳談往事》中寫道：

「《圍城》重新出版以後，……北京、湖南、廣州、遼寧、中央等多家電視臺要求把《圍城》搬上螢屏，錢鍾書都拒絕了，小說妙趣橫生的幽默語言，要在影視媒介中體現不是一件容易的事。上海電影製片廠的黃蜀芹、孫雄飛、屠傳德等卻鍥而不捨，他們反覆閱讀這部小說，體會它的哲理內涵，尋求表現書中人物形象和性格特點的表現手法。他們花了三年時間寫出了改編《圍城》的電視劇本。」（見生活、讀書、新知三聯書店2008年10月版該書第360～361頁）

《圍城》的改編上螢屏，是改革開放以來影視藝苑的一件大事，吳學昭女士在四百多頁篇幅中介紹此事只用兩頁，未免太過於吝惜筆墨了。據我的上影廠同事、好友孫雄飛兄告訴我：

「改革開放使《圍城》重見天日，在國外卻已有英、法、德、日、俄、捷克和西班牙等國的譯本，並且好評如潮。國內重印十多次，雖然超過百萬冊，但在全國十三億人口還占極小極小的比例。我到外地的一些城市接觸了不少人，包括知識份子，知道《圍城》的人仍然甚少。這就觸發了我改編《圍城》的決心。」

正當孫雄飛通讀了《圍城》幾遍，和導演黃蜀芹多次商討後，著手改編電視文學劇本時，接著復旦大學國際政治系的研究生屠傳德先生把改編的《圍城》電影劇本，投寄電影局主辦的《電影新作》。《電影新作》的副主編把劇本交給了孫雄飛。雖然電影劇本和電視劇本是不同的兩回事，但孫雄飛也滿腔熱情地請屠來談劇本。

交談以後，認為「一部電影」無法容納和反映《圍城》的精神和風貌，商定改編為多集電視劇。由於屠傳德對電影電視並不專行，便請黃蜀芹導演一同參與改編。在得孫、黃同意後，屠寫信告訴了錢先生。1986年8月22日錢給屠覆信：

傳德同志：

去年夏天承你遠道相訪，談得很暢。拙作蒙你看重，使我慚愧。看來劇作家要編劇，正像「天要落雨，娘要嫁人」也是沒法兒阻止的。頃得來信，知大作已成，又承孫、黄兩位同志錯愛，寶塔就快蓋頂，我代你祈幸，預祝成功，更確切地說，向你預致一個局外人的良好祝願。

今春忽得中央電視臺一位李同志電話說正把《圍城》改編電視劇，想找我談談。我說不必勞駕，也勸他不要花費心力。他說他已經著手了，只想徵求我的看法和同意。我說：一、我沒有看法；二、他刀已出鞘，箭早上弦，我「不支持，但也不攔阻」。你瞧，我的態度是一貫的，並沒有兩面三刀。

去冬出版社因讀者廣泛要求，找我談《圍城》第四次重印的事。我為法國人在翻譯，剛把原書又看一遍，改正了一些字句，就也拿這個改本交給出版社，大約今秋可出版。屆時我將贈送你一冊，作為咱們這番「文字交」的紀念。想來你的研究生論文也已完成，可戴上碩士博士的方帽子了。來信寄「中國社會科學院」即可，不必寄南沙溝。即致

敬禮！

錢鍾書　八月廿二日（1986年）

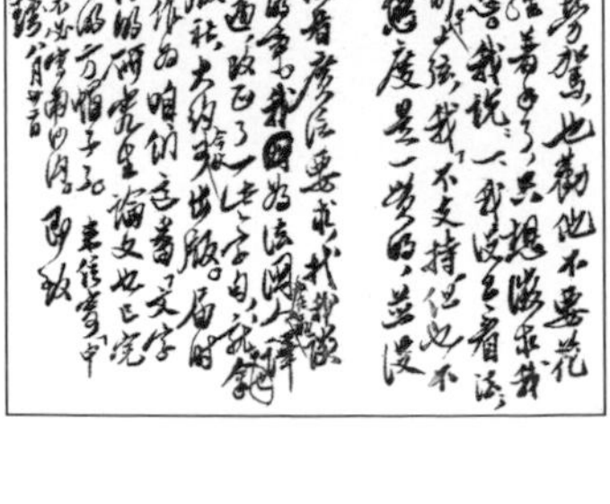
中国社会科学院文学研究所

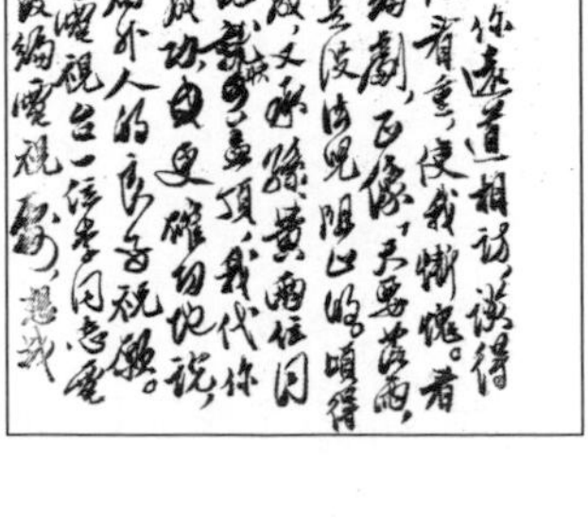
中国社会科学院文学研究所

孫雄飛和黃蜀芹都是我「上影廠」頗為相知的老同事。孫雄飛在重新改編的過程中，向錢先生寫了信，託我去北京面呈錢先生。錢先生給孫雄飛的回信如下：

雄飛同志：

鵬年同志來，奉到尊函，讀後十分感愧。拙作和熒光幕實不相宜，屠傳德同志和您處同志熱心大力，琢璞成玉，我很過意不去。當初曾阻擋傳德同志，但木已成舟，挽回無法。因此，我不能算「支持」，只可以說不為難作梗。如果上演，請附帶聲明：「作者沒有參加意見。」拍攝敝寓一節，懇求作罷；我對國內外電視採訪，曾立一條禁令，具體事例請鵬年專達。我知道這是孤行怪癖，望你諒解。專此復謝，即致

敬禮！

錢鍾書　十二月十六日（1986年）

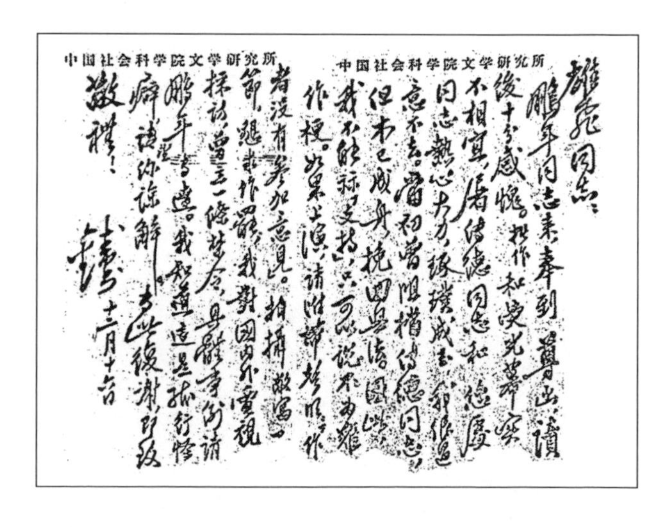

中国社会科学院文学研究所

雄飛同志：鵬年同志來，奉到尊函，讀後十分感愧。拙作和熒光幕實不相宜，屠傳德同志和您處同志熱心大力，琢璞成玉，我很過意不去。當初曾阻擋傳德同志，但木已成舟，挽回無法。因此我不能算"支持"，只可以說不為難作梗。如果上演，請附帶聲明："作者沒有參加意見。"拍攝敝寓一節，懇求作罷，我對國內外電視採訪，曾立一條禁令，具體事例請鵬年專達。我知道這是孤行怪癖，請你諒解。專此復謝，即致

中国社会科学院文学研究所

敬禮！

錢鍾書 十二月十六日

此時屠傳德在復旦研究生結業後去美國留學，繼續深造。孫、黃兩位經過七八個月的拼搏，前後三易其稿，於1986年年底完成了《圍城》電視文學劇本十一集，後來精工濃縮成十集。

小說九章改成電視劇十集。每兩集一個單元，一共五個單元：

第一單元即一、二集，是「回上海」。劇本解決人物鋪排，以及方的兩個傳奇插曲：講演和做媒，說明外國價值準則在中國的誤用和誤解。

第二單元即三、四集，是「進沙龍」。捲進蘇、唐、趙的複雜的情感糾葛之中，最終蘇、曹結合，導致方、趙的出走，這一系列事件道出「人不斷追求達不到的東西，但又不滿足於在手邊上的東西」這一內涵。

第三單元即五、六集，是「去內地」。描寫方一行一系列傳奇式的流浪冒險插曲，反映了都市文人與內地平民之間巨大的文化差異。

第四單元即七、八集，是「在三閭」。方、趙在與當地社會習俗不斷衝突中敗陣。趙出走後，方和孫採取了趙、汪同樣一個招人非議的姿勢，被人邂逅而帶來方孫認婚的不同後果。

第五單元即九、十集，是「小家庭」。方的經歷像個循環的「怪圈」，在人生旅途走了一圈後，他又回到了上海。在香港，他與蘇的不期相遇，使方突然意識到，他們之間已是雲泥之別了。他的地位在降低，他的世界在縮小，縮小到不斷與妻子口角的內心苦悶。

這就是整個電視劇的結構框架。同小說一樣，電視劇沒有直接去描寫故事發生中的時代背景，讓「戰爭既遙遠又無所不在」。但在情節的發展中，作了點滴小心的補充，如對逃難的渲染，用報紙的文章、電臺的廣播等方式，來反映時代背景。如同從一滴水覓見的瞬息反映，給人一個戰爭的氛圍。

「劇本劇本，一劇之本」——當劇本定稿以後，拍好戲的重要關鍵就是演員了。

《圍城》全書寫到的大、小、有名、無名的人物共計74人。

其中最主要的18人，次要的28人。從全國範圍找演員花了導演三年時間。選定後還要一個一個具體落實，最後上鏡頭的主要次要演員46人的名單如下：

劇中人	演員	劇中人	演員	劇中人	演員
方鴻漸	陳道明	趙辛楣	英　達	高松年	英若誠
鮑小姐	蓋麗麗	褚慎明	呂　涼	李梅亭	葛　優
		董斜川	張建亞	顧爾謙	周志俊
蘇文紈	李媛媛				
		沈先生	于本正	汪處厚	任廣智
唐曉芙	史蘭芽	沈太太	阮莉莉	汪太太	于　慧
孫柔嘉	呂麗萍	張吉民	楊仲文	韓學愈	顧也魯
		張太太	宋寧奇	韓太太	荷蘭伊娜阿
		張小姐	劉　眉		
方遁翁	袁之遠			陸子瀟	戴兆安
方太太	金慧珠	曹元朗	沙葉新		
老二鵬圖	劉昌偉			范懿	宋憶寧
二媳	張芝華	妓女王美玉	楊　濤		
老三鳳儀	吳天戈	侯營長	梁慶剛	劉東方	王志華
三　媳	曾　丹			劉太太	林丹青
		小寡婦	徐金金	劉小姐	汪　玲
周厚卿	吳貽弓	男僕阿福	陸　暉	專　員	李天濟
周太太	張文蓉				
效　成	戰士強	牧　師	澳駐滬領事	趙　母	張　鶯
			麥墨瑞	姑母陸太太	倪以臨
校　長	申懷其	主　編	彭立奇	女傭李媽	吳雲芳

這張名單中，除了全國一流的當紅名演員：陳道明、呂麗萍、葛優、英達、李媛媛、史蘭芽、呂涼、蓋麗麗、任廣智、顧也魯、宋寧奇、梁慶剛、徐金金、于慧、宋憶寧、李天濟、張芝華、張文蓉、周志俊、戴兆安、王志華、吳雲芳等外；

還有兩類難以想像的特殊演員：一類是中央文化部副部長英若誠，中央候補委員、上海電影局局長吳貽弓，上海人民藝術劇院院長沙葉新，上影廠廠長于本正，著名導演（現上海電影家協會主席）張建亞等都在戲中客串扮演角色；還有一類是澳大利亞駐滬總領事麥墨瑞客串演牧師，荷蘭國的伊娜阿客串演韓太太……——這實在是影視藝苑空前的盛事。

於是，「萬事齊備，只欠東風」——「東風」就是上北京請錢鍾書先生審閱劇本了……

二

1989年9月5日，孫雄飛、黃蜀芹和紹棠等一行三人到了錢寓，承錢鍾書、楊絳兩位前輩熱情接待。錢鍾書先生聽孫、黃的介紹後，說道：

> 「Auteurism，the media is message。媒介物就是內容，媒介物肯定作品。用電視、戲劇來廣播，它的媒介物跟意義不同了，就不能把原來的內容要肯定。詩情要變成畫意，一定要把詩非改不可；好比畫要寫成詩，一定要把畫改變，這是不可避免的，這種改變是藝術的一條原則。我感謝你們搞電視，因為兩代人還有這個交情，這交情我一定要強調，表示人是不能忘本的嘛。她（指黃蜀芹）幹電視，老太爺是很感動的。對上海幾位同志來這裡，我要是不識抬舉，是不對的。我就是表示這樣一個意思，好不好？」

錢先生所說的「兩代人還有這個交情」，是指上海淪陷時期，楊絳寫了第一部喜劇《稱心如意》，由黃蜀芹之父黃佐臨導演搬上話劇舞臺，從而受到鼓舞，使楊絳連續寫《弄假成真》《遊戲人間》等劇本。現在由其女蜀芹導演《圍城》電視連續劇，這就是「兩代人的交情」。

楊絳怕孫、黃不理解，接著錢的話補充道：

> 「小說的媒介物是語言文字，現在電視的媒介物是電視形象，所以媒介物變了，當然要變的。」

黃蜀芹提出了「因為小說是比較完美，而我們編劇不可能完全形象地變成電視」的困難。

錢先生笑著說：

> 「你是導演，導演是新作者。莎士比亞的戲可以改成京劇，所以Auteurism（指媒介物）可以信賴，我可以沾光。我是不會有什麼意見的。另外從美學原理上講，媒介物就是內容，好比小說變成戲就不同；劇本到了上演，媒介物又不同，因此我是很理解的。在這裡我只能對你感謝，對上海電影製片廠兩位同志感謝！我很歡迎這個機會。」

黃蜀芹把《圍城》電視連續劇的劇本遞給錢先生，請錢先生提意見。錢先生收下劇本風趣地說：

「這一次麻煩你們了，你們是自討苦吃！」

黃蜀芹說「我們要全國人民知道，對《圍城》能夠起到普及作用。」

錢鍾書說：

「天下是矛盾的，不普及就變成名貴。什麼是『時髦』？就是不普及。一變普及就不『時髦』了，這和人生、『圍城』的意義是一樣的。」

最後，錢先生真誠地勉勵他們道：

「照你們的媒介物所需要，完全可以進行處理，我的學究氣和時髦做你們的後盾。你完全可以自由處理。媒介物決定內容，把杜甫詩變成畫，用顏色、線條，杜詩是素材，畫是成品。這是素材和成品，內容與成品的關係。這裡一層一層的關係，想通這個道理就好了，你們的手就放得開了。藝術就是這樣。我們每個人都是成品，每一本書都是成品，所以你們放心好了。」

9月7日，孫、黃如約去錢寓聽取對劇本的意見。意見主要聽楊絳先生談，楊絳在肯定劇本的基礎上說：

「現在的劇本比我們想像的要好。我對劇本最大的意見是開頭。小說是文字寫的，輕描淡寫記載了幾樁事，不是給人很深的印象。現在變成形象，這個印象就深了，好像方鴻漸是個騙子，從這個女人追到另一個女人。其實方鴻漸這個人心腸軟，意志弱，略有才學，卻不能幹。他的性格是被動的。什麼都不主動，他反抗了一下老太爺，被一罵，就不聲不響地坐下來……」

錢先生補充道：

「方鴻漸是個被動的主角。Things happen to him。」

楊絳接著說：

「實際上，是蘇文紈在追他，而且還受了鮑小姐的騙，現在的開頭容易給人以不好的一個印象。追女人呀，很荒唐啊，品德完全不可取的形象。聽蜀芹同志講過，現在的劇本要改成十集，我有一個大膽的想法，乾脆把船上的戲砍掉。戲從下船起，鮑小姐這個人物不要，用照片，用蘇小姐的幾句話把過去的事交代出來……」

關於《圍城》的內涵，楊絳專門為全劇寫了一段文字，說道：

「《圍城》的內涵，我這裡寫了一段。現在只用春川菜館筵席上褚慎明的議論，只用了一點，不清楚。這一段文字可以在片頭上作字幕，也可以用作旁白。這一段文字是：

《圍城》的主要內涵是

圍在城裡的想逃出來，

城外的人想衝進去。

對婚姻也罷，職業也罷。

人生的願望大都如此。」

錢鍾書為了說明《圍城》的含義，翻出《談藝錄》中一段文字說：

「王國維沒有把叔本華的《紅樓夢評論》念通，斷言《紅樓夢》為『悲劇之悲劇』。我在書中說，『然似於叔本華之道未盡，於其理未徹也。苟盡其道而徹其理，則當知木石因緣，僥倖成就，喜將變憂，佳耦始者或以怨耦終；遙聞聲而相思相慕，習進前而漸疏漸厭，花紅初無幾日，月滿不得連霄，好事徒成虛話，含飴還同嚼蠟。』（參見《談藝錄》第349頁）這下面的話你們都可以看一看，還有英文對照呢。」

在聽取了錢、楊兩位對劇本的寶貴意見後，他們回到上海積極投入拍攝。特別是黃導演，她是抱病親臨現場指導，這也是難得而感人的創舉。

1989年9月15日，錢先生致函孫雄飛：

雄飛同志：

承你和蜀芹、紹棠兩位同志光臨暢談，大是近日一快事。奉惠函和照片，謝謝！拙著蒙你們器重，甚覺慚愧。楊絳叮囑我代達她的意思，說她是外行，所提意見，只是「愚者千慮」。我也只能重申auteurism，The media isthe message。點鐵成金，全仰賴你們各位。草此道謝，即致

敬禮

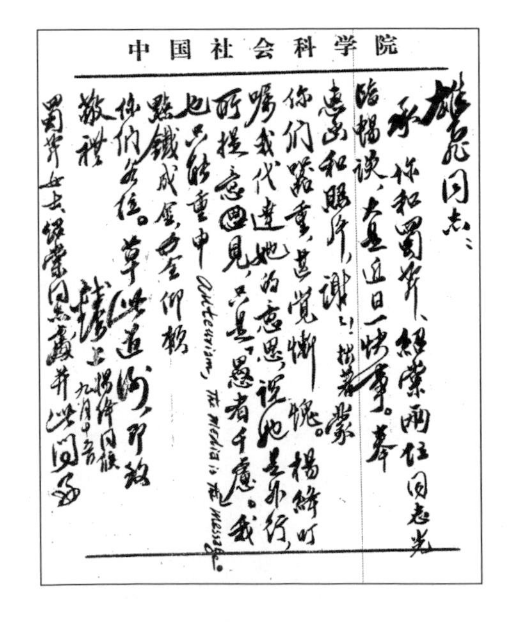
中国社会科学院

雄飛同志：

承你和蜀芹、紹棠兩位同志光臨暢談，大是近日一快事。奉惠函和照片，謝謝！拙著蒙你們器重，甚覺慚愧。楊絳叮囑我代達她的意思，說她是外行，所提意見，只是「愚者千慮」。我也只能重申auteurism，the media is the message。點鐵成金，全仰賴你們各位。草此道謝，即致

敬禮

錢鍾書上 楊絳同候 九月十五

蜀芹女士 紹棠同志處並此問好

錢鍾書上　楊絳同候　九月十五日（1989年）

蜀芹女士：紹棠同志處並此問好

1990年元旦，《圍城》電視劇製片人張雪村和孫雄飛向錢、楊寄了賀年卡祝福。錢先生回信道：

雪村女士

雄飛先生：

承兩位分別寄來美妙精緻的賀柬，盛情厚意，感喜交集。我因右拇指不便用筆，就偷懶寫一封信合謝兩位，務請原諒，並接受我由衷的感謝。古人說：「犬馬苟長」，兩位的抬舉，使我大有狗變虎，馬成龍的自豪感。謝謝謝謝！即叩

冬安

錢鍾書　敬上

十九日（1990年）

中国社会科学院

雪村女士
雄飛先生：
承兩位分別寄來美妙精緻的賀柬，盛情厚意，感喜交集。我因右拇指不便用筆，就偷懶寫一封信合謝兩位，務請原諒，並接受我由衷的感謝。古人說：「犬馬苟長」，兩位的抬舉，使我大有狗變虎，馬成龍的自豪感。謝謝！即叩
冬安
鍾書敬上　十九日

五

1990年4月1日凌晨零點，《圍城》在上海的一條老街上正式開機。拍攝的是電視劇的最後一場戲：陳道明扮演的主人公方鴻漸神情木然地走在街上，昏暗的路燈把他的影子一盞盞彼此遞交……黃導演坐在輪椅上指揮，她因看外景「車禍」，粉碎性骨折，鋼釘續骨，抱病工作，還說自己是「最愜意的導演」。這種精神感動了在場的所有人。

其間，攝製組把有關劇照和「工作錄影帶」送給錢、楊兩先生看。同年6月3日錢先生給孫雄飛信道：

> 雄飛我兄大鑒：惠函並照相奉到，謝謝！愚夫婦老醜形容與兄及張女士英俊並列，真如《西遊記》中過路人見唐僧四眾所謂「俊的俊，醜的醜」。
>
> 錄像已與鄰居同看多次，方知蜀芹女士及諸位之窮辛極苦，精心盡力。既敬佩而更慚愧。已珍藏待便人來璧還。草復　即頌
>
> 暑綏
>
> 弟錢鍾書敬上
>
> 楊絳同候
>
> 六月三日
>
> 各同仁前均此致意。

中国社会科学院

當《圍城》拍攝即將完成前半月，錢先生又給孫雄飛寫了一信：

雄飛我兄：

前復一函，想達覽。昨見《新民晚報》載消息，知兄與蜀芹女士及諸同人合構有成，載譽滬上，不負苦心努力，弟亦沾光不小。感愧之至！

小李同志前來，問拙著外文譯本各種。昨日得西班牙出版家通知，云西語譯本，十月間可面世。敬即奉告，以備參改。即頌

秋安。

弟錢鍾書敬上　九月十六日　楊絳同候

《圍城》西班牙語譯本

名稱：Ia CiudadSitiada

譯者：達西安娜・菲薩克（TacianaFisac）

出版者：亞爾法瓜拉出版社（Ediciones Alfaguara，S.A.），馬德里年：1990

同年10月，《圍城》拍成。黃導演因腿傷未愈，就由孫雄飛在10月9日帶著《圍城》完成片送到錢寓。

錢先生熱情地說：

「上海評論界對電視劇的好評，我們已經在《新民晚報》上看到了，前不久柯靈還寄來有關報導的剪報。這次，你們各位不僅苦心努力，我也沾光不小。」

10月12、13日，「《圍城》觀摩研討會」在北京廣播電影電視部的專家樓舉行。北京文學界、影視界的反響比上海還要強烈，出席的專家和新聞界朋友五十餘人。專家們認為：「這是一部優秀的名著改編作品，既有很高的觀賞性，又極具文化品位。《圍城》的出現，標誌著中國電視劇進一步走向成熟。」

胡喬木同志看了《圍城》電視劇以後，10月14日接見孫雄飛和張雪村、林毅，對《圍城》電視劇作了充分肯定。

胡喬木同志專門給導演黃蜀芹寫了信，胡喬木同志在信中寫道：

「影視藝術當然與文學不能相比，書中精細的心理描寫和巧妙機智的語言難以在電視片中充分表現，但是影視藝術通過人物場景形象給予觀眾的視聽直感亦非小說所能代替。總之，這部電視片是編劇、導演和演員們的一個傑作。你（黃蜀芹）帶傷拍成這部作品，增加了它的珍貴的紀念性。」

10月15日孫雄飛去錢寓聽取錢、楊兩位前輩的意見，把胡喬木寫給黃蜀芹的信給錢先生看了。錢先生看了信，高興地說：「喬木對電視劇的估價很高，這封信是他親筆寫的。」

楊絳說：「我們是『二口氣』看完的，我女兒剛從英國回來，她看了也很滿意。以前我寫話劇，有人介紹錢先生時說，他是楊絳的丈夫，這一次要倒過來了。」

錢先生開心地笑著說：「現在這件事弄得很神氣，弄得我們院裡全要找我提供帶子。」

錢先生繼續說：

「喬木一般不肯講估價那麼高的話，可見他非常之高興。」

「我只有感謝，只有佩服。想不到這部書可以改成這樣一部電視劇，都說比想像的好。主要裡面有許多心理的東西，勾心鬥角的東西，你們都表現出來了，好多語言，你們也吸收進去了。」

孫雄飛說：「現在看來，電視劇還有不少遺憾的地方。」

錢先生說：

「這沒有什麼，天下無錯不成書。總而言之很滿意。外國話說，假話說三遍就成真了，我是真話說了三遍就更真，真是感激！其實沒有一部文藝作品沒有漏洞。《紅樓夢》探春（秦可卿？）掛的唐人寫的對聯，唐朝哪有對聯？《蕩寇志》裡，梁山泊英雄和宋軍打仗，說打大炮，那時哪有大炮？宋末才有馬可波羅從西洋帶來的大炮，把襄陽城打下來。《鏡花緣》裡寫武則天的自鳴鐘『當當』響，唐朝哪來的自鳴鐘？莎士比亞戲裡鐘上有羅馬字等等……不足為怪，莎士比亞還照樣是莎士比亞。」

最後，錢先生談了對演員的意見。錢先生說：

「我們拿了帶子，可以給一些朋友看。當時我們為了談意見，是仔細看的，也看不出什麼毛病。我想他們看了也是一派恭維，挑不出什麼毛病。戲裡的人物都演得很好。方鴻漸、蘇小姐、高校長、孫小姐、汪太太等甚佳。我覺得孫小姐相當難演。其他角色配合得很好。此出導演之力，總其大成。」

《圍城》的故事情節沒有太大的跌宕起伏，也沒有如驚險片、情節片那樣懸念迭起，但是方鴻漸的人生旅途經歷，卻從另一種方式吸引觀眾去關注他的命運，它比之生造的懸念更有深度。因此，吳黎平同志說「《圍城》是知識份子的一面鏡子。」

至此，《圍城》改編上螢屏，畫上了圓滿的句號。

《圍城》從問世後，受到第一代共產黨人賀樹的肯定；上海解放後受到經歷過長征的高級領導幹部吳黎平的高度評價。最後，中共中央政治局委員、意識形態領域的最高領導人胡喬木作了充分肯定……這個歷史很少為人知道，我作為當事人之一，有責任如實反映，作為文壇佳話，博讀者一粲。

我的一位前輩「忘年交」，寫了《初讀〈圍城〉電視劇》一律，堪為本文作結，詩云：

本事從頭著意搜，流年美眷足綢繆。
葛藤纏樹徒搖夢，海水移情豈解愁。
有愛無明緣念起，名場利藪暫勾留。
銀燈入座增惆悵，卻道天涼好個秋。

（錢、楊兩先生談話當場由孫雄飛錄音。承雄飛兄拷下相贈，志謝。）

最早評價《圍城》的共產黨人

才情學識誰兼具，新舊中西子竟通。
大器能成由早慧，人謀有補賴天工。
……
——吳宓《賦贈錢君鍾書》

2005年9月，我和老伴第九次應邀赴美，到了紐約，少不得去百老匯大道113街拜訪夏志清兄——他是海外學術界高度評價《圍城》的第一人，也影響了世界各國的漢學家。

老友重晤，分外親熱。志清兄告訴我：他的「《小說史》簡體字橫排的大陸版在上海復旦大學出版社出版了。」這是指他1961年在美國耶魯大學出版社出版的「成名傑作」《中國現代小說史》。從二十世紀七十年代以來，凡是治中國現代文學的專家、學者幾乎或多或少地受到過這部著作的啟示和影響。志清兄知道我愛好版本，二十年來把這部傑作的原版、臺灣版、香港版無不簽名贈我。這一次他收到大陸版的樣書才一星期，為了使我先睹為快，便把自藏本拿來贈我，題字道：

「鄉兄鵬年老友重來紐約，特以自藏本相贈留念。
夏志清　2005年九月二十日　印
2005年九月十三日　收到。」

我感謝老友的深情厚誼，立即打開書中對《圍城》的評價：

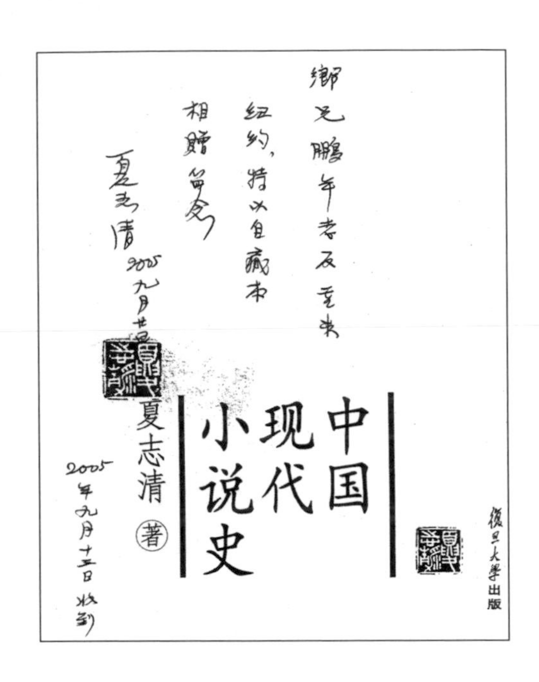

「《圍城》問世前，錢鍾書的博學與才氣早已為其學生與朋友所稱道。這本小說出版，更讓人認識到他才華的嶄新一面。……《圍城》是中國近代文學中最有趣和最用心經營的小說，可能亦是最偉大的一部。」（見復旦大學出版社2005年7月版該書第275、282頁）

我對志清兄說：您對《圍城》的評價，如今可謂「經典」的千古不刊之論了。他謙遜地說：哪裡，哪裡……

我還告訴他：《圍城》在大陸雖曾近三十年未能重印，但在它剛問世和上海解放的第一年，先後有兩位德高望重的老共產黨員對《圍城》作過高度評價。惜乎少為人知！志清兄說：「願聞其詳。」——我便把親歷的往事講給他聽……

一

九年以前，紐約出版的《中外論壇》發表拙文《世紀新元憶〈圍城〉》，其中第三節專門談了1945～1946年指導我們「好友讀書會」閱讀《寫在人生邊上》和《圍城》的賀樹老師。賀師說「《圍城》寫知識份子有震耳發聵的作用，嬉笑怒罵也是力量……」他是中國共產黨建黨初期的第一代黨員。在北大聽過魯迅講課；懂英、俄、日等多國外文；在安源煤礦領導工人運動；參加北伐在程潛、林伯渠的國民革命軍任政治指導員；反對王明左傾路線遭迫害；經劉少奇同意，由何香凝介紹至中華第一職校任教；開舊書店作掩護、陸續購存近代史料圖書四萬餘冊……新中國成立後政府批准為革命烈士。他是我黨正確評價《圍城》的第一人。

二十八年前，北京出版的《讀書》月刊發表拙文《〈圍城〉引起的回憶》，其中第二節「《圍城》在解放初期，曾配合對知識分子『思想教育』起過積極作用」，提到「經過中共滬西區委領導同意，《圍城》便列為『職員學習班』的輔助參考讀物」。

這位「領導」就是上海解放後的中共上海市委委員、上海最大的工業區滬西區委書記吳黎平（即吳亮平）同志。他在1929年曾任中共中央宣傳部文委副書記，和文委書記潘漢年遵照周恩來的意見一同拜望魯迅，促成「左翼作家聯盟」的成立；翻譯了恩格斯的《反杜林論》；為斯諾訪問陝北作翻譯、協助斯諾訂正《西行漫記》的原稿……毛澤東在1973年要周恩來傳達他對吳黎平翻譯功績的評價：

> 「其功不下於大禹治水，大禹是用疏導的辦法來治水，吳黎平把《反杜林論》從國外介紹到中國來，把中國共產黨、紅軍、中國革命的情況，通過斯諾介紹到全世界去。這樣一來一往，一進一出，此過程就像大禹治水一樣。」（見全國政協辦公廳主管《縱橫》2008年第10期第48頁）

中共滬西區委舉辦「職員學習班」，我有幸在這位革命前輩直接領導下工作。學習班的班主任由區委副書記安中堅同志兼任，陸振祚同志和我分別擔任大組長。吳黎平書記每天要聽彙報。由於《圍城》

在1948年曾被《橫眉小輯》和《同代人叢刊》等與胡風有關的刊物進行錯誤批判，知識界誤以為這次批判是中共地下黨所指使。吳黎平書記要我們向上海地下黨負責人劉長勝等同志調查，終於弄清了真相。這次錯誤批判《圍城》與中共地下黨毫無關係。吳書記向我借了《圍城》，據吳書記的夫人、負責宣傳工作的杜淩遠同志說：吳書記只花了一個晚上就把《圍城》看完了。（杜淩遠任中共長寧區委組織部部長時，是我的直屬領導）

第三天，他同意《圍城》作為學習班的輔助參考讀物。他對我們說：

> 「《圍城》是中國知識份子的一面鏡子。是一幅資本主義精神文明在中國失敗和破產的歷史畫卷。……《圍城》作者站在1946年的『歷史的前線』，寫出了『現代中國某一部分社會、某一類人物』；既豐富了中國現代文學史畫廊中的藝術典型，又為殖民地半殖民地的特定生活環境塑造了一批栩栩如生的藝術形象。『詩人是預言者』，小說《圍城》為新華社社論批判的『民主個人主義者』預示了一份生動的形象材料。《圍城》的形象思維終於能為新華社社論的邏輯思維服務，這就證明：凡是一部現實主義的作品，總是為革命的政治服務而具有其強大的藝術生命力。」

吳黎平

當時在場聽吳書記講話的有安中堅、陸振祚、茅順祥等同志和我。我當場把吳書記對《圍城》精彩的評價記錄下來。當吳書記把《圍城》還給我時，我打開筆記簿請吳書記題詞留念。吳書記應我所請，題詞如下：

「在建設、團結、進步的旗幟下，努力學習、改進工作　吳黎平」

後來我把吳黎平同志1949年9月對《圍城》的評價，寫進了拙文《〈圍城〉引起的回憶》，據說曾受到胡喬木同志賞識。為尊重歷史、如實交代，不敢掠美，以紀念吳老逝世二十二周年。

二

錢鍾書先生早在《奉答雨僧（吳宓）師》的詩中寫道：
「獨行開徑古爭強，我法憑人說短長。」

《圍城》問世以後，鄭朝宗先生在《觀察》發表《〈圍城〉與〈湯姆・鐘斯〉》，作出了公正的評價。但文藝界的自發的極左思潮，卻對《圍城》進行「惡攻」。

在《聽楊絳談往事》第221頁，吳學昭女士以她自己的理解寫道：

「《圍城》在好評如潮的同時，也遭到一夥人圍攻，每天在報刊上痛罵《圍城》是『香粉鋪』，是『活春宮』。不久，巴人（王任叔）在報上寫了一篇文章，聲明罵《圍城》的不是共產黨，他代表共產黨發表此文。……」

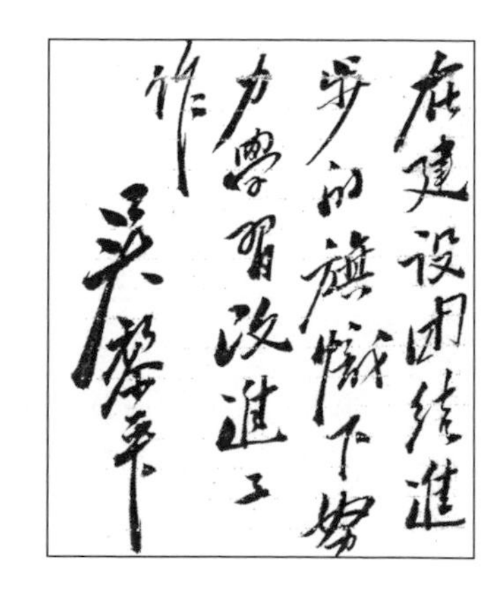

事實上，巴人（王任叔）並沒有「代表共產黨」「在報上寫了一篇文章，聲明罵《圍城》的不是共產黨……」——在解放前的國民黨統治區，國共兩黨鬥爭劇烈、白色恐怖嚴重，說巴人「代表共產黨在報上」發表「聲明罵《圍城》的不是共產黨」好像神話，是無法想像、很不現實的。解放後在共產黨執政的天下，為了一部小說被某些人錯誤批判而發表公開「聲明」的事，更是聞所未聞。這是吳女士的筆誤。

1948年7月，巴人署名「無咎」在香港《小說》月刊一卷二期發表《讀〈圍城〉》，同在香港的喬冠華已獲悉周恩來明確指示「不能批評錢鍾書」。但巴人認為《圍城》作者「他只看到一切生存競爭的動物性，而忽略了一切生存競爭的社會階級鬥爭意義，我們作者……是需要改造了。」巴人要求《圍城》作者「別再給我們小市民讀者以頹廢的感傷，或否定一切的冷嘲，而給予以敢於憤怒與憎惡，並進一步給予以敢於戰鬥。以作者圓熟的技巧……也將給予這誕生中新人類助一臂之勞吧！」——據邵荃麟同志說：當時香港（文委）發現上海有人（主要是胡風系統的）錯誤地批判錢鍾書，又在重蹈創造社、太陽社錯誤批判魯迅的覆轍了。他（邵荃麟等）要巴人寫文章糾正上海（胡風系統）批錢的錯誤傾向。……巴人當時思想上還未擺脫「左」的影響，並沒有肯定《圍城》，也未能對錢鍾書作出正確評價。這是巴人思想上的局限……（他從來沒有「在報上發表」什麼「聲明」）

所謂「香粉鋪」，出處是羅曼羅蘭《約翰・克利斯朵夫》中的一段話：「……產生了雨點般多的小說，老是猥褻的、裝腔作勢的……令人讀了如入香粉鋪，聞到一股俗不可耐的香味與糖味。」——個別黨員作家和追隨胡風的進步文學青年根據羅曼羅蘭這段話，聯繫了他們看不慣的端木蕻良的《新都花絮》；李健吾的話劇《和平頌》；張愛玲又「死灰復燃的走紅」，發表了小說《不了情》、《華麗緣》，電影《太太萬歲》，散文《那黃昏的洋台》；田漢編劇的《憶江南》以及《圍城》等作品，不問青紅皂白都作為對「文藝界惡風氣予以打擊」。這是「左聯時代」關門主義、極左文風的繼續，這種錯誤文風早為魯迅先生一再批評過的。——這不是報紙，是薄薄八頁的一份「同人刊物」。上海《大公報》是發文讚揚《圍城》的，並沒有發生「每天在報刊上痛罵《圍城》」的事。

至於「活春宮」的話，見於《同代人文藝叢刊》第一輯發表張羽的《從〈圍城〉看錢鍾書——紳士文學就是吹牛》。其時是國民黨統治下的1948年，批評矛頭指向進步刊物《文藝復興》發表的「《圍城》是一幅有美皆臻、無美不備的春宮畫」。（見該刊第57頁）。據說解放後作者認識了錯誤，對寫此文悔恨萬分。後來在「左」的狂飆中青春夭亡。

橫眉小輯

論香粉舖之類

1.

橫眉社出版
上海郵箱一一四八
一九四八・二・廿五
定價壹萬伍仟元

前記

戈蒂耶以爲眞正的詩不給人證明任何東西，它的美只在它的音樂性和韻律之中，這種說法現在已經不再有人去理會了。更多的却是阿壠在「公式主義論」裏所指出的，作者不是被一股從內而外的熱誠的「地下火」所燃燒，而是矯揉造作地在作品的外部貼上許多紅綠標籤。我們從裏面可以找到機械的教訓，却再也聽不到眞實的聲音。他們把人生理解成平面的，外在的，無生命的東西，他們的想法是單純的，以爲只要把教訓的酒裝入到作品的瓶裏去就是上上之作了。[illegible]

爲了把教訓或教條裝璜得好看些，更顯得像那麼一回事似的，他們就不惜無恥地乞靈於技巧。技巧至上的遺歿不散的陰魂，直到現在，不猶這點附在許多人的身上嗎？像僞善者在夜裏犯了奸淫，白天還在爲着道德一樣，他們在心裏隱蔽的處所默默地愛好着周作人，沈從文……甚而至於張愛玲。

我們認爲這就是目前在我們文學園地上應該値得注意的大事件之一，倒不能像一些爐火純青的批評家似的，以爲只要「大的統一」，這些就不値得去批評了。這些人的想法正就是因爲還擺脫不掉技巧論的毒素，他們覺得文學是技巧，至多也不過是政治的附屬品，却不知道文學正是時一時代精神的綜合表現，作品的日趨於低俗化，色情化，……正就是目前這大的腐爛環境的反映！我們的批評也正就是針對着這市儈主義，這些「香粉舖的製造者們」！

「橫眉小輯」可以說是一個廣義的同人刊物，既然叫做「同人」，自然有它一貫的對於文學的主張。主張是什麼呢？實在也鄙之無甚高論，不過是如前面所說，要求更嚴肅地來看待文學這光榮的名字而已。在這一點上，我們是[illegible]的，「同人」性的，不能像一般流行的商業刊物一樣，不問內容如何，什麼文章都發表，專門拿作者的名字作號召，以便做他的文化買賣。然而，和行幫又不同，我們熱誠地歡迎對文藝抱同樣態度的廣大的朋友們賜稿！

就這一期的文章來說，因爲籌備匆促，收到的稿子差不多全是屬於批評的。好在我們的小輯與一般雜誌不同，何妨第一輯就把全部篇幅貢獻了這些熱誠的檢舉和抗議。如果再出第二輯，我們的內容却不一定是拘囿在批評這個範圍上的。

目錄

《圍城》刊於1946年2月至1947年1月的《文藝復興》。萬人傳誦，譽為好書。1948年2月方典在《論香粉鋪之類》中，錯誤批判《圍城》；小青年張羽對《圍城》更為錯誤地進行「惡攻」。——這些小刊物，上海的書店並沒有出售，雖在作家圈子傳開了，廣大讀者很少看見，《圍城》兩次重印。仍然受到歡迎。

建國以後，兩文作者都受到組織追查和批評。主要是查他們和胡風的關係，並不是為錯批《圍城》的事。與巴人無關，巴人作為中華人民共和國駐印尼大使，已出使雅加達，當外交官去了。

世紀新元憶《圍城》

少年情事宛留痕
觸發時時夢一溫
——《槐聚詩存》

義大利的卡爾維諾在《未來千年文學備忘錄》中說：「我對於文學的前途是有信心的，因為我知道世界上存在著只有文學才能以其特殊手段給予我們的感受。」他認為「對我倍感親切的文學的某些價值」和感受，應該「把這一切納入新一千年的遠景之中。」對此我深有同感。個人認為：二十世紀四十年代面世的《圍城》正是「以其特殊手段給予我們感受」而使我們「倍感親切的文學」傑作，當人類社會進入新的千年世紀新元之際，想起《圍城》問世初期一些

錢鍾書、楊偉夫婦

往事，幾個對《圍城》傾倒備至卻在「文革」浩劫中去世的戰友，感到綿綿惆悵。二十年前《圍城》在大陸重印出版，我寫了《〈圍城〉引起的回憶》，並把新版《圍城》拿到生前喜愛它而手抄過的陸君墓前，焚化以慰他的英靈。守墓人笑我們有「伯牙碎琴酬知音」的古風。健在的知情者，卻怪我《回憶》中把不少「少年情事」遺漏了……

一

《圍城》引起的《回憶》，首先引起《圍城》作者的注意。

《圍城》新版一九八〇年問世後，病中重讀，愛不忍釋。「少年情事宛留痕」，便力疾寫了《〈圍城〉引起的回憶》投寄北京《讀書》月刊，竟被採用，刊於一九八一年七月號。錢鍾書先在北京看了拙文，來函鼓勵，使我感奮。錢先生的原信如下：

> 鵬年我兄文几：袁君來承貺枇杷，不特物好，抑且情重，兄病中尚遠念老朽，更感刻也。獲手書，知已返滬，然尊體是否確已轉危為安，言之約略，仍未能使愚夫婦釋念。所望因病得閒，以道力勝病魔，從容寫作，抒華散藻，庶幾不負天生此才耳！大文之佳不待言。友好晤面，莫不稱道，詢弟與兄是否相識。弟如韓退之所謂：「其榮也茲所以為愧也歟。」銘心而已。拙著《舊文四篇》修訂再版校樣已來，出書後當奉贈，兄莫見廣告便購取也。《圍城》重印遲遲未出，來信附款請代購者紛紛，殊悶人！內人《幹校六記》國內將出版，茲以香港刊物原本另寄供哂正。北京今年年執熱不解，歷歲所無。弟以國務院召開學位委員會八日，前日方了事也。專此布謝，即祝
> 痊安
>
> 弟錢鍾書敬上　楊絳同候　八月三日（一九八一年）

函中提到的「袁君」是我的老戰友，也是《圍城》的愛讀者。我的甥女是楊絳先生的內侄媳，有這一點舊誼，所以托袁君攜帶家鄉名產白沙枇杷探望《圍城》作者。袁君告知：錢先生親切接待使他終身難忘，親自給他倒水，笑謂這水來自西山玉泉，從前專供「大內」給慈禧等人享用的。告別時親送至玉淵潭，指著釣魚台告訴袁君：這裡不久前是江青等人的禁苑……袁君說「這樣一位大學者，如此平易近人，和藹可親，真想不到！」

函中所說「大文」指拙文《〈圍城〉引起的回憶》，他已在北京先見到。「友好晤面的」的「友好」，據傳言：其中有胡喬木，原來他也是《圍城》的愛讀者。怪不得距此十年以後，當《圍城》電視連續劇攝成後，他顧不上休息，一口氣看完了十集，真是難得（我保存著胡喬木看《圍城》電視劇後的談話錄音磁帶）。

不久，北京三聯書店的負責人兼《讀書》月刊總編輯董秀玉女士與馮亦代先生同來上海，枉過寒舍，送來刊有拙文的《讀書》月刊兩冊。我將一冊自存外，把另一冊作為禮敬，寄呈北京錢先生，雖然他早已翻閱過了。

國慶日後，又獲錢先生賜函，他關懷我的「惡疾」和病體，使我非常感激。又寄贈墨寶一幀，我更為振奮。墨寶是錢先生在一九五九年為楊絳先生所書《十章》之一：

> 雪老霜新慣自支，歲寒粲粲見冰姿；
> 暗香疏影無窮意，桃李漫山總不知。
> 舊作寫應
> 鵬年才士雅屬　錢鍾書　默存（朱印兩方）

我託好友上影的潘奔導演精裱後裝入鏡框，懸掛臥室日日相對，感受到無窮的精神力量，終於戰勝病魔，逐漸恢復了健康，從惡疾的「圍城」突圍出來了。我銘心感刻錢先生的恩賜。錢先生的覆函如下：

鵬年兄文几：奉書及刊物，謝謝！書中未道尊體近況，殊念。英諺云：「沒有消息就是好消息」，想病魔雖未投降，而已敗退矣。無任大願！拙著第二次印本國慶前夕始出，速日

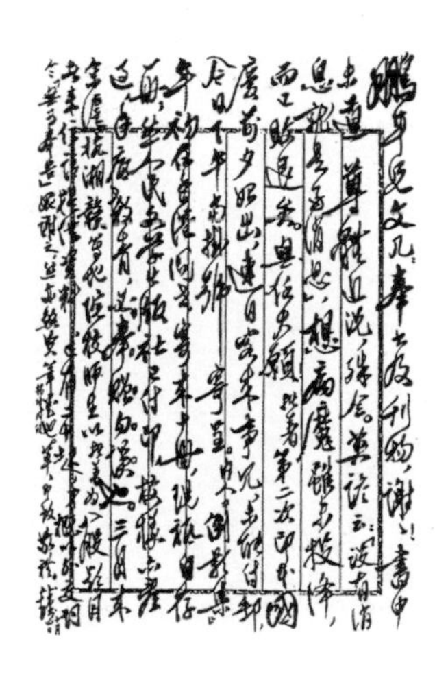

客來事冗，未能付郵，今日下午當掛號寄呈。內人《倒影集》年初在香港問世，寄來十冊，現只自存一冊；然人民文學出版社已付印，校樣亦看過，年底殺青，必奉贈勿誤也。三月來京、滬、杭、湘、贛等地院校師生以拙著為八股題目者來信請提供資料，已有二十起，弟概以外交辭令「無可奉告」婉謝之，然亦煞費筆墨也。草草即致
敬禮。

錢鍾書　楊絳同候

十月四日

接著又收到了錢先生親筆題詞蓋章的《圍城》「第二次印本」，與一九四七年五月的初版本並列我的書櫥中，使寒齋增輝。尤為珍貴的，初版本上也有錢先生的題詞：

此書初刻，如已陳芻狗，猶承藏弆，感愧曷極。

鵬年足下　中書君　印

除了錢先生和他的友好，拙文卻難入大雅諸君視野。

二

因《圍城》引起回憶，難忘幾位對《圍城》傾倒備至的「錢迷」（「錢鍾書迷」的簡稱）。

四十年代上海，我在各大小書店和書攤上結識了好幾位同道，大家喜歡《寫在人生邊上》，能夠共賞《談藝錄》，特別愛好《人獸鬼》和《圍城》，從而對作者錢鍾書先生都很佩服、敬仰和崇拜。志趣相投，雅稱「書癡」；傾心交談，均號「錢迷」。成為莫逆以後，半個世紀以來，「三災五難不變心」。借用龔自珍的詩，可謂「多君媕雅數論心，文字緣同骨肉深。」其中年齡居長者是葛正慧兄、沈遲公兄和宋濤兄。我保存著遲公兄五十五年前給我的《訂交》詩：「此日逢君未恨遲，訂交書肆一何奇。論年已覺難方物，潛學還驚不擇師。虛室負暄叨治黍，荒園沖雨約譚詩。多應末世存風雅，珍重叢殘抑可知。」陸兄是我同學，中學時就發起組織「好友讀書會」。石兄供職新華銀行，與名教授嚴景耀先生有師生之誼。「文革」初被迫害而死，我在一九七二年告訴在復旦大學的老朋友吳文祺教授，吳專門寫來了悼詩：「得沈鵬年同志來信，知石柏泉兄死矣，詩以悼之。」其一「噩耗驚傳歇浦來，前塵回首一傷懷。聲音笑貌從頭記，遙向西寧奠一懷」。其二「渭水秦山嚮往同，關河阻隔寸心通。而今君已騎箕去，白髮友人感落紅——上海淪陷時期，得沈鵬年同志介紹，與君時相顧從，對革命勝地，均有嚮往之情。吳文祺一九七二、十一、二十六」。吳先生是文教界前輩，參加文學研究會和大革命，編著《辭通》和《新文學概要》，後者是我國第一本關於新文學史的專著，胡適編《中國新文學大系・理論建設卷》，曾參考引用。粉碎「四人幫」後，吳先生當選為上海市政協副主席，後赴美國定居，離滬前曾來寒舍話別。石君在六十年代初期還和周作人保持密切的通信關係，香港版《周作人晚年書信》中有記載，可惜周作人給石君的數十封信，尚無下落。遲公兄後在上海博物館任館研究員。葛兄由華東作家協會調上海圖書館任書目部主任，是有名的「萬寶全書」，「文革」中揭發張春橋「狄克」一事，繫獄六年，《文革十年史》中有記載。宋兄任番禺中學教研組長，後為《漢語大辭典》編撰。可以說，當年愛好《圍城》的「錢迷」，都是愕愕之士。

環繞《圍城》，我們當時究竟研究和討論什麼？

據我不完全的殘缺的舊筆記，依稀可知：有一次在西郊翠柏園，由陸兄作關於《圍城》主題的中心發言，會後石兄吟詩，有兩句是：「暫傍郊坰一蕩襟，欣聞高賢話幽深。」有一次在哥倫比亞路（今番禺路）石家小院討論《圍城》人物的典型和現實意義，顧兄（宏甫）吟詞道「……幽素一樣春來，水邊柳外，偏多風雨。想石家院裡，暖房獸炭，敲遍催花鼓……」。有一次在兆豐公園（今中山公園），討論《圍城》方鴻漸與魯迅的《在酒樓上》一文中的呂緯甫、《孤獨者》一文中的魏連殳的比較，石兄有《兆豐公園詠方鴻漸》，內云「……誰念嬉春無地，借滬瀆郊坰，巢蘭深倚，書壁旗亭，悵舊狂塵夢，方郎清淚。荒煙漸起」。淮海戰役後上海白色恐怖嚴重，陸石兩兄決定暫停活動，假座福建路天津館聚餐時，遲公兄作了《小餐天津館別宴》：「人來小店暖才舒，群哄歸車晚市初；物貴每艱營一飽，世荒寧止咽千歔。端知戰事同殘奕，互惜生涯似冷蔬。燈火闌珊霜氣厲，戒嚴不待上更徐」。石兄則有「不畏鬼魅終拂袖，為耽吟詠卻分襟，」「此別還慶同努力，暮茄聲裡月正明。」即席所吟，對仗不工，無非留一些雪泥鴻爪。不久便迎來了上海的解放。

《圍城》作者的詩友、著名學者鉢水蘇淵雷先生聞悉其事，在粉碎「四人幫」後為賦一絕云：

文字緣同骨肉深，定公此語值千金。
尋思四十年前事，一卷文攜冰雪心。

鉢水注：「一卷文」者，乃說部《圍城》也。

三

「書癡」「錢迷」之所以愛好《圍城》，因為先有人對他們曾予指導和推薦。此人是中華第一職校的老師：化名李執中的賀樹。

賀樹一八八九年生於湖南衡陽，是毛澤東早年戰友，一九一六年與毛一同創辦文化書社。一九一八至一九二〇年進北京大學，曾聽魯迅講授《中國小說史略》。一九二一年冬由毛介紹參加中共。一九三一年反對王明錯誤的極左路線，被打擊誣陷，停止黨籍。後來劉少奇與他恢復單線聯繫。為了掩護，在北四川路橫浜橋擺舊書攤、在法租界設舊書鋪。經何香凝推薦至黃炎培等人辦的中華職校任教，在辣斐德路（今復興中路）三三九號三樓定居。有國學根底，又通曉英、日、俄等外文，設舊書鋪時收到大批書刊。曾在《新月》《國風》《青鶴》《清華》《文學雜誌》上看到錢鍾書的文章，認為識見不凡，拆訂成冊，經常瀏覽。一九四一年《寫在人生邊上》初版問世，購了五冊分贈石君、陸君、宋君和我各一冊。一九四六年《圍城》在《文藝復興》月刊連載，讚不絕口，向我們推薦。這一年元旦我們去向他「拜年」，他取出前幾天《大公報》的剪報，要我們認真閱讀。原來是錢鍾書的講稿《談中國詩》。他說魯迅曾說：「煤的形成，當初用大量木材，結果只是一小塊」。這篇講稿像木材結晶成煤塊一樣，是古今中外大量學問的一點小小結晶。

有一次和我們談文學的高峰問題。他認為在二十世紀上半期，魯迅是中國現代文學的第一座高峰。至於下半期誰能成為第二座高峰，拭目以待。他說《阿Q正傳》出來，震撼多少人心，像鏡子照出了國民性的普遍弱點。但錢杏邨照搬蘇聯左的一套，批魯迅《死去了的阿Q時代》，完全錯了。《圍城》的題名他很欣賞，說命題有深意，有的地方也有震耳發瞶的作用，嬉笑怒罵也是力量。他說他寄希望於《圍城》作者，希望他能多創作幾部作品。他說他支持我們的《圍城》研究……可惜賀師在次年秋間逝世了，建國後中央追認為革命烈士，頒發了「革命烈士證」。

四

《圍城》問世初期，突遭橫加撻伐，究竟內情為何？拙文《〈圍城〉引起的回憶》已作初步闡述。當時限於時忌未便詳談（如喬冠華蒙受冤誣尚未解脫，照例不能稱引等等）。今舊紀逝去，新元方臨，謹據實補憶。

賀師逝世百日以後，一九四八年二月忽然冒出一本刊名為《論香粉鋪之類》的《橫眉小輯》第一期，猛烈批判《圍城》及其作者。我們感到奇怪。石君因進步組織「銀聯社」關係與葉聖陶先生相識（葉支持「銀聯社」創辦文學講座，親來講課時由石接送），便同我一起去請教葉聖陶先生。葉先生當時是「上海文協」的負責人之一。他說「橫眉社」與胡風先生有關。批《圍城》不可能是陝北方面的意見，是自發的。葉先生告訴我們，開明書店正在重版《談藝錄》和《人獸鬼》，錢先生是「批不倒的」！

緊接著在《觀察》週刊（四卷二期）看到錢先生的《雜言》，文中寫道：

作品遭人毀罵，我們常能置之不理，說人家誤解了我們或根本不瞭解我們；作品有人讚美，我們無不欣然引為知音。但是讚美很可能跟毀罵一樣的盲目，而且往往對作家心理上的影響更壞。因為讚美，是無形中的賄賂，沒有白受的道理；我們要保持這種不該受的讚美，便不知不覺中遷就迎合，逐漸損失了思想和創作的主權。有自尊心的人應當對不虞之譽跟求全之毀同樣的不屑理會——不過人的虛榮心總勝於他的驕傲。

作者「不屑理會」，爭論沒有對手。胡風顧全大局，《橫眉》就此結束。郭沫若在香港發表極左的霸氣十足的《斥反動文藝》，錯誤地批判了沈從文、蕭乾、朱光潛等作家和學者，這是他當年罵魯迅是「封建餘孽」的一貫文風。上海有人趕時髦，迎合投靠，跟著發表《從〈圍城〉看錢鍾書》，用了比「文革」大字報還要不堪入目的穢詞惡語，進行人身攻擊，許多讀者寫信給刊物《同代人》抗議，

該刊不久也短命夭折。香港的《小說》月刊因姐妹刊《文藝批評叢刊》發表了胡繩的《評路翎的小說》，為了「搞平衡」，由巴人寫了《讀〈圍城〉》，指責「作者是在賣弄才華，正和冷酷的諷刺精神一樣」；要作者「別再給我們，……否定一切的冷嘲」。對舊社會「冷酷的諷刺」不得，也不能「冷嘲」，可見巴人「奉命」搞平衡的言不由衷，邏輯混亂。

我們還去請教過《文藝復興》的主編鄭振鐸先生。我當時去靜安寺廟弄拜訪西諦先生，還向鄭先生訂購了特製本《域外所藏中國古畫集》，鄭先生在第一冊扉頁給我親筆題詞蓋章留念（這套畫集「文革」中轉移寄存摯友徐蔚霖大夫家中）。第二次由石柏泉兄陪去，續訂《域外畫集》補遺四冊，同時請教鄭先生：上海香港為何批判《圍城》？（學林出版社由葉聖陶題字的《鄭振鐸書簡》第一九〇頁，鄭

致劉哲民信中寫道：「沈鵬年來信說，訂有《域外畫集》補遺四冊，未領去。他說，和你認識。……請即著人將該書送去給他為感！」）西諦先生告訴我們：周恩來知道此事後，很不滿，他要喬冠華向錢鍾書作解釋，此事陝北方面毫不知情，請錢不要誤會……西諦先生還說：莫斯科正在莫名其妙地批判蘇聯的諷刺文學巨匠左琴科，還用聯共中央名義作出批判的決議。

此事通過《時代》雜誌傳到上海，有人緊跟日丹諾夫的調子，在上海找到了幽默諷刺的《圍城》，自發批了起來。他說「這是城門失火殃及池魚」。其實魯迅是肯定左琴科的——歷史已經證明，當年蘇聯批判左琴科，也是完全錯誤的。

後來，我把西諦先生的話告訴錢鍾書先生。錢先生在給我的一封信中曾有所涉及：

> 鵬年同志：因病在家，來信耽誤了好幾天才轉到。奉讀之後，只有慚愧。又想念起西諦先生更增感懷。彈指轉瞬間，他已逝世十多年，我也老病之身，學問毫無進步，辜負了他的期望，同時覺得似乎欺騙了您……
>
> （下略）（一九七二年十月二十二日）

儘管當年錯誤批判《圍城》同中共無關，完全是自發的行動，卻鑄成了大錯。魯迅生前由於種種干擾，要寫中國四代知識份子的長篇小說無法執筆；錢鍾書也同樣如此。當時他正在執筆寫第二部長篇小說《百合心》，寫作的興致和情緒被破壞了，便封筆停寫，《百合心》流產，造成現代文學史上無可估量的重大損失。我還保存了錢鍾書先生一九五〇年三月十六日夜寫的一封殘簡：

……拙作小說聊供啟顏破睡。如以胡適之考據癖求之，則疏鑿混沌矣！冒公子（指冒孝魯）硬認為書中斜川（指《圍城》中的董斜川），此不知文子所謂：「鏡不設形而物無遁形」。非弟之有以描畫也。腹中尚有小說數部。解放以來胥隨五穀輪迴。早知不入時入眼，合買胭脂畫牡丹。平生不合時宜此類耳。專布敬頌

近安。

弟錢鍾書頓首三月十六日夜

到了一九五六年，錢先生應向覺明屬題詩中有「費盡胭脂畫牡丹，翻新花樣入時難」之句，可與前信相互參證。在此稍前，錢先生一度生病在家。冒叔子有《訊默存疾》：「示疾懸知世已非，朋簪寥落幾多違。《圍城》恍恍猶能記，落照蒼茫遂不歸。……」他給冒叔子《寄詩》云：「雕疏親故添情重，落索身名免謗增」。再過三年，「大躍進」餘波未熄，錢先生感到「電謝波流，似塵如夢」，給楊絳先生寫了《十章》絕句十首，其中兩首引錄如下：

荒唐滿紙古為新　流俗從教幻認真
惱煞聲名緣我損　安穩堅牢祝此身

——余小說《圍城》出版，頗多癡人說夢話

黃絹無詞誇幼婦　朱弦有曲為佳人
翻書賭茗相隨老　安穩堅牢祝此身

《百合心》流產是極大損失，中國現代文學史上缺少了一部絕妙好辭的傑作。作者少了一些干擾，能「安穩堅牢」以度晚年，未始不是「因禍得福」。

——初刊2000年《中外論壇》

海外篇

當代「鑒真」的傳奇人生
——關於美國世界宗教研究院院長沈家楨博士

在紐約曼哈頓，白天車水馬龍，夜晚滿城燈火，無論從帝國大廈最高頂樓上俯視，還是深入下兩層「地鐵」的車廂中徜徉，回首塵寰，儘是熙熙攘攘、形形色色的芸芸眾生。他和她正如《北京人在紐約》、《曼哈頓的中國女人》所描繪，都在為謀生而奔波。「人生衣食難處」，無非是「四諦」中的一味「苦諦」而已。無休止的高度緊張，在美利堅合眾國作客久了，我感到的是深深的寂寞。

一天，承美國大覺寺方丈繼如法師親自駕車邀請我從大覺寺去莊嚴寺。行行復行行，到了一個占地一百二十五英畝的山林之中，四周古木參天，風光絢麗，空氣清新，點塵不沾，有如沙漠中見到綠州，置身於美妙無比的清涼世界，耳目為之一新，精神也提升到「虛空無盡，本性無際」的境界。在這個清淨而豐富的環境裏，頗覺眾生和自己一體無別，理智和情感亦平等圓融。「心佛眾生本一如，念念唯期顯自性」，深深體悟到一種解脫之樂。——這個清涼世界同大覺寺、莊嚴寺一樣，都由《金剛經的研究》作者沈家楨居士所創建。

一

關於沈家楨，最近由上海人民出版社出版的南懷瑾老師講述《人生的起點和終站》中道：

> 「……紐約有座著名的莊嚴寺，是沈家楨居士蓋的，他是浙江杭州人。……他是當年航業界了不起的人，在航業界很有名，和香港董建華（按：香港回歸祖國的第一任特首）的父親董浩雲是同輩的。他到了美國以後，為中國人做了一件了不起的事，就是集中了很多的學者，把中國的佛經翻譯成英文。……後來發現紐約沒有一個佛教廟宇，他就發動蓋了一個大覺寺。……沈家楨後來又修了莊嚴寺，是北美洲很大的一座廟宇。」（見上海人民出版社2008年4月初版第1～2頁）

正因為他把中國佛教文化廣泛深入傳播到美國，世人稱他「當代鑒真」。

我離休以後，應邀去北京拜會全國政協副主席、中國佛教協會趙樸初會長。趙樸老和我談起美國佛教會會長沈家楨博士。沈博士是上個世紀三十年代在上海交通大學電機工程系、畢業考試全校第一名畢業。派赴德國西門子公司實習一年，成為機電專家。他說：「真正客觀地對待宗教，認真深入瞭解佛學的真諦，科學家往往走在很多『理論家』之前。像我國的錢學森先生和美國的沈家楨居士，都是如此。」在我第一次訪問美國時，趙

樸老希望我到了美國一定要去拜望沈家楨先生，設法把他在紐約向美國人演講佛學的中文底稿搜集起來，爭取沈老授權後在國內出版。這就是我作為一個共產黨員，為什麼離休以後與美國佛教會沈家楨會長交往和編印《沈家楨佛學論集》、《金剛經研究》的起因。下面是我在北京和趙樸初合影、在紐約和沈家楨合影的照片：

為此我有幸和這位「當代鑒真」朝夕相處兩個多月，探索佛諦，參禪靜修，獲得很大啟發。

沈家楨博士當時是美國「世界宗教研究院」院長，美國佛教會和莊嚴寺、大覺寺的創始人。原來卻是美國輪船公司總裁，是美國航運界叱吒風雲、身居高位，號稱「小船王」的世界知名人物。1980年12月67歲時從商海退休，投身於精神的海洋，思索人生的價值與意義，決心在全美國到處都是基督教天主教信徒的美國人中間，宣講和弘揚中國化的佛教。這種大無畏精神可以媲美唐代高僧鑒真和尚的東渡日本弘揚佛法。他組織專家把中文《大藏經》擇要譯成英文。他在紐約市區創辦了大覺寺後，更捐出自己在紐約州肯特鎮山明水秀近500英畝的林地，拿出自己的資財一億二千七百萬美元建造了美國東部最大的中國式叢林——莊嚴寺。在70歲至80歲的十年間，他把佛學原理與日常生活和科學新知相結合，用英語在紐約的廣播節目中及各地基督教、天主教的學校中演講佛學，深入淺出，使美國人很感興趣。他用英文寫的《佛學一瞥》等著作，在歐美各國流傳。——他被世人尊崇為「當代鑒真」，不僅當之無愧，其功績更是有過之而無不及的。

二

沈家楨博士生於1913年，原籍浙江紹興。其尊翁沈鈞業公少年入紹興府中學堂，為革命先烈徐錫麟高足。先後加入光復會和同盟會。徐錫麟挑選沈鈞業等十三名學生留日，為推翻清朝作準備。1907年徐錫麟起義失敗犧牲，沈鈞業遭清廷「緝拿」而逃亡南洋，在印尼創辦《漢文新報》鼓吹革命。1911年武昌起義成功，沈鈞業回國任浙江省軍政府教育司長，成為魯迅在教育界最早的直屬上級。其堂兄沈鈞儒任浙江省議會議長。1931年「九・一八」事變，日寇入侵東北。沈鈞業深感中國政界腐敗，壯志難伸，退出仕途，回紹興家鄉從事教育。對其子家楨力戒「不要從事政治」，而要「學些技術在身」。因此家楨刻苦勤讀，投考上海交通大學，以全額獎學金就讀電機工程系。

在交大期間，沈家楨目睹國土淪喪，民族危亡，決心發奮圖強，謀求技術救國。1937年以全校考試第一名畢業。旋為國民政府資源委員會負責人錢昌照派赴德國西門子公司深造，專攻軍用電器設備。回國後在昆明西郊創辦了中國第一家現代化的中央電工器材廠，安裝了國內第一條軍用電話機生產線，在四年中為抗日的中國軍隊提供三萬多台軍用電話機，裝備了60多個軍，為抗日戰爭立下了功勞，對我國的電訊事業作出了貢獻。

1940年與中國銀行副總經理居逸鴻先生的「千金小姐」居和如結婚。

抗戰勝利後，先後至英國和美國。以從事航運業致富，成為著名的旅美航業鉅子，在紐約有「小船王」之譽。上海解放後，遭帝國主義封鎖禁運。沈家楨協助陳毅市長，通過他掌握的航運線，把大陸土特產運往國外，再把建設需要的器材運回國內，對打破「封鎖禁運」作出了貢獻。這段史實，今已湮沒。我和沈家楨博士通過十餘次坦誠交談，他不意間流露。當時我以沈氏族孫身份至「千蓮台」瞻拜沈鈞業公「骨灰龕」，詢及鈞業公從紹興獲准出境赴美經過，家楨「族叔」云：「這是陳毅市長特批的……。」在美國他將營利所得，大部份投注於佛教文化事業。一九七三年榮獲紐約聖約翰大學名譽博士學位。擔任美國佛教會副會長，（會長先後有樂渡法師、敏智法師擔任）世界宗教研究院院長。

他的慈母謝文素是虔誠的佛門信徒。他本人也因篤信佛法而捨盡家財，護持世界各地佛教道場，成為國際上著名的佛教大護法。他在美國紐約與夫人居和如一起，先後創建菩提精舍、大覺寺、莊嚴寺、大佛寺，同西方傳統宗教（基督教等）的教堂分庭抗禮，為美國信眾提供福慧雙修的佛教道場。他為宏揚佛法不遺餘力，人稱「當代給孤獨長者」。

一九七〇年十月，沈居士創建「世界宗教研究院」。研究院的目的：在於收集與保存「比較宗教學」等資料，並透過現代科技如電腦作業，使學者和研究人員能迅速利用這些資料。研究院還將來自不同宗教國家各種語文的重要宗教經典名著，進行翻譯成英文出版流通。研究分析各宗教領袖的論點，協助他們求同存異，利益眾生。加強學者同教育家、以及其他對宗教有研究的人員，使之彼此間多聯繫合作，將宗教實踐帶到日常生活中去，使得人生能獲得更進一層的寧靜與幸福。他對培養和造就佛學研究人才，促進整體佛學研究的水平，作出了可貴的貢獻。

一九七〇年十月二十六日，沈居士與紐約大學合作，成立了「世界宗教圖書館」。館址暫設於紐約長島石溪的紐約大學梅威爾紀念圖書館第五樓。其目的仍在於促進宗教學術研究，但特別著重佛學研究的圖書設備。收藏了以佛學為主體的各種宗教書籍七萬餘冊，以及五萬餘冊珍本書籍的微縮影片，對佛法的宏揚和學術的交流，起了相當作用。

佛教「三藏」經典，是我國歷代以古漢語文體從梵文翻譯過來的，今人已不容易瞭解。傳入美國後加上語文隔閡，成為傳法傳教的極大障礙。在美國三億多英語人口中流通英文佛經，是宏法傳教的關鍵。沈居士為此設置「譯經院」，從事佛經的英譯工作。

「菩薩於法，應無所住，行於佈施。」他具有「佈施波羅蜜多」精神。他定期在紐約僑聲廣播電臺講演，宏揚佛學；經常應邀赴三藩市、洛杉磯等地，以中、英文開示佛法。他的主要著述有《佛學一瞥》、《佛教給我們的啟示》、《觀世音菩薩的修行方法及證悟過程》、《普賢菩薩十大行願的提要》、《學佛緣由》、《緣起性空與人生》、《五眼》、《五月花》等，均以中、英文對照印行。尤以《金剛經的研究》深受海內外信眾推崇，廣為傳誦，膾炙人口。

三

中國佛教經歷近二千年的發展，形成自己的特色，有別於印度佛教而受美國人歡迎。中國佛教的特點，簡而言之，在於它的不分派別，（禪、淨、密、上座部……並重）相容並蓄；又與民族傳統的儒家老莊匯流，因此蔚為壯觀。中國佛教儘管在歷史上遭遇「三武法難」等暴行，備受殘害；卻如廣原青草，具有不可摧毀的強大生命力，「野火燒不盡，春風吹又生」，愈益茁壯繁榮。當美國人追求過日本禪、藏密、南傳佛教之後，終於在中國佛教裏找到了整合及更深一層的旨趣，美國學者所著《現代物理學之道》（中文譯名《現代物理學與東方神秘主義》）之風行寰內，決非無因。有人作過調查，美國的不少青年之所以接受中國佛教，因為他們認為科技文明的發展建築在「貪婪」的結構之上，而佛教所強調的「破除我執」即消除自我妄想之後，便可建立一個更好的世界的主張，與他們不謀而合。他們認為信仰中國佛教是合理的解決病態社會弊端的方法之一。據沈家楨博士云，其原因是：

一、佛教強調「破我執」，認為只要執著生命的自我中心經驗，就會產生混亂與痛苦。

二、佛教直覺的知識與科學家研究所得的見解是一致的。

三、佛教是實用的，它提供各種訓練心理的系統知識，使得我們的生命，活在真實的和諧中。

四、佛教主張無神論，沒有「神」的負擔，不像其他宗教中的「神」（如「上帝」、「真主」等），時刻像一個「超級政治人物」凌駕於眾生之上，制約和威脅著我們。「佛者覺也」，「佛」的真義就是具有高度覺悟。中國佛教甚至反對崇拜偶像，可以呵神罵祖，主張自身可以成佛，人人可以成佛，不斷追求真理，以獲得更豐富、更充實、更有效的人生，找到涅槃的捷徑。

五、佛教主張和平，以及要消除戰爭、貧窮、種族主義、偏見、環境污染、酗酒和濫用麻藥……等等，對美國青年來說頗覺合理。因此他們選擇佛教作為科技影響下的一味解毒劑，同時也是解除病態社會的方式。

由此可知，中國佛教在未來的美國佛教中間將佔有舉足輕重之勢。沈家楨居士五十年來如一日，不懈地為美國佛教的慧命紮根，更與海外近代佛教的發展息息相關。因此，海外信眾目之為「萬家生佛」，稱他「沈菩薩」。

我個人聆聽了沈居士的開示，受到很大啟悟。他說：

「從人類歷史來看，世界上任何王朝、任何政治制度存在的年代，都沒有超過宗教。即以號稱『世界上三大宗教』之一的最年輕的回教而言，也有一千六百多年的歷史了。世界上王朝年代最長的，外國算羅馬帝國，中國要數周朝，西周和東周加起來八百年，遠不及回教的歷史長，更不要比基督教和佛教的歷史了。這是不以任何人的主觀願望為轉移的客觀事實。所以，人類不僅單單靠物質或政治制度就可以滿足。人有一種精神上的需要，不只是對來世的依靠，而且是現世、當前問題的解決。」

他還說：

「當今世界的文明，可以說是處於一種不平衡的狀態，物質文明與精神文明的差距，有愈來愈大的趨勢。文明的新平衡點，必須建立在適當的教育上。希望將來宗教和教育能夠打成一片，藉著現代化的宗教，以幫助糾正現代教育的缺失。一般的教育，脫離了宗教情操、宗教精神以後，人的精神只能片面的寄託在物質生活上，這也是今日世界的痛苦來源。依照佛教教理的指導，『破除我執』，把『我』看淡，人的素質提高了，精神昇華了，人也高尚了，具有覺悟了，人人可以成佛了。」

他還說：

「現在的世界，雖然可以送太空人到月球，可以改變遺傳基因，科技進步一日千里，但是，人類基本的精神層面，譬如傷害、妒嫉的心理問題，以及現代特有的毒癮問題，並沒有如同科技方面那樣長足進步。我覺得弘揚宗教、弘揚佛法的人，應該把提高全體人類的精神和道德，看做自己的責任。

趙樸初會長很重視沈家楨的佛學著作。我根據他的意旨，先後在「世界宗教研究院」、大覺寺和莊嚴寺，得到沈家楨博士的親切指導，潛心研讀了他的全部佛學講稿，精選了十八篇，編成《沈家楨佛學論集》，帶回國內。經趙樸初會長審閱後，親自為我寫了《沈家楨佛學論集序言》。趙老在〈序言〉中寫道：

「……沈家楨氏，四十年來續佛慧命，深入教誨，廣弘賢願，立寺興佛，化行異域，解超行卓，譽滿鄉邦。此前，余曾應囑為其所著《金剛經研究》題簽；今聞上海居士沈鵬年氏編輯《沈家楨佛學論集》書成，仍樂為之序焉。」

經國務院宗教事務管理局批准，自費印刷2萬冊，免費贈送給全國各地著名寺廟136處。136座寺院的方丈、法師親自接受我們的贈書。

四

最後，談談趙樸老示意我編印沈家楨的代表作《金剛經研究》的體會。

溯自《金剛經》傳入中國以來，始終受到朝野的普遍歡迎。最初有後秦皇帝姚興要求鳩摩羅什大師譯出本經，並詳為講解；唐玄宗李隆基親為本經注釋，並刻石傳世；明朝的洪武、永樂更為本經集注印刷，頒行流傳；清朝的康熙雄才大略，親自恭楷繕寫了本經。

中國人民的偉大領袖毛澤東，在1951年5月26日《人民日報》的〈社論〉中，親筆寫了「佛教有很高的威信。」（見《建國以來毛澤東文稿》）生前多次讀過《金剛經》。據趙樸老告知：「有一次毛澤東和趙樸初一起接待外賓，外賓尚未來到前，毛澤東與趙樸初討論了《金剛經》裏面『如來說世界，非世界，是名世界』的公式，毛澤東問趙樸初：『佛教是不是有這樣一個公式啊，『是名趙樸初，即非趙樸初？』趙答『是的。』毛澤東沉吟地說：『先嘛，肯定；後嘛，否定……』趙樸初向他解釋『不！是同時肯定，同時否定。』這時，外賓來了，談話沒有深入下去。」（觀2003年上海辭書出版社出版趙樸初秘書李家振著《菩提一葉》第3頁）魯迅早年說過：「夫佛教崇高，凡有識者所同可。」也曾對《金剛經》作過研究和校勘，他不但發現了《金剛經》的吐魯番出土的古碑，在晚年還專門寫了《金剛經》的經文贈給日本友人。（詳見《佛教文化》一九九三年第三期〈魯迅先生和鈴木大拙〉）

據記載：《金剛經》在我國流傳，已逾一千五百多年。歷代為之注、釋、論、頌、疏、記、解、述……者，多不勝舉。唐代一朝，注疏本經達八百餘家；清朝以滿族入主中原，釋解本經亦逾五十家。一千五百多年間，注釋本經者有一千餘家，存世迄今，尚數百種。因此，《金剛經》成為所有佛經中注釋之冠。當年鳩摩羅什對本經的疏論，惜已失傳。歷代研究《金剛經》著名的大德，則有：僧肇、智愷、吉藏、智儼、窺基、義淨、宗密、慧能、子睿、柏庭、宗泐、如玘、智旭、德清、曾鳳儀、通理、印光、江味農、王恩洋、太虛、印順、圓瑛、呂澂……等等。他們的著述，顯示了我國研究《金剛經》的進度的深度。沈家楨居士於一九八八年開始，發願研誦《金剛經》。他的研究心得，是一位居士的誦經體悟，更易為廣大信眾接受。他以深厚的科技知識，多年的佛學功力，恢宏的悲智宏願，維摩詰的無畏辯才，致使其研究賦予現代色彩，真知正覺，後來居上。

《金剛經研究》在趙樸老支持下，經有關部門批准，我自費印行五萬冊，送國內外二百餘座廟宇免費贈送結緣，得以在大陸廣泛流傳，（小部份送美國洛杉磯、三藩市唐人街寺廟）反映很好。為此，沈家楨給我寫信道：

> 鵬年我兄：
>
> 懷念正深，沒想到您在國內化了這許多心血時間，克服這許多困難，而達到這樣了不起的成就，實在令弟敬佩無已。
>
> 因不知兄之電話，只好以函代，請於接弟信後，賜一電話，俾約定時日。South kemt（兄的通訊處）距此間不太遠。兄在紐約一帶大概住多久？嫂夫人同來否？
>
> 祝　身心安適
>
> 弟　沈家楨合十
>
> 1994年4月29日

經政府有關部門審批後自費印行，通過寺廟免費贈送結善緣的《金剛經研究》，更得到趙樸老的肯定，他親寫來信鼓勵外，特書「一偈為頌」，頌曰：

色見聲求無是處，想飛情墜亦非空；
著衣持缽平常事，認得當時漏盡通。

這是趙樸老對我們的最高獎勵。原信如下：

鵬年先生：

日前枉顧寒舍，適病住醫院，失迎為歉。承賜家楨居士《金剛經研究》，不勝歡喜讚歎。仁者暨女公子詩醒居士記述流通之功德，亦如四維上下虛空不可思量也。謹書一偈為頌：
色見聲求無是處，想飛情墜亦非空；
著衣持缽平常事，認得當時漏盡通。

仁者所編《佛教研讀案刊》，除《金剛經研究》外，如蒙惠賜餘書一份，無任感荷。

弟自今年四月因發高燒入院，燒退而體力不易恢復，醫師尚未肯出院，病房生活已逾半載，然塵事仍紛繁未已耳。

敬頌
道安　詩醒居士同此問訊

趙樸初和尚　十一月二十四日

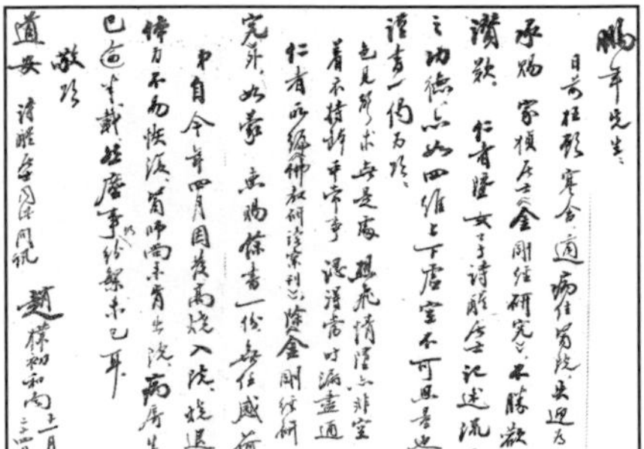

如今，毛澤東稱為「紅色居士」的趙樸初和「當代鑒真」沈家楨俱已往生極樂。我在世間也為日無多，將在「和諧」社會中欣然追隨他們……。瞿秋白詞云：

眼底煙雲過盡時，正我逍遙處！

沈家楨在美國世界宗教研究院和作者，以及作者的夫人、女婿、女兒、二個外孫合影。

古玉蘭下憶靜波
——記我的鄉親嚴家淦先生

從十九世紀後期至二十世紀初葉，馳譽歐美的木瀆嚴家花園古玉蘭，曾經是江南的著名景點。在花園老主人嚴蘭卿先生的殷勤接待下，美國、英國、法國、荷蘭等國的紳商仕女來此觀賞以後無不嘖嘖稱譽；亭亭如蓋大有來歷的古玉蘭，則是花園小主人嚴家淦先生晚年魂牽夢縈、思念不置的舊家故址。一座花園和一株花樹，牽動著海峽兩岸的一段無限相思之情。

上個世紀五十年代，我在長寧區委工作，曾任區對台工作小組副組長（組長由區委第一書記張祺同志兼任）。組織上瞭解我與嚴家淦先生有親戚關係，曾多次「奉命」寫過有關文稿。1987年，獲悉我家的老鄉親嚴家淦先生因病進入臺北的榮民總醫院療養，我便寫了一篇千字短文〈嚴家花園古玉蘭〉，發表在1988年1月30日北京《團結報》上，聊寄眷思。素知家淦先生雅好詩詞，因此寫了古玉蘭「銀燭朝天，金莖承露，千妝萬舞臨風樹」；更寫了「花光直欲挽斜陽，暫時不放人歸去」，這是他曾經愛誦的名句，以此祝願他的身心早日康復。我還寫了「家鄉的古玉蘭更見茂盛，『傾輝引暮色，孤景留思顏』……正在翹首期待當年的羨園小主人能蒞此一賞。」我曾將家淦先生令尊嚴養和老先生陵園的照片及古玉蘭的照片，託香港友人帶到榮民醫院請他觀覽。後來，家淦先生派專人來到姑蘇木瀆拍攝了嚴氏祖墳和古玉蘭的錄影，對吳縣有關部門表達了謝忱。家鄉的鄉親盼望他有朝一日能親臨故鄉。不料家淦先生在「榮總」一住七年，再也沒有離開醫院大門……。

家淦先生以九十高齡在臺灣病逝的消息傳到大陸時，我正好因事到了他的第二故鄉蘇州郊區木瀆鎮。從木瀆西街到山塘羨園遺址，聽到不少鄉親對他的逝世深表悼念。談起半個世紀以前他們對家淦先生的一些見聞，有的親昵地叫他「雨蓀」，有的尊稱他「靜波先生」……。

上篇：古鎮、名園、歲月

「春風似舊花猶笑，往事多遺石不言」。江南姑蘇是中國最繁華富庶的地區之一，從春秋末年建城以來，迄今二千五百多年。距蘇州十公里的木瀆，是與蘇州城同齡的水鄉古鎮，地處太湖之濱，四周有靈岩、天平、堯峰等名山環抱，風光秀麗，物產豐饒，商貿興旺，人文燦爛。這一塊「天貺勝地」，就是嚴家淦的先人自洞庭東山遷來定居的第二故鄉。

原來嚴家淦小名雨蓀，字靜波。他是西元1905年10月23日，即清朝光緒歲次乙巳九月廿五日黃昏戌時，誕生於木瀆西街第七十七號門牌嚴氏三房故宅的。木瀆西街從鬧市到市梢，原來都是嚴氏故居。家淦先生的大伯嚴良桂字蟾香，二伯嚴良樾字蔭庭，四叔嚴良燦字梓萱等的住宅，最初多在西街。尤其是四房嚴梓萱，投資於江陰的利用紗廠，一年盈利達四萬多元，便在西街老屋以外，再建一幢新宅，取「餘利」諧音，定新屋名為「餘里」。家淦先生的父親嚴良肱養和公排行第三，他的住宅同「餘里」相比不算最佳。1949年以後，由於市

嚴家淦

鎮發展擴建街道，把原來的大門間和大客廳都拆除放寬為可以行駛汽車的馬路。新定的門牌是西街第一百十四號，只是原宅後進的一小部分。今昔相比，已面目全非了。一些鄉親都說：「在木瀆，同嚴家淦先生關係比較密切的，則是山塘上羨園遺址那株古玉蘭。」

關於古玉蘭，人們數說著一段美麗的傳說，也聯繫到家淦先生有關命名的由來。原來，這株玉蘭栽於清朝乾隆中葉。相傳乾隆皇帝下江南，到了蘇州，登上靈岩山，遙望萬頃波濤，便想領略太湖風光。不意船出胥口，為驚濤駭浪所阻，沒有人敢「陪駕」冒險。歸舟木瀆，宿於《古詩源》編者、著名詩人沈德潛歸愚先生家中。早年我曾聽嚴家淦的父親養和老先生言及：這所沈宅，就是嚴氏羨園最初的故址。嚴老還說：當年乾隆南巡，對沈歸愚恩寵有加，君臣談論太湖的一段話，對家淦從小起名號時的思考，頗有一些淵緣。

被弘曆稱為「九囀詩仙」、「詩壇耆碩」的沈歸愚，早年仕途並不得意，在康熙、雍正兩朝鄉試十七次不第；直至乾隆四年考中進士，年已六十七歲。弘曆附庸風雅，喜歡詩賦，有一次翻閱《南邦黎南集》見到歸愚的詩，極為讚賞。便以〈銷夏〉、〈落葉〉為題命他和詠，都很稱意，因而見重，任為內閣學士，入直南書房，要他編校《御制詩集》，多次為「御詩」捉刀代筆。七十七歲告老，退居木瀆，賜「食一品俸」。歸愚生前乾隆四次南巡，都命他迎駕。弘曆初下江南，賜詩歸愚：「水碧山明吳下春，三年契闊喜相親。玉皇

案吏今煙客，天子門生更故人……。」眷顧之情，躍然可見。乾隆的行宮早已建在靈岩山上，為了「別後詩裁經細檢，當前民瘼聽頻陳」，便捨行宮不住而俯就「太湖煙波客」沈歸愚家。

弘曆駐蹕沈宅，猶以未能像他的祖父康熙那樣暢遊太湖、登上洞庭東山品嚐並賜名「碧螺春」的極品名茶「嚇煞人」而泱泱不已。他叱念著前人遊太湖的名句：「誰能胸貯三萬頃」，「何處堪追范蠡蹤？」

歸愚說道：「太湖無風三尺浪，因此古名震澤。」弘曆歎道：「震澤無風起浪，何日可見靜波？」——嚴養和先生熟知這段膾炙人口的故事。當庚子事變、父親逝世等國難和家難的一連串風波襲上他的心頭時，不能不引起無限的感慨。面對多災多難的國家和家庭，嚴養和對弘曆的慨歎「何日可見靜波」，感受深深的共鳴。正當其時，他的第二個孩子出世了，便為新生兒子題號曰「靜波」，無非希望「盛世年豐」、「國泰民安」之意。距乾隆南巡一個多世紀，到了弘曆的第五世孫光緒三十一年，羨園小主人嚴靜波誕生時，孫中山先生領導的中國同盟會在日本成立，為大清王朝敲響了喪鐘。時代潮流滾滾向前，歷史巨浪永遠不會靜止。當嚴靜波進入美國聖公會創辦的蘇州桃塢中學附小肄業時，以武昌起義為標誌的辛亥革命推翻了清王朝的封建統治，孫中山先生擔任臨時大總統的中華民國宣告成立，這是二十世紀初葉亞洲最早建立的資產階級共和國。到了二十世紀後期，嚴靜波成了同盟會後身的國民黨的元老。當蔣介石在臺灣逝世後成為法定的繼承人——中國國民黨的「總統」，蔣經國和連戰的老前輩。

在古玉蘭下成長的嚴靜波與從歐風美雨中奮鬥過來的孫中山前後輝映，也是一段政海佳話。不過，世界上政海茫茫，洶湧而險惡的政治風浪更其難見靜波。嚴靜波雖然在1950年至1962年的十三年間代表國民黨政府「接受『美援』得美金達十四億元」，穩定和復蘇了臺灣的經濟，官運亨通，青雲直上；然而，孫中山先生在意識形態上雖與美國沒有根本差異，由於提出廢除不平等條約的革命綱領，受到美國政府的冷遇和歧視。當孫中山發動「二次革命」反對竊國大盜袁世凱時，美國官方公開「拯救」袁世凱而拋棄孫中山，「二次革命」終於失敗，值得深長思之。

相傳弘曆在沈歸愚的書房憩息，暗聞清香，心曠神怡。幽香來自書案上一盆玉蘭。弘曆見慣御花園中的樹本玉蘭，初見盆栽玉蘭，花朵絢麗，頗為驚奇。撫盆把玩，愛不釋手。一時失手，花盆跌得粉碎，眾皆失色。沈歸愚從容說道：「此乃名花有靈，參見萬歲。」弘曆大悅，拾起地上的玉蘭親手植於院中，鬱鬱蔥蔥，葉茂花盛，迄今已二百五十餘年。盛衰閱盡話滄桑，古玉蘭成了二個半世紀的歷史見證。原來沈德潛歸隱木瀆故里，本為避囂。他在這裏選定了《唐詩別裁集》和《清詩別裁集》，因此弘曆有「別後詩裁經細檢」之句。還編定自己的《歸愚詩文集》。蘭芬益文思，文雅士子對這裏的園林之美趨之若騖，觀賞「御栽」玉蘭花的人們更應接不暇，歸愚不勝其煩，便在山塘鷺飛橋西堍另覓新屋隱居。後來，襄助李鴻章辦理洋務的馮桂芬，欣羨玉蘭清芬，曾借寓起草〈改科舉議〉，〈採西學議〉等名篇。金石名家葉昌熾隴上歸來，也寓此完成了考古名著《語石》上、下卷。鍾靈毓秀，信非虛語。

嚴養和老先生曾和家大父裕春公談及：沈歸愚先在舊居住了十五年，後在「香流戶外溪」的新屋內住了不足十年，以高齡九十七歲壽終正寢。皇帝下詔晉封「太子太師」、入祀賢良祠，備極哀榮。不料在他逝世九年以後，牽涉《一柱樓詩》文字大獄（歸愚生前曾為此書作序），下旨掘墓毀棺戮屍，禍延子孫遭斬。其新居後歸馮桂芬，重建為「榜眼府」；舊宅則為錢端谿所得，修葺以後名為「端園」。嚴老先生感慨萬千，引古人詩道：「行盡鷺飛橋畔路，風流不見老尚書」了。清朝末年，錢氏衰落，端園轉售給嚴養和之父、靜波之祖嚴國馨。不出一個世紀，這座名園已三易其主。

花園新主人嚴國馨號蘭卿，夫人朱氏以賢德名聞鄉里。她原籍吳縣洞庭東山屯灣村，是在上海經營絲綢的著名賣辦朱萬森的孫女，和我家是親戚。嚴蘭卿在上海經商，從事外貿，有一次盈利一百萬兩關銀（當時每兩關銀折合幣值一元三角多），頓時成為巨富。其時他的母親壽逾一百零一歲，購下端園便奉母居園中。按清制申報朝廷，「百歲壽母」得光緒賜匾：「貞壽之門」。在園外永安橋畔建造了「百歲坊」。夫人朱氏仰慕前賢，提出更名「羨園」，蘭卿公自號「羨園主人」。他請了香山幫著名建築師姚承祖率領良工，以古玉蘭為中心進行重建。

重建後的羨園環繞古玉蘭分東、西兩部。原來的友於書屋、環山草廬、眺農樓、延青閣修繕一新；增建了名為「聞木樨香堂」的桂花廳，以及鴛鴦廳、荷花池、九曲迴廊、錦蔭山房、澈亭和方廳等等。蘭卿公愛好書畫，素重倪雲林風格。為此請了疊石高手從洞庭西山石公等處選購太湖花石，在環山草廬的前面建成精巧玲瓏的假山。因此，羨園兼有蘇州城裏獅子林和留園之勝，成

為江南名園，人稱「嚴家花園」。童年時我曾多次入園遊覽。第一次由我嗣母挈領和她的表姐朱綸華（即「五四」時代著名的戲劇家宋春舫先生的夫人）同去作客。當時蘭卿公已逝世多年，園中由養和老先生照管。朱綸華是養和公的母親的侄女，款待非常熱情。養和公每年總要託家大父代辦東山槎灣的白沙枇杷和碧螺春茶，我又幾次跟隨進園。我印象最深的是北臨田野的環山草廬和古玉蘭畔的友於書屋。所謂「草廬」，其實是畫棟雕樑、飛簷翹脊的兩層樓宇。側樓則是招待親友留宿的客房，我隨嗣母在此住過一晚。登樓北望，靈岩山近在咫尺，山上的寶塔、梵宇、鐘樓、石幢歷歷在目；碧天白雲下山坡一大片蒼翠松海，更令人賞心悅目。遠眺四野，天平、白陽、香山、漁洋、穹窿、天池諸山幢幢環列，此所以名為「環山」也。廬額為道光間巡撫陳鑾題。友於書屋相對古玉蘭，傳說當年弘曆聞到玉蘭幽香即在此處。書屋先後從沈氏後人和馮氏後人轉讓了沈德潛、馮桂芬等名家的部分藏書，又得到東山槎灣「繡衣坊」賀家的《易》學藏書數千卷。以是蘇南藏書之富，富甲一郡。書屋中收藏了不少名家字畫。那天嚴老先生給宋春舫先生觀賞過一小部分。我記得嚴老引以自豪的是一幅明人畫的《玉蘭花圖》，宋春舫只說了八個字：「影落空階，香生別院」。所惜者，日寇侵華，蹂躪木瀆，這些圖書竟被獸軍付之一炬。此時，養和公已在毀書一年以前的1936年中道病逝，享年五十五歲。他生前最不願看見的國難家恨幸未身罹。劫後羡園，頃刻衰落。四十年代初，族中不肖子弟將殘餘樓屋售給敵偽的拆房公司；大片湖石假山半送半賣給大流氓黃金榮，移植於上海「黃家花園」（今漕溪公園）。羡園中碩果僅存，唯有那株高聳入雲、樹齡逾二百年的古玉蘭。

中篇：故家、老樹、滄桑

「綽約新妝玉有輝，素娥千隊雪成團」。早春時節，乍暖還寒，當光禿禿的花枝上還沒有長出招展的綠葉時，姣潔如玉、俏麗多姿、濕潤柔美、沁人心脾的古玉蘭卻迎風吐苞、紛紛開放了。在「眾香國」裏，玉蘭和臘梅一樣，都能傲雪凌霜，其生命力之強，堪稱花中魁首。花齡有二個多世紀的嚴家花園古玉蘭的靈秀氣質，孕育了嚴靜波的早慧和聰明；而不折不撓、剛柔相濟的品格和生命力，幾乎影響了他生存在二十世紀的一生。「陌上花開覓舊蹤」，綜觀嚴靜波先生的生平軼事，更為耐人尋味。

家淦先生出世時，適逢一場傾盆大雨。其父養和公正在書屋讀《楚辭》。他從「蓀橈兮蘭旌」等名句聯想到雨中的古玉蘭，便為家淦起了個乳名「雨蓀」。湯餅宴時，風和日麗，給家淦起號為「靜波」。家淦從小在羨園的古玉蘭下盤桓成長，天資穎悟，聰明過人。在友於書屋的環境薰陶中，他四歲能吟誦唐詩。接著又讀了書屋裏的許多經典古籍，往往「一目十行，過目不忘」。連儒生視為「畏途」的《易經》，他都熟讀。「古玉蘭下讀易經」後來他對易學的造詣使國際易學界為之側目。在美國紐約，我和美國易經學會會長應鼎成先生談起嚴家淦，應先生盛讚他「精通易學」。應先生告訴我：六十年代，有一次在行政會議上涉及到電腦問題，嚴把電腦的構造、基本原理同《易經》的八卦原理作了類比和論述，聽者為之嘆服。家淦先生認為把「Computer」譯成「電腦」，譯名並不妥適。因為它並無「腦」的思考功能，還需人腦指揮操作。正確譯名應該是「電子計算器」。但「電腦」兩字簡明而具有吸引力，便於推廣，容易流傳。至於電腦數位的無窮運用，這和我國《易經》中八卦的排列演算產生無窮大的變化，其理相通。他還認為現代的電腦發明，其實在古代中國，早就有此創意，《易經》的八卦排比和演算時期，就是萌芽。因此，八十年代在美國召開的國際易學會議，他應邀題寫了祝詞：「發揚中華易學之光。」

他六歲進木瀆鎮的私塾，啟蒙老師是中過清朝舉人的王鏡若，王老夫子與嚴蘭卿是好友。老夫子開卷訓讀，家淦居然一問三答。不出一年，王鏡若向嚴府辭館，要家淦另請高明。次年，家淦便轉入美國聖公會創辦的蘇州桃塢中學附小肄業。據他的同班同學葉庭圭老先生回憶：「每次考試，成績總是名列前茅。他不但國文、英語、數學的成績好，而且傳統古文的根底連國文老師也自愧不如。」和家淦同年的葉玉如老先生以及比家淦年長一歲的葉孟麗老太太，則是跟隨家淦一同在友於書屋看書、古玉蘭畔遊戲的小夥伴。他熱心社會教育，曾和中學同學利用暑假兩次在范莊前的范氏祠堂開辦義務學堂，免費供應課本的作業簿，為家鄉的掃盲工作盡力。一九二二年夏，家淦十八歲中學畢業，他以數理化的優異成績被保送入上海聖約翰大學理學院，主修化學，輔修數學。他埋頭攻讀理論化學，更精通數學和英文，深受師長注目。在上海全市應屆大學生英文競賽中榮獲冠軍。競賽時有一項中文譯英文，題目是《史記》的〈荊柯刺秦王〉。由於他古文功力深厚，英語水準又高，因此把司馬遷的原文譯成信雅而達的英文，外國人讀了，盛讚中國古典文學技巧高明。聖約翰的外籍校長卜芳濟當眾宣佈：「家淦．嚴同學為校爭光」。正因為家淦的學識淵博，兼通中西，被選為校刊《聖約翰年刊》的英文編輯和中文總編。他在自己主編的《年刊．序言》中寫道：

「夫以天地之大，往復循環，井然不失其序，蓋幾千百萬年如一日。然而軼事流傳，不知其幾千百萬則；觚史載乘，不知其幾千百萬篇，獨能積古相沿若無盡藏者，何也？良以造化變幻，合一而化萬，旨趣既殊，意識各別，知幾之微，人見其異，凡筆之所述，口之所傳，若渺滄海之一粟，固未有能舉大千世界形形色色不盡之者也。……」

這篇〈序言〉出自一個年僅二十歲青年之手，既體現了傳統文化的深湛素質，又顯示了襟懷開闊的博大氣概，實在難能可貴。

他課餘愛讀中外文學藝術名著，還愛好音樂和攝影。有時還喜歡賦詩填詞。有一次他應同學請求代寫情詩，留傳下來的〈蝶戀花〉詞有這樣幾句：「……底事東風吹不住，一寸柔情，且隨綠衣人去。」1926年他二十二歲在聖約翰大學畢業，獲理學士學位，並當選為「斐陶斐榮譽學會」會員。他面對同學之間勞燕分飛，各奔前程的聚散離情，深有感觸，填詞一闋，寄情抒懷。詞曰：

「花謝花開，燕來燕去，匆匆時節。黃昏院落，心事十年恍忽。捲珠簾，笙歌聒耳，陽光一曲催離別。……」

古玉蘭周圍的詩情畫意，自小便孕育了詩人的形象思維。據說直到晚年，家淦先生依然愛好詩詞。他的詩詞如能付梓問世，當能為文苑增色。後來養和公在蘇州包衙前購了新宅，從木瀆西街搬到蘇州城內居住。但是，家淦先生每次回到木瀆，總要在羨園古玉蘭畔方廳中約請總角之交聯讌敘歡。半個世紀後，葉玉如老先生猶津津樂道其事。

古玉蘭剛柔相濟的品格似乎影響過嚴家淦先生的「婚姻大事」。當家淦先生以優異的新學成績畢業於聖約翰大學，是一位思想新穎的先進人物。但在婚姻上卻像胡適一樣，始終聽從「父母之命」。原來嚴氏族中有一條家規：凡是裔出洞庭東山安仁里嚴氏宗族子孫，日後不論遷往何方，男子務必要娶東山同鄉的小姐為妻。這裏涉及嚴家祖先始遷洞庭東山的一段家庭的歷史。最早到洞庭東山定居的嚴氏始祖嚴伯成，生於北宋靖康年間。其時我國北方的金兵南侵，宋王朝的國都從開封遷到杭州。戰亂之中，襁褓中的嚴伯成父母雙亡，靠了乳娘苦心撫養成長，寒窗苦讀，得中功名，出任平江府通判，便將家眷從寧波遷來蘇州。民諺云：「蘇州稱天堂，福地是洞庭。」告老離任後便到洞庭東山安仁里定居。嚴家在東山從此繁衍發達，人才輩出，綿延興旺近千年，嚴家成了東山翁、席、劉、嚴「四大名門望族」之一，也構成了中國歷史上有名的「十大商幫」中「洞庭商幫」的重要組成部分。嚴氏先祖認為：「地靈人傑，君子不忘其本」。便商定了這樣的一條家規。嚴家淦是嚴伯成的第十八世裔孫，他的原籍即第一故鄉是洞庭東山。他的曾祖父嚴徵祥為了經商來到木瀆。木瀆是太湖船幫的重要碼頭，也是江、浙、滬等省市的交通紐樞之一。嚴氏經商極為發達，便將家眷遷來木瀆。從此，洞庭嚴氏一分為二：分成「東山嚴」和「木瀆嚴」。從家淦的祖父蘭卿公、父親養和公到家淦本人，遷居木瀆已有三代歷史。以事業而言，木瀆嚴家主要經營糟坊業。嚴氏糟坊遍設木瀆全鎮，包括下塘的嚴和美、西街的西和美、中市的嚴裕泰、東街的嚴萬和，也是太湖流域著名的四大糟坊。此外，在上海、江陰、無錫等地的投資還不計在內。儘管嚴家在木瀆迅又成為當地大族，嚴蘭卿與蔡少淦、鄭齡九、徐鳳樓合稱木瀆「四大豪富」。但是，嚴家男子必娶東山小姐的家規信守不渝。家淦的曾祖父徵祥公娶東山朱巷名門閨秀朱家千金即「百歲太太」；家淦的祖父蘭卿公娶東山屯灣村豪富朱萬森的孫女；家淦的父親養和公娶東山名士漾橋村靄慶堂萬梅峰之女萬祥瑛小姐；家淦本人遵「父母之命」與東山望族葉巷村首富葉昭錚字鐵生的長女葉淑英小姐結婚。其時家淦十八歲，尚在聖約翰大學求學。葉小姐十九歲。婚期是1922年6月，婚宴設在蘇州城內包衙前餘慶里嚴宅，我的祖父應邀去吃喜酒。葉氏夫人才貌雙全，可惜天不假年，雙十年華竟不幸難產離世。家淦續弦時還在聖約翰大學讀書，聽從父母之命仍娶東山的千金小姐，是東山四大望族之一的岱心灣村劉守之的女兒劉期純小姐。劉小姐比家淦小三歲，只有十七歲。1924年12月14日在上海結婚。當時上海的上流社會已盛行新式的「文明結婚」。但他在父母嚴命下身穿長袍馬褂，奉行跪拜古禮，新風尚和舊習慣之間自然產生了矛盾。然而，家淦早年在古玉蘭畔深受中華傳統文化的薰陶，養成「嚴己寬人、內治外修」的個性，抱著「退一步想、易地而處」，複雜的矛盾便順利化解。他為人處世，曾有這樣一段為人們傳誦的名言，他說：

> 「以退後一步來換取對方的善意回應，使事態和緩，達到捨小異而求大同。」

他認為：

> 「天下無不了的爭執，也沒有解不開的糾結。任何問題的背後，都有一大片空間，只要於問題還未成為僵局之前，各因『退後一步』而能消除對峙，眼前就是海闊天空，問題也就迎刃而解」。

正是在這樣的思想指導下，家淦的這次婚禮，辦得圓滿，賓主盡歡。我祖父喜筵歸來，對家淦稱道不置，說他「了不起，是將來能成大事的人」。

「消除對峙，眼前就是海闊天空」。婚禮中新風尚和舊習慣的矛盾「消除」了，美滿良緣從青絲到鬢霜，和諧偕老七十年，傳了雋華、雋榮、雋森、雋菊、雋同、雋泰、雋建、雋芸、雋荃等五子四女（另有一女周歲夭折不計），子孫興旺，螽斯延慶。海闊天空，福澤綿綿。

家淦經商，也持「退後一步」。1926年他22歲，聖約翰大學畢業後，由妻舅席錫蕃（滙豐、麥加利等銀行賣辦）推薦，入德商孔士洋行任華經理（即賣辦），經營五金進出口貿易；繼又和舅兄葉振民（中法銀行華經理）合資創辦大同實業公司，經營橡膠製品。家淦胸懷振興祖國實業大志。奈何上海工商界「雖得其人，不得其時」。資本主義世界經濟蕭條的陰影影響中國的外貿，歐美市場不景氣的颱風波及上海；小日本「東洋貨」大量走私廉價傾銷，導致民族工業破產；軍閥混戰，兵燹和天災又使農村經濟破產，水深火熱中的農民連草鞋都穿不上，那來閒錢購買膠鞋……。外商銀行銀根收緊，洋行老闆抽資回國。席錫蕃、王憲臣曾經執上海金融業的樞紐，都是「洞庭幫」的頭面人物，和嚴家是至親。但在這股世界性經濟危機風潮的打擊下，均以事業失利而在三十年代初悒悒離世。孔士洋行關閉，大同公司倒賬，家淦受到兩面夾擊，回蘇州老家和父親養和公商酌，卻因嚴家在上海投資的絲綢外貿受日本的人造絲衝擊而一蹶不振；開設的綢緞店鋪也因市面不景氣而搖搖欲墜；在蘇北江南的土地田產也因農村經濟破產無從脫手。破例向老親家葉鐵生通融，葉家卻表示「愛莫能助」。養和公氣得生了一場病。家淦首戰失利，他的好友朱炳文先生，幫助家淦料理債務、使家淦脫出困境。

古玉蘭不折不撓的精神似乎啟迪了家淦，他棄商從政，從商場轉入官場，最初經國營鐵路管理局過渡。1931年，家淦廿七歲，由於同學宋子良的關係，得其胞兄宋子文推薦，出任鐵道部京滬、滬杭甬兩路管理局材料處處長，他的母親萬太夫人曾對我的祖父說道：「我們嚴家三代經商，不知怎麼，就是雨蓀一個人出去做官了。」我祖父向萬太夫人道賀：「學而優則仕。二少爺（家淦在弟兄中行二）從獨善其身到兼善天下，正是太夫人的好福氣。」這一切，已是六十多年前的舊事了。一個區區處長也算不了什麼官，不料上任不到一年，日本帝國主義發動了侵略中國的「一・二八」之役，上海火車站和鐵路管理局辦公樓首當其衝，閘北最繁華的寶山路、以及商務印書館和東方圖書館等文化機構也都夷為焦土。嚴家投資的綢緞店鋪、絲綢商行和倉庫貨棧都遭日寇炮火徹底毀滅。萬老夫人掛念兒子的安危，養和公痛惜家財的化為灰燼，悲憤怨恨，悒悒失歡，兩個老人先後病倒。心病難醫，藥石失靈，萬老夫人於1935年病逝，享年五十六歲；次年，養和公也不治離世，享年五十五歲。比養和公的祖母「百歲太太」（103歲）和享年九十多歲的母親朱氏，少活了半個世紀。兩位老人成殮以後，據堪輿家卜占，認為陰宅風水「不通」，不能入土安葬，靈柩暫厝木瀆殯舍。直至1941年10月（農曆九月十八日）在木瀆鎮東郊黑魚浜的田野裏落葬、入土為安。這塊墳地是養和公生前自己擇定的。當時，由於木瀆淪為敵占，家淦在後方福建，無法來參加落葬儀式。

1937年，日寇又發動「七・七」盧溝橋、「八・一三」進攻上海的侵略戰爭，抗戰爆發，在閘北的兩路管理局大廈又成為攻擊目標，家淦避入租界。同年冬首都南京淪陷，政府遷入內地大後方。京滬和滬杭甬兩條鐵路陷於敵手，被「日本軍管理」。國難家難，使家淦義憤填膺，決心離開上海。同窗好友徐學禹向舅父福建省省長陳儀推薦，1938年春家淦應聘赴閩就職。臨行前，他的好友朱炳文先生在靜安寺路西摩路口的來喜飯店為他設宴餞行。他雖然懷念著家鄉的羨園和古玉蘭，家鄉已陷於敵手，連父母的靈柩也無法拜別，匆匆上路了。

日寇侵佔蘇垣後駐軍於木瀆，設關卡檢查水陸各路行人客商，稱「大檢問所」，民間稱之為「鬼門關」。羨園和法雲寺、禦倭寇堞樓一樣，同遭日軍破壞。嚴家花園中的書屋、草廬、廳堂、曲廊……均被焚燒拆毀。唯有那株古玉蘭當獸軍要砍伐時，經鄉民冒死搶救，至今歷劫猶存。

百折不撓的古玉蘭，似乎是中華民族頑強不屈、英勇無畏的精神的一種象徵。在古玉蘭下成長的子孫正是以這種精神奮鬥拼搏，贏得抗戰的最後勝利。嚴家淦先生在抗戰期間的作為，是值得古玉蘭家鄉引以自豪的。家淦離滬赴閩，受命於國家民族的危難之時，是一項艱巨的任務。福建地處海濱，沿海地區早為敵寇侵佔，海口被封鎖，公路被炸壞；沒有淪陷的省域，都是險峻山脈和淺急溪流相隔的偏僻內陸，交通阻塞，往來不便。家淦以省府委員主持貿易行政，出任建設廳長，其內外交困，可以想見。他曾經說道：

> 「我自從開始做公務員，從來沒有想到那是做官，而且一個學化學的人，又有什麼官可做呢？不過，化學中的某些原理原則及實驗過程，如果用到行政事務中來，也是很管用的。因此，我現在懂得以科學方法來從事管理工作。」

他審時度勢，把「交通」作為建設的重點，以此為中心，開展兩項工程，組設兩個機構。公路工程除了把日寇炸毀的公路及時搶修外，還把便道整修成公路；鑿河工程是海口封鎖後對內河淺水急流鑿寬鑿深，沙溪可通航上溯永安貢川，水陸交通大為改善。組織充實汽車運輸公司，使貨暢其流；創設驛運管理處，加強對水陸運輸的管理。不出一年，解決了軍糧民糧的運輸難題，閉塞的風氣也有所改變。

繼任財政廳長，主持全省戰時財政達六年。他通過調查研究，得悉福建長期「無財無政」的亂象起因於「捐稅認額承辦」制。承辦人員「自行定稅、自己徵稅、自己用稅」造成苛捐雜稅名目繁多，老百姓不堪負擔，省政府公庫空虛。縣區各級不能自給，年年向上伸手要「補貼」。他從「整頓稅收、建立制度」入手，建立「省級金庫制度」，經中央批准成立省銀行，通盤籌措全省財政金融業務；建立「財務人事制度」，設「人事管理員室」。對財務人員「慎任用、嚴考績、詳登記」，財務風氣為之一新。取消「捐稅承辦制」，經過審定除合法捐稅外，對於各種巧立名目的不合法的苛捐雜稅，第一批便廢除了六百三十種；對於合法捐稅進行審核，從原來「從量稅」改為合理負擔的「從價稅」，為力求「負擔公平、剔除中飽、杜絕偷漏」，再次廢除了殘留的苛捐雜稅七十四種。從而使紊亂的財政趨於穩定，無制度成為有制度，無序變有序的結果；稅款增長，預算平衡，消除赤字，除每年供應全省行政費用外，還有餘力發展本省的經濟文化事業，舉辦小型水電站，為福建歷史上從未有過。

更為重要的是家淦提出首創的「田賦徵實制」。從清朝到民國，農民「田賦」歷來繳現金。國家給農民發一張《糧串》，上寫種田幾畝幾分，納糧幾元幾角。戰時交通阻隔，農民變賣農產品極不方便；由於通貨膨脹，幣制貶值，農民即使售糧得到價款，繳稅時又因貶值而不能足額付稅。政府收到稅金，也因貶值而有虧損。家淦制定辦法，由現金納稅改用農產實物納稅，使農民與國家兩受其益。不僅農民稱便而擁護，國家對軍糧民食的調度和供應也起了穩定作用。家淦此舉為中央所採納，實行推廣全國。這是中國財政史上有利國計民生的一件大好事。家淦在福建首創的「德政」傳到家鄉，鄉間父老傳說：「岱心灣劉氏向為上海銀錢業鉅子，深通陶朱之術，又明易數命理之學。家淦先生得天獨厚，精通易數，浸詣西學，長於理財，深得岳家《易經》學術精奧之三昧……」云云，其說牽強附會，但也足見鄉誼情真。

1944年冬，家淦被任為中央戰時生產局採辦處長，便於次年一月離福建至重慶報到。主要協助盟軍駐華總司令魏德邁將軍分配「美援」物資，數度飛赴印度與盟方洽辦分配運輸事宜。1945年8月15日日本無條件投降。10月奉派赴臺灣，以「交通部特派員」身份參加「日本投降簽字」臺灣歸還祖國的儀式。11月底由臺灣飛赴重慶「述職」。1946年5月，任命為臺灣省政府委員兼財政廳長，負責接管（日本產業）組建臺灣銀行並兼任董事長。從此，他率領家眷赴臺灣定居。就在他赴臺灣上任以前，曾在上海的靜安寺路某弄的住宅中小住數天。此宅係當時招商局總經理徐學禹先生提供。我曾隨朱炳文老先生去過，係遵祖父之囑去送一點「碧螺春」等土儀。這也是我見家淦先生的最後一面。家淦先生忙於公務，沒有時間回鄉。但對鄉梓公益，則十分熱心。當朱炳文先生告訴他家鄉要創辦一所莫厘中學，聘請英國劍橋大學畢業的王季緒博士任校長，先辦初中一個班，以後逐步擴展等情況後，家淦聽了很高興。他贊成在東山創辦莫厘中學，問了辦學經費來源和校董會由哪些人參加？他表示要捐出一筆錢給學校作經費，他願意參加校董會擔任常務董事。他要朱炳文過一天去「取款子代為轉交校董會……」。那天朱炳文先生還告訴他正在申請籌建木東公路的事。早在抗戰以前，蘇州碩彥張仲仁老先生（曾任中國國民參政會議長）創議籌建木瀆到東山的公路，後因抗戰爆發而停頓。現在由同鄉會負責人朱潤生先生出面向江蘇省有關部門提出籌建木東公路的報告。家淦聽了很感興趣。他說：「對家鄉來說，這件事確是當務之急。孫中山先生曾說『交通是文明之母』。應該群策群力，儘早促成。」他還說：「作為交通部的特派員，願意在報告上列名附議。」家淦先生關懷鄉梓深情，溢於言表。因此，鄉親父老對他口碑甚佳。家淦和朱炳文談話中還提到過羨園和古玉蘭。羨園自養和公離世後由嚴氏四房派後人照管，日漸榛蕪。初毀於日寇魔手，復因所託非人貪圖小利，致使三百年名園毀於一朝，良可慨歎。家淦說：「八年來大好河山遭日寇蹂躪，毀損者豈止一家一園？！唯願致力建設，富國強兵，即無列強再度入侵之憂了。」朱炳文說：「名園雖毀，玉蘭猶存」，建議他回鄉一看。家淦說：「很想回鄉祭掃先人廬墓，順便看看古玉蘭。只是行期已定，只得留待下次了。」可惜他離鄉四十八年，沒有機會再來看看那株古玉蘭。

下篇：相思情在天涯

「阡陌不移舊，邑屋或時非。」「幽蘭生前庭，含情待清風。」「步步尋往跡，有處特依依。」韶華瞬息，江流日夜，波浪重重相逐，嚴靜波離家山故園遠了。「無窮人事，幻此滄海局。」

家淦到了臺灣，先後擔任臺灣省政府財政廳長、臺灣省主席、行政院長、副總統、總統等職。他堅持「一個中國」，致力經濟建設。他以蔣介石從大陸帶走的美金一千萬元、黃金八十多萬兩、銀元一千多萬枚作為準備金，進行幣制改革，採取措施，遏制通貨膨脹，穩定金融、安定社會，獎勵科技，發展工農業，作出顯著成績。六十年代，親自主持建成了十萬噸遠洋巨輪「有巢號」，比上海建造萬噸輪要提前了十年。……「花謝花開，燕來燕去。」黃昏院落，心事恍忽。月曉風清，憑高懷遠，負盡流光，幾度徘徊，「夢裏故園，最惹相思。」家鄉的玉蘭、荷花正如「一莖弧引綠，雙影共分紅。」想起了古詞「何時攜笛重來，一曲家山，尚能唱否？」家淦為之不勝感慨。

「老矣東風白髮翁，怕拈粉白與脂紅。」嚴家淦在臺灣步入老年以後，思念羨園古玉蘭、白蓮花和九曲迴廊的戀鄉情結，時時縈繞於懷。1971年12月12日臺北《江蘇文獻》社召開座談會，家淦在座談會上暢談了「蘇州的風土人情與掌故」，言及羨園的古玉蘭和洞庭東山的嚴氏祖墳，流露了無限的深情和眷戀。接著，1972年2月美國總統尼克森首次訪問中國大陸，在北京與毛澤東、周恩來進行會談。據會談參加者季辛吉博士透露，毛澤東告訴尼克森，他和蔣介石本來是老朋友……。毛澤東對尼克森說：「其實，我們同他的交情比你們同他的交情長得多。」據說周恩來對堅持「一個中國」的嚴家淦也頗有好評。正因為北京高層領導人的明智，雖經「文革」浩劫，奉化溪口的「蔣母之墓」和木瀆郊外的「嚴養和之墓」，得到保護，未遭破壞。早在1956年春，中共中央特地給蔣介石發函告訴蔣：「『奉化』之墓廬依然，溪口之花草無恙。」蔣對此信反覆看了多遍。五十年代的「大躍進」，為了「大食堂」煮飯所需，蘇州地區見於《太湖備考》記載的許多珍貴古樹：東山金灣的元代古柏、葑山的明代香樟、岱宋的白皮古松……都被砍伐殆盡。然而，木瀆羨園的古玉蘭鬱鬱蔥蔥，絲毫無恙。因為全國人民代表大會的朱德委員長應李根源委員（雲南講武堂時朱德的老師，嚴養和的好友）請託，1956年11月視察洞庭東山，途經木瀆曾囑咐：「要好好保護古玉蘭」。古玉蘭得免「大躍進」之厄。只是嚴家淦遠居海峽彼岸，無法回來省視。他的子女曾云：家淦先生對童年和青年時代在故鄉的生活情景記憶猶新。在臺灣只要看到玉蘭就會想起羨園的古玉蘭；只要看到荷花就會想起他熟稔的江南水鄉。每當玉蘭吐蕊、荷花盛開之際，他總要抽出時間去公園和私家園林的花樹下、荷池邊靜靜地品味欣賞。有時逢假日，在遊人稀少的私家園林的玉蘭花下默默地思念……。「故人笑比中庭樹，一日秋風一日疏」。感念疇昔，胸懷中不盡的波瀾，無法平靜下來。

嚴家淦的戀鄉深情使古玉蘭畔的鄉親們深為感動；北京的高層領導對此也有所關注。嚴家淦在回憶蘇州的風土人情時深深地懷念他的第一故鄉洞庭東山。洞庭東山本是嚴氏先祖和嚴氏家庭由衰弱轉變為興盛的發祥地，那裏的一山一水，一草一木都值得海外的嚴氏後人所留戀和關懷。在毛澤東主席首肯下，經周恩來總理的安排，用英文、法文、日文、德文而向全世界發行的《北京週報》，在1973年分六期發表了長篇連載《Report From Tungting》（《採訪自洞庭》），副標題是〈——A People』s Commune on Taihu Lake〉（〈——一個人民公社在太湖〉。在這篇〈採訪自洞庭〉中寫道：洞庭東山「經過十五年的艱苦奮鬥，取得了很大成績。今天，它的北部和西北部，是連片的松、竹、花果；南和西南，是魚池和蠶桑；東南是稻穀和蓮藕，真是花果滿山，糧滿倉，魚滿池，藕滿塘，一片興旺喜人的景象。糧食產量由1949年的184萬公斤增加到1973年的881萬公斤。花果生產從1949年的140萬公斤增加到1973年的758萬公斤。……明天的洞庭山，定將變得格外美麗和富饒。」接著，《採訪自洞庭》又由外文出版社用英文、法文、德文和世界語出版了四種文字的單行本，向全世界廣泛發行。據說，一個偶然的機會，嚴家淦看到了英文版《採訪自洞庭》，翻著書中的照片《洞庭山麓春意濃》、《廣闊的魚塘和稻田》、《採擷碧螺春》、《蠶繭喜豐產》、《豐產洞庭紅》……，動情地說：「這些照片拍攝得很真實，不像是宣傳……。」小小一冊《採訪自洞庭》，稍稍慰藉他的思鄉之情於萬一。

1986年9月16日嚴家淦猝患腦溢血，進臺灣「榮總」醫院搶救治療。脫離危險後雖然言行不便，仍要子女扶他坐上輪椅，簇擁著去玉蘭花下，荷花池畔去觀賞。「階除曠遊跡，園林獨餘情。」他一再示意：這裏的玉蘭花、荷花池和九曲橋，與家鄉的羨園太相似了……。觀賞後回進病房，躺在病床上情不自禁地悠然神往，眼睛特別亮，精神也顯得振奮多了。後來他不能下床了，就由子女摘幾朵玉蘭、幾株荷花插在他床前的瓶中。他的目光日漸呆滯了，只要視線所及，見到玉蘭或荷花，面容上便會露出微微的笑意。由於他年事已高，臥床日久，體力退化，心臟衰竭，終於在1993年12月24日晚上8時45分，帶著有生之年未能回鄉的遺憾，離開了人世。

人生苦短，自然永恆。「花柳不知人已去，年年鬥綠與爭紅」。古玉蘭逢春開花，芳香純白，然而「人隔重泉路萬千」，靜波先生再也不能來欣賞了。我在古樹下徘徊，樹圍一人難合抱，樹高舊制十餘丈。但見滿樹千葩萬蕊，耀眼生輝。彷彿「銀燭朝天」，臨風熠熠，似在弔祭昔日的故主。古詩云：「花光滿園夕難陰」。悵望南天，能不悒悒。我順便在木瀆山塘的明月古寺，點燃一炷清香，望著縷縷青煙嫋嫋上升……，願故鄉明月清輝，照耀海外遊子「魂兮歸來」！

（1994年春寫於紐約曼哈頓87街110號寓所）

陳立夫譽大陸的《觀音寶相》

歲尾年梢，人們都在準備辭舊迎新。因為接踵而來的，將是一連串「普天同慶」的傳統佳節。「每逢佳節倍思親」，大陸的親友格外思念著海外的親人。於是，有一冊樸實無華、高雅脫俗的傳統的精美掛像，便漂洋過海，傳到了臺灣，牽動了海峽彼岸一位政壇耆老碩勳，弘揚民族文化的前輩的愛國懷鄉之情，可謂「酉戍相交」之際一段頗有意思的佳話。

這位前輩，就是中國現代史上的著名人物，抗戰前夕醞釀「第二次國共合作」的主要參與者陳立夫先生；這冊掛像，就是《新民晚報》在不久前（1993年10月31日和11月27日）兩次報導的由全國政協副主席趙樸初親筆題名的《觀音寶相》——即《歷代觀音寶相名畫精選》是也。《歷代觀音寶相名畫精選》掛曆是從沈氏「三學書屋」珍藏珂羅版《歷朝名畫觀音寶相》畫冊中精選而成。最近，陳立夫先生來信稱讚大陸精印的《觀音寶相》「都是歷代名家手筆」，「殊為珍貴難得」。

區區一冊《觀音寶相》，為什麼贏得陳立夫先生的盛譽呢？

第二次世界大戰剛剛結束，鄭振鐸先生痛感中國藝術瑰寶之淪落，發願編《域外所藏中國古畫集》，開首三冊《西域畫》源出敦煌千佛洞所藏，一百八十九幅古跡幾乎都是「佛畫」，描繪觀音的就有「水月」、「蓮花」、「送子」、「不空絹索」、「千手」、「十一面八臂」等觀音像數十幅。鄭先生說：「在中國古代，特別是漢，人物畫是甚被重視的；畫家們也是以畫人像為主體的。」而「佛畫——傳下了中國畫裏湮沒已久的（古代）人物畫的一脈」。魯迅先生則說：「翻開中國的藝術史來，採取什麼呢？」他認為「在唐，可取佛畫的燦爛」，而「宋代院畫」的「周必不苟」，「也可取的」。在改革開放的今天出版的這冊掛像，其品味之所以雅，格調之所以高，就在於「採取」了唐代大畫家閻立本和楊芸珠所繪的「燦爛佛畫」，以及宋、元、明、清等歷代畫壇高手牧奚、趙雍、仇英等名家所繪的觀音各種化身，出世的端莊慈悲法相，成為入世的的可親可敬的藝術形象，正是欣賞中國藝術史上「燦爛佛畫」的縮影，確是不同凡響。經歷「文革」浩劫以後，大陸民間還保存著如許藝術精品，當然引起海外有識之士的關注。

尤其難得的，由蜚聲文壇藝苑的蘇淵雷教授為每幅像配上贊詩。如對其中一幅贊云：「吳帶當風筆意超，白衣大士領清標。東方有美天人喜，慈抱悲心愛浪高」。歷史上，有名的大畫家吳道子第一個以「春蠶吐絲」法創立「吳帶當風」的風格，本來就是寺廟中的佛畫家；以「曹衣出水」為特點的曹仲達和創造「張家樣」畫派的張僧繇，也是當時著名的佛畫大家。蘇詩一絕概括了古代畫史流派；「東方有美」，道出了人民大眾美好的憧憬。更以他瀟灑俊逸的行書品題像畔，顯得妙筆生花，禪意無窮。人們說：「這冊畫像，集畫、詩、書三絕，堪為精品中之神品。」

今年十一月九日，在臺灣退隱家居的陳立夫先生得到這冊掛像，展卷欣賞，心馳神往。欣然命筆，便寫了這封信：

承惠寄觀音畫像，每幅都是歷代名家手筆，更加以大書家蘇淵雷教授題詩，殊為珍貴難得，特函申謝，並頌
道祺！
陳立夫
附拙作一帋
請指教

「承惠寄觀音畫像若干幅，都是歷代名家手筆，更以大書家蘇淵雷教授題詩，殊為珍貴難得，耑函申謝，並頌道祺！」

陳立夫先生還附〈格言詞〉一紙給蘇教授。為答謝陳立夫先生的雅意，蘇淵雷教授於「甲戌元日」以一絕相酬：

「眼明手快新章句，簡要清通舊品題。
解得法門無盡意，春風到處有鶯啼。」

通過民族的傳統的文化交流，海峽兩岸兩位世紀老人赤子之心，有了一次交融的機會，這是很有意思的。

——曾刊《上海僑報》、北京《團結報》香港《大公報》及美國《世界日報》

（注）鄭振鐸先生編印出版之《域外所藏中國古畫集》共二十四鉅冊，燙金皮脊精裝，扉頁有「凝華先生教正，鄭振鐸（印）」的親筆題字蓋章。「文革」中造反派揚言「破四舊」抄家前夕，承好友徐蔚霖大夫親自來幫助轉移，並由我的長女育群雇車押運，以策安全。世亂風驟，友情可感。蔚霖兄對此書愛不忍釋，今該書仍存徐府。

記攝影大師郎靜山

巴黎街頭的東方老人

1981年的夏天，有一位90高齡的中國老人，隨身帶著一架哈蘇相機，漫步在法國巴黎。他觀察著周圍的種種景物，興致勃勃地攝取了不少鏡頭。這個東方長者究竟是誰？同年6月1日的法國《解放報》報導：他就是國際攝影界聲名顯赫的中國攝影藝術大師、正在法國舉辦個人攝影展覽的郎靜山先生。

郎靜山先生的作品受到法國觀眾的歡迎和好評，他們說：「郎靜山攝影與眾不同」；「他不尋求臨摹實物，而是運用畫家的修養取景佈局，精心構圖，使之成為一幅完整的實體」；「他的每一張照片是一幅明顯的經過提煉了的影像，是對實物的完善性的一種追求。」

三年以後，在美國芝加哥召開的美國攝影學會國際會議上，也展出了郎靜山的攝影作品。作品雖然只有《河畔春色》、《松鶴》和《潛江曉汲》等10幅，卻都是他步入攝影王國80年間的精品，因此吸引了許多觀眾。這些精美照片使人駐足品賞，流連忘歸，最後被高價爭購。郎氏本人榮獲美國攝影學會會刊編輯類一等獎。不久前有人問他：「從事攝影工作以來，一共得過多少次獎？」郎先生答道：「一生之中可說是得獎無數。但到底多少，詳細數目已無法記憶了，差不多總有100次以上吧。」

中國第一位攝影記者

郎靜山原籍浙江，1892年出生於江蘇淮陰一個知識份子家庭。他從小愛好繪畫，在小學時曾跟隨一位紀月莊老師學習國畫。所以他的好友張大千說：「靜山夙擅繪事，於六法深能發其玄奧。」他的國畫修養，最初肇源於此。

他第一次拿起照相機時，年僅12歲。他的父親喜好攝影，每次外出，常把一些旅遊所攝的風光照片帶回家。年青的郎靜山反覆把玩，愛不忍釋。在父親的薰陶下，從此愛上了這門攝影藝術。但是，攝影技術卻是上海南洋中學的李靖蘭老師教會的。李靖蘭是美術教師，自己常把繪畫原理運用在攝影上，這對郎靜山攝影審美觀的形成起了決定性的影響。郎靜山說：「攝影固屬於科學，然亦具別有紀象以外之情趣，故其藝術已達神妙之境。攝影為圖畫，繪事亦為圖畫，其工具雖異而構圖之理則相同。尤以集錦之法，更能與畫理相通。」他從十七歲開始，就注意和研究畫意集錦攝影問題。他的同行和老朋友陳萬里說：「靜山的作品，不僅僅把握一剎那間的靈感，更不是僅僅在於一幅自然的佈局，或是剪裁一張底片上所攝影得的一角；而是運用他對山水畫的修養，純熟的技巧，做到一幅富有詩情畫意的集錦攝影。」

辛亥革命前夕，19歲的郎靜山進上海《申報》社，在業務部搞廣告工作。後來報社從國外買回一架捲筒紙彩色印刷機，社方知道郎靜山研習攝影已有多年，就要他專門從事攝影工作。於是，郎靜山從此便成為我國的第一位攝影記者。

表現民族的色彩和精神

20世紀初葉，上海處在殖民主義者統治下，一些外國攝影家來到中國，在街頭巷尾獵奇，到處搜尋那些古舊的、腐朽的、恥辱性的題材。他們大量的攝下了抽鴉片、拖辮子、裹小腳等陰暗面，向國外大肆渲染舊中國的病態社會。作為攝影記者的郎靜山，看到這些照片，感到很氣憤。他想攝影是一門瞬間藝術，而達・芬奇稱瞬間藝術為「凍結的音樂」。而外國人拍攝的這些照片，既糟蹋了中國，也糟蹋了藝術。他決心要在自己的攝影作品中，表現中華民族的色彩和精神；用藝術形象來改變人們對祖國的不正確的看法。正像安塞爾・亞當斯所說：「藝術的價值在於傳達，將自己所看到的傳給他人，作心靈上的溝通。」郎靜山想通過自己的攝影作品，把中國文化介紹給國外觀眾，使他們在看慣了那些抽大煙、纏小足等畸形怪狀之外，見識見識別一些社會景象——絢麗多彩的中國風光。於是，郎靜山的中國畫意攝影藝術作品，便映入了人們的眼簾。30年代的著名散文家徐蔚南說：「郎先生的可貴，就在他的作品是最現代化的，同時又是最中國化的。」「郎先生在國內就是以其挾有現代的攝影技術而成為卓絕的時代藝術家；在世界便以其攝影能表現中國的精神而亦卓然成為代表中國攝影的大家。」

「五四」新文化運動的闖將劉半農說得好：「必須能把我們自己的個性，能把我們中國人特有的情趣與韻調，借著鏡箱充分的表現出來，使我們的作品，於世界別國人的作品之外，另成一種氣息……」郎靜山的攝影藝術實踐，充分證明了這一點。陳萬里認為，郎靜山攝影藝術，其天分之高、造詣之深，可與北京光社的劉半農、老焱若先生輝映。而「獨步江南的，則有郎靜山」。郎靜山聯絡攝影同行，發起成立了南方第一個攝影團體「華社」。1928年3月舉辦第一次攝影展覽，在上海引起轟動，觀眾達15000多人。同年11月舉辦第二次攝影展覽，打破地域界限，同時展出了北京「光社」、廣東「景社」等成員的作品，為普及攝影藝術起了一定的作用。影響所及，四川、河南、廣西和上海幾所大學，都先後成立了攝影團體。

東方魅力闖入國際沙龍

郎靜山以他的中國畫意攝影和集錦攝影聞名於世。他第一次用集錦照相反映祖國風光，成功地完成了《春樹奇峰》，是1928年。隔了六年，這幅作品在英國入選展出，很受國際攝影界重視。早在1931年，郎靜山的集錦攝影作品《柳絲下搖船仕女》被入選日本國際沙龍。他是攝影作品在國際攝影沙龍獲選的第一個中國人。十年以後，他榮獲英國皇家攝影學會高級會士銜，這也是中國人第一次獲得這種世界榮銜。以後又成為美國攝影學會榮譽會員。

郎靜山的攝影作品大致可分為三類：即風光照片、「柔調沙龍作品」和集錦照相。他第一次展出自己的集錦照相是在1939年。當時上海震旦大學為紀念法國的達蓋爾發明照相術100周年，舉行達蓋爾百年紀念影展。郎靜山的集錦照相就在這個影展上嶄露頭角，引起國內外人士眾口交譽。過了10年，他在上海柚雲書屋回顧自己從1908年至1948年的攝影經歷時寫道：「余耽習攝影四十年矣，偶有心得於集錦，朝夕於斯者垂二十年，蓋以其道正可與中國繪畫理法相吻合也。如氣韻生動，經營位置，可為攝影藝術之借鏡，特技術之有別者，一以筆墨渲染，一以光化感應。如得其運用，易如反掌耳。六法、六要、六長，大為攝影之助；神品、妙品、能品，均可應手而成。」他說：「在西方，當你拍攝一張照片的時候，試圖抓住幸運的一剎那。」他自己體會「則完全不同」。他認為「傳神守真，雖盡乎其技，不過得其一端，未達乎攝影之至極，不足以為高。」他說：「我喜歡遊山玩水，自然風景是我最喜歡的題材。」當他在山涯水畔散步時，用照相機積累了一些印象和景物，返回後，從使他受到感動的現實開始，用集錦的方法，經過構思，選擇多數底片中景物，捨畫面所忌，取畫面所宜者，即「集自然之景物，發胸中之丘壑，使攝影與繪事合為一體」，參融加工成一幅理想的畫面。這種工藝允許他越過三維空間的限度而達到四維的效果。這種方法揉和了中國畫的風格意境，具有獨特的東方藝術魅力。他的作品多次在法國、英國、美國、日本獲選展出。據不完全統計，郎靜山先後獲得特殊榮譽24項，國內和國外的大獎88次。國際攝影沙龍入選他的作品達千餘幀，展出在1000次以上。東方藝術魅力闖入國際攝影沙龍，使各國人士為之傾倒。

海峽兩岸風光的和諧統一

郎靜山身著一件長衫，腳穿一雙布鞋，一生的足跡遍涉祖國的名山大川。從大陸的武夷山、泰山、黃山、峨眉山，滇池、太湖、長江和蘇州園林，直到臺灣的山山水水，通過鏡頭而盡收眼底，成竹在胸，加上傳統文化的涵養，於是便出現了匠心獨運、迥出流俗的優秀成果。他說：「要好幾年才能完成一張理想的照片。搜集成果實在不容易，為了應用合適的問題，到目前為止，我還有四十幾年沒有動用的底片。」50年代，英國皇家攝影學會展出他的《松鶴長春》，觀眾認為這幅照片充分展現了中國傳統繪畫的風格和意境，被評為展覽中最優秀的作品。這幅作品用四張底片合成：背景山峰取材於黃山天都，仙鶴攝自上海的花園，松樹從北京拍攝，斜坡則攝自蘇州園林景物。作品從取材到完成，歷時33載。他說：「天地間到處是美景，只要注意去尋找。攝影角度稍稍不同，效果就不一樣，就看能不能化功夫。照相雖然五分鐘就可以學會，但其中的學理和門道，可夠人摸索研究一輩子。」

郎老今年高齡96歲，依然身輕腳健，經常參加一些攝影活動，應邀作攝影講座，指導後輩。他熱愛生活、關心青年，愛好和平、傳達美感。不久前和青年藝術工作者說：「要創新，別忘了先從傳統入手，更不要輕言捨棄傳統。」他為青年寫了《攝影與中國繪畫藝術》等文，對現代造型藝術領域中的這兩門姊妹藝術，從色調、透視、位置、氣韻、品格等方面，論述了兩者之間的關係和異同。在運動變化的現實生活的長河中，如何捕捉一個靜止的凝凍的頃刻，提出了富有啟發性的見解。

他晚年最大的心願：「準備把收藏四、五十年的照相底片拿出來加以整理，做成集錦相片。」去年冬天，上海美術館舉辦「郎氏攝影藝術作品展覽」，頗受觀眾歡迎。上海文聯大廳，數10位攝影專家聚首座談，評價了郎氏攝影藝術的成就。有位細心的攝影家發現，郎老的近作中，已經把早年在大陸拍攝的風光和近年在臺灣拍攝的景物——海峽兩岸的山山水水「集錦」統一，合成一幅和諧完美的藝術傑作。有人說：「展出的一幅幅攝影佳作，留下了郎老一生的歷史足跡；把祖國各地的好山好水好風光，集錦統一在一幀藝術攝影中，既完美又和諧，這就是郎靜山風格。」

郎靜山與枇杷圖

「幾陣疏疏梅子雨，也催得嫩黃如許，笑遂金丸，看攜素手，猶帶曉來纖露。」這是清代詩人朱竹詫的詠枇杷詞。枇杷又名盧桔、金丸，是三千年前已在我國大地上生長的特產，白居易詩云：「淮山側畔楚江陰，五月枇杷正滿林。」其產地遍佈蘇、浙、楚、閩，而以江蘇吳縣的「洞庭白沙」首推名種。當代的攝影藝術大師，中國畫意攝影的先驅者、高齡九十五歲的郎靜山先生，早年曾為祖國的這一名產留下了膾炙人口的照相。

三十年代初，南京金陵大學教授，著名的果樹園藝專家胡昌熾先生和「蘇州農專」的王喬先生來到我的家鄉洞庭東山考察枇杷，寄寓槎灣村寒舍三學書屋。在老院堂舉行白沙枇杷名種品嚐比評會，隨身帶來了郎靜山先期所攝的《枇杷》圖，懸掛在祝枝山題寫的《碧螺聚慶》匾下。據說在明代，沈石田、唐伯虎和祝枝山應歸隱東山的大學士王鏊邀請，在老院堂品茗碧螺春，大啖白沙枇杷。沈石田極贊洞庭白沙口味之特佳，唐伯虎並認為「吾輩口福，東坡不及矣」。因為蘇軾云：「客來茶罷空無有，盧桔嫩黃尚帶酸。」祝枝山興之所至，大筆一揮，寫了龍飛鳳舞的「碧螺聚慶」四個大字，記一時之盛。胡教授說：「祝枝山的題字下掛了郎靜山的《枇杷圖》，可以相映生輝！」他在我的祖父的陪同下，到盛產白沙枇杷的槎灣藏船塢，在陰山之麓發現了一顆高達十三輪的「枇杷王」。他高興地寫信告訴上海的郎靜山，還幽默地對我說：「郎靜山前幾年拍攝了枇杷的子孫樹，我今天卻找到了枇杷的祖宗樹。」離開東山時，他把這幀《枇杷》圖送給了我。胡教授此行考察枇杷的結果，寫進他主編的《果樹園藝學》，由商務印書館出版。

半個世紀過去了，雖然胡昌熾先生墓木已拱，但《枇杷》圖依然無恙（見附圖）。聽說郎靜山先生在臺灣精神抖擻，身輕體健，耳聰目明，使我深為欣慰。回想郎老從發表第一張作品以來，攝影藝術生涯逾七十五載。他是英國皇家攝影學會高級會士，被尊為「亞洲影藝協會之父」，不久前又獲「世界十大特藝專家」之一的榮譽稱號。他的數以千計的作品在三百多個國際藝術沙龍陳列展出，得到數以百計的金獎牌。德高望重，為中華民族爭光，令人敬佩。

「萬顆金丸綴樹稠，遺根漢苑識風流。」消息傳來，郎老在臺灣家中，清瘦的身材穿一襲布長衫，凡事必躬親，從不假手他人。其亮節高風，使人格外懷念。衷心希望郎老有機會重蒞祖國，讓我們預祝他的百歲遐齡。

——刊於一九八六年《南京晚報》

郎靜山：枇杷圖

郎靜山拍的沈家枇杷園中
“枇杷王”一角。

「飛虎」情繫中華
——記克雷爾・李・陳納德

在中國現代史上，五十八年前的「八・一三」國恥日和五十年前的「九・三」雪恥日，飽含著辛酸的民族血淚。有一位從國恥日起和中國人民同仇敵愾、抗擊日寇，臨到雪恥日卻被調離中國、功高不賞的美國人，令人嗟訝難忘。

他就是「飛虎將軍」克雷爾・李・陳納德（Claire Lee Chennault）。他和中國人民患難與共，堅持了八年抗日戰爭。

八年中，他協助中國改革重建空軍，他培訓的中國空軍戰士擊斃日本空軍「王牌」——「四大天王」，令人側目。

他領導的「飛虎隊」為保衛中國領空，在三年半中擊落摧毀敵機二千九百七十二架，使日寇聞風喪膽。

一

「九・一八」、「一・二八」事變時，1890年9月6日出生於德克薩斯州的美國空軍高級戰術教官陳納德，在佛吉尼亞度過了不惑之年。他對日本侵略一個愛好和平的鄰居——中國，深感不平。

陳納德對空軍戰史和義大利空戰理論家杜黑的著作素有研究。他認為，杜黑在《制空權》一書中只強調轟炸機的作用而漠視戰鬥機護航的重要性有失偏頗。他發表文章探索新的空軍戰略戰術理論。他的理論為國際航空界所注意，也對後來美國空軍的發展影響頗大；卻不為當時美國軍部的頭頭重視。他們奉「杜黑主義」為空軍的《聖

陳納德將軍遺像

經》，壓制打擊陳納德。後者為了把自己創立的空軍戰術應用於實踐，約集同道組成「空中飛人隊」到各地表演，一時名震全美。

陳納德潛心著作，寫了《防禦性追擊的作用》等書，為國外空戰研究者矚目。蘇聯派赴美國的軍事考察團巴爾諾夫將軍不惜重金，禮聘陳納德去蘇聯當飛行教官，他斷然拒絕。

1936年1月，陳納德率「空中飛人隊」在佛羅里達的邁阿密作飛行表演，和正在參觀表演的中國航空委員會副主席毛邦初相識。陳納德應中國政府之請，把自己的搭擋、優秀飛行員路克・威廉遜和比利・麥克唐納介紹到中國任空軍教練。他們為中國培訓的空軍戰士，在後來的抗日空戰中大顯身手。

1937年5月，陳納德接受中國政府聘請，任空軍顧問。他到達上海時在日記中寫道：「我終於在中國了，希望能在那裏為一個正在爭取民族團結和爭取新生活的人民效勞。」

6月3日，中國航空委員會秘書長宋美齡接見陳納德。她要陳納德先視察中國空軍基地，瞭解中國空軍的現狀和作戰能力，然後訂出改革中國空軍的方案。

陳納德產生的最初印象：中國空軍完全控制在義大利人之手。

原來中國向義大利訂購大批軍用飛機，付出數百萬美元，被墨索里尼用來擴充發展自己的航空工廠，卻以舊式飛機運到中國濫竽充數。義大利空軍顧問並把中國空軍的情況透露給日本。團長斯坎羅尼只知坐了轎車到南京各地觀光兜風。在洛陽等地空軍學校，義大利教官只講授航空初步課程，不管學員能否駕機作戰，一律發給「軍官」畢業證書。在南昌飛機裝配廠，義大利工程師裝配的斐亞特式戰鬥機無法實戰；裝配的轟炸機只能作運輸機。他們號稱中國有飛機七百五十架；翻閱登記冊只有飛機五百架；經陳納德檢驗結果能起飛的僅僅九十一架。其餘的四百〇九架，不過是倉庫中的廢物和機場上的殘骸。所有這一切，使陳納德啼笑皆非。

陳納德作出考察結論：義大利是在蓄意破壞中國空軍建設。他在洛陽電話告蔣介石，願把自己的空戰理論教授中國學員，加強他們實戰經驗，以補正義大利教練之失誤。兩天後，蔣介石覆電表示同意，並授予他上校軍銜，委託他主持中國空軍的作戰訓練。蔣介石把義大利人全部解聘，遣送他們打道回府。

二

1937年「七・七」蘆溝橋事變後一月，日寇軍艦三十艘駛入黃浦江。叫囂「三天佔領上海，三個月征服中國」。8月13日上午九時半，罪惡的槍聲響徹上海虹口橫浜橋。

日本海軍陸戰隊六千人分頭沿北四川路、江灣路直撲中國駐軍陣地；從寶山路、天通庵進犯北火車站。不出半天，遭到中國軍隊英勇抵抗，迎頭痛擊，鎩羽敗退。日寇惱羞成怒，更加瘋狂，停泊在黃浦江中的敵艦用巨炮向滬江大學和華人住宅區轟擊；出動飛機向租界週邊的中國居民區狂轟濫炸，江灣、浦東、閘北、南市等民房傾刻化為火海，成千上萬無辜的老百姓成了日寇侵略魔爪下的第一批冤魂。

當天，在首都南京，蔣介石正在和各軍將領開會，研究對付日軍「立體戰」的作戰問題。侍衛突然送上急電，蔣介石閱後遞給夫人宋美齡。宋美齡含著眼淚向大家說：「日軍轟炸上海市中心，他們在屠殺無辜的老百姓！」列席會議的空軍顧問陳納德問：「你們準備怎麼辦？」宋美齡拭去淚水，憤然回答：「我們要打！」陳納德欣然叫好，表示「願為中國的抗日戰爭效勞！」在軍事會議上，沒有一個中國軍官訂出空軍作戰計畫。身為航空委員會秘書長的宋美齡問陳納德：「明天（8月14日）星期六，你可以什麼？」

陳納德認為，在上海的黃浦江中，日本軍艦正以重炮掩護海軍戰隊作戰。因此，他建議：用飛機俯衝轟炸和高空轟炸，襲擊日本軍艦。

蔣介石同意陳納德的建議，宋美齡請他制訂出空軍作戰計畫，擔任這次行動的空戰指揮。

陳納德率助手比利支赴空軍總部，和周至柔、毛邦初等將領一起研究敵情和作戰地圖，通宵達旦，擬訂計畫。

日本組建空軍較早，飛機數量幾乎是中國的三十倍。中國飛行員為數不多，士氣則高於日寇。陳納德認為應出其不意、集中力量才能打好中國空戰第一仗。他提出兩個方面任務，即奇襲上海和防禦杭州。奇襲上海的目標是黃浦江中的日本最大的軍艦「出雲號」，虹口的日軍兵營和海軍司令部。防禦杭州主要是不讓敵機來偷襲筧橋機場和內地的空軍基地。

14日清晨，陳納德奉命下達任務。

以劉粹剛、閻海文等率領的三個隊駕駛霍克型和2E式輕型轟炸機，在驅逐機護航下出發奇襲上海……

以高志航、樂以琴等率領兩個隊防禦杭州一帶，不讓日本設定在臺灣的「木更津」航空隊偷襲筧橋等後方基地。

劉粹剛少尉當時年二十五歲，是陳納德最得意的學生。8月14日他出動兩次。第一次投彈擊中黃浦江中日本驅逐艦，這艘軍艦遭到重創後逃至吳淞口沉沒。第二次把五百公斤重炸彈擲向虹口日本海軍司令部，擊中目標。

高志航少校時年三十一歲，任空軍教道總隊副隊長。他率隊飛至杭州，正好與從臺北起飛的「木更津」十八架敵機遭遇。他巧妙擊落敵機二架，全隊合力擊落敵機五架。首戰告捷，無一損傷，被晉級為中校，升任大隊長。

中國空軍第一次上陣獲勝，證明陳納德的空戰指導思想的正確。蔣介石聽了戰報高興地說：「於此可以寒敵膽矣！」

當天，陳納德親自駕機觀察奇襲上海實況，他在日記中寫道：「空襲甚差。第二組朝外國租界扔了兩顆炸彈，虹口著了火。第四組在杭州附近打下幾架日本轟炸機。日本人襲擊時喪失了十二架飛機。」而事實上，這次奇襲除沉一艘驅逐艦外，還炸傷了日本航艦「出雲號」。只是因有兩枚炸彈誤擲南京路外灘，懋中（今和平）、滙中兩飯店炸損一角，被外報稱為「上海的黑色星期六」。

三

抗戰第一年，中國空軍在陳納德部署指導下，從8月至12月的四個月，空戰分為三個階段。

第一階段：8月14日至8月20日，打擊日本空軍氣焰。

日寇以「木更津」隊為主天天轟炸中國主要城市，妄圖瓦解國人士氣鬥志。陳納德設計安裝京滬杭三角報警系統，集中優勢，對付敵機，七天擊毀敵機九十八架。「木更津」基本垮掉，「日本空軍無敵」神話宣告破產。

第二階段：8月21日至9月中旬，埋葬「木鹿屋」航空隊。

「木鹿屋」是日本最精銳的航空隊，原儲備對美國作戰之用。「木更津」被打垮，不得不移此對付中國。陳納德以少勝多，指揮中國空軍同日機奮戰不絕，一個月擊毀敵機一百八十架，使「木鹿屋」隊葬身中國大地。

第三階段：9月下旬至12月，以游擊戰對付速決戰。

日寇求速戰速決。陳納德指導中國空軍用「飛人隊」方法，居高臨下，以三對一，專攻引擎，引燃油箱。日機三次襲南京，出動五十四架，全部被殲滅。陳納德協助防空部隊佈置防禦系統，抓緊時間講授夜戰課程。由於早有準備，日機一次夜襲，十三架敵機，被擊落七架。南京在六個星期中得以平安無事。

陳納德最難過最心痛的，是他那擊落敵機十四架的得意門生劉粹剛，在10月27日為支援娘子關之役，不幸殉職。名作家蕭乾寫了〈劉粹剛之死〉，由茅盾發表在《文藝陣地》，傳誦一時。

抗戰第二年，陳納德研究敵情後制訂新的戰略。其中空軍十大光榮戰績和擊斃日軍「四大天王」，最為振奮人心。

一、2月18日武漢第一次空戰。擊落敵機十二架。

二、2月21日三十架中國戰機遠征臺灣，轟炸臺北機場，威震敵膽。

三、2月24日粵北空戰。中國戰機九架擊傷擊退敵機四十九架。

四、4月10日歸德空戰。中國戰機以寡克眾。

五、4月13日廣州空戰。擊落敵機八架。

六、4月29日武漢第二次空戰。擊落擊毀敵機二十一架。

七、5月11日南海之戰。擊沉擊傷日艦五艘，擊落敵機三架。

八、5月20日遠征日本。在福岡、長崎等城市投擲「反戰」傳單地，小冊子《日本反戰同盟告日本士兵書》後，安全返航。

九、5月31日武漢第三次空戰。擊落敵機十四架。

十、6月16日粵北第二次空戰。來犯敵機六架被全部消滅。

日寇長期培訓、選拔出最優秀飛行員四名：三輪寬少佐、山下七郎大尉、潮田良平大尉和南鄉茂章大尉。視為空軍「王牌」，號稱「四大天王」。調到中國後不出十個月終於惡貫滿盈。

1937年9月21日，大隊長三輪寬被擊斃於山西大同。

1937年9月26日，分隊長山下七郎在南京上空擊落被俘。

1938年1月7日，分隊長潮田良平在南昌被擊落身亡。

1938年7月18日，南鄉茂章被擊落鄱陽湖中。

從1937年7月至1938年6月，日本共出動飛機二千四百七十三架，計一萬六千七百餘架次，被擊落五百七十餘架，飛行員被擊斃一千一百餘人。日本空軍遭到嚴重損失後，利用美國「中立法案」禁止美國人介入戰爭的條文，向華盛頓提出交涉。美國國務院被迫下令，要陳納德和助手立即回國。陳納德接到通知，寫道：「設想——我是一個中國人。」以此對抗要他回國的通知。美國駐滬總領事克雷倫士・高思一再催促陳納德回國，他不予理睬。高思無法向華盛頓複命，就要上海的美國僑民會長帶領武裝衛士拘捕他，警告他要將他押解回國，送軍事法庭以違反「中立法案」論罪，還要取消他的美國公民權。陳納德為此請友人轉告高思：「只要中國境內的日本兵有一天都被驅出，那我就會很高興地離開中國。」——陳納德是冒著極大風險支援中國抗日的。

四

為避開高思要拘捕和押解他回國的威脅，陳納德在公開場合很少露面。美國報紙謠傳他在中國「藏匿」像個懦夫，使他不能容忍。他寫了公開信寄給阿拉巴馬州的友人發表在蒙哥馬利城的報紙上。他說：「中國正在為太平洋各國作戰，而美國官員在日本血屠上海之始，就迫不及待地離開了中國。」他嚴正宣稱：「我毫不猶豫地要負起反抗日本帝國主義對一個和平民族侵略的責任。」

陳納德參與領導中國空軍作戰，所以建議都稱交蔣介石。後者對陳納德非常信任和尊重，經常立即批示「照辦勿誤」，然後交付執

密勒手持的是從孔廟搶救出的龍頭

行。抗戰初期中國能夠作戰的飛機只有五個大隊共九十一架，經過兩年空戰只剩十二架，許多優秀飛行員死傷零落。於是他的主要任務是繼續培訓中國飛行員。

中央航校遷往昆明後改為空軍軍官學校。蔣介石兼校長，周至柔任教育長，陳納德任顧問兼戰術教官。由於中國空軍力量大為削弱，空軍活動比較沉寂。陳納德認為：中國空軍人才很優秀，如果有了先進裝備，必定會大大超過日本空軍。為了發展中國空軍，陳納德作為蔣介石的軍事代表被派往華盛頓，爭取到羅斯福總統的支持，在美國招募空軍志願隊，但受到美國陸軍部的刁難。

陳納德的老朋友、同事和部下密爾頓・密勒，在1991年至1994年間曾四次告知作者當年的情況：

密勒說：在1941年初，陳納德得到白宮的同意，從美國陸軍、海軍和海軍陸戰隊的退役軍人中招募志願人員前往中國，成立一個志願飛行大隊同日寇作戰。他們在中國只有一百架已經落伍的P40型戰鬥機和二百多位人員。這支志願大隊人稱「飛虎隊」。

當美國海軍在珍珠港被日本艦載飛機炸得狼狽不堪時，駐在中國昆明的飛虎隊，卻在陳納德指揮下將日寇來犯的十架轟炸機打下九架。在另一次戰役中，五位飛虎隊員駕駛P40型戰鬥機竟把來犯的十架敵機全部擊落擊傷，自己一無損傷。

人們慶賀飛虎隊及其領隊陳納德的戰功時，美國陸軍部的頭頭卻在暗中算計飛虎隊和陳納德。

密勒說：當時，美國陸軍四星將軍史迪威就是飛虎隊和陳納德的對頭。史迪威在華盛頓的支持者是海陸空三軍聯合參謀長馬歇爾和空軍參謀長阿諾德等人。他們想方設法要搞掉陳納德。但陳納德在華盛頓也不乏好友，如亞爾索、白宮顧問柯克侖、霍浦金斯、克利等，都是羅斯福總統的密友，不願看到陳納德受陸軍部的無理打擊。

中美是盟國，蔣介石非常器重陳納德。他根據陳納德的意見向羅斯福提出：要一支裝備完整的美國空軍戰鬥聯隊來代表飛虎隊；在戰爭持續期間讓陳納德指揮美國在中國的空軍部隊。

經過激烈的鬥爭，最終在一九四二年七月四日，成立了以空軍準將陳納德為司令的美國在華空軍特遣隊。這支特遣隊應該用新型飛機建立兩個戰鬥機中隊和一個轟炸機中隊。但陸軍部卻不發給應有裝備。因此，從一開始，陳納德缺少人員，也沒有新式戰機。所謂特遣隊只是紙上談兵。陸軍部還把這個特遣隊置於在印度新德里的美國空軍第十總隊的指揮之下。陳納德在中國指揮美國空軍沒有行動自由，要受制和聽命於遠在印度新德里的司令部。

一切交通資訊，即使是在昆明與重慶之間的聯繫，也要通過印度新德里的司令部轉手。從出動飛機到使用衛生紙，第十空軍總部都要管。從美國運來的給養，先到新德里，好的留下，最差的給中國。陳納德受累受罪，苦不堪言。陳納德的一切陳述、申訴、苦求，都打不動史迪威和比塞爾的鐵石心腸。

1934年1月，盟國在摩洛哥的卡薩布蘭加召開各國的參謀長會議。在會上史迪威主張先援英、後援華。打算把他在印度訓練和控制的四萬五千名中國陸軍先去解救英屬緬甸；然後再從印度築一條公路通向中國，等公路築通後再援助中國。陳納德竭力反對史迪威的計畫，主張對中國和英國應該一視同仁，都是盟國；認為美國反攻日本的基地應該在中國而不是緬甸。他建議把印度築公路的人力物力轉移到中國來多建築幾個飛機場。只要在中國部署五百架新式飛機，就可以打垮日本在中國淪陷區的空軍力量，有利於美國反攻而提前結束戰爭。

會議沒有作出決定，美國陸軍部是傾向史迪威的。會後蔣介石寫信給羅斯福，信內說：陳納德是軍事天才，深得中國人民的信任，表示他們與陳納德共事非常愉快。

羅斯福閱信之後，與霍浦金斯一再商討，再考慮了副總統威爾基訪華後的建議，便同意在中國建立美國第十四空軍總隊。1943年3月10日任命並晉升陳納德準將為這個總隊的少將司令。當時，陳納德和密勒說：「我知道會發生什麼事的。」因為這是反法西斯戰爭的大勢所趨。同年11月21日，羅斯福、邱吉爾和蔣介石三巨頭在開羅舉行會議。陳納德以中國戰區空軍參謀長的身份與會。從此，陳納德指揮的第十四空軍總隊得以大顯身手。不久，魏德邁將軍奉羅斯福總統之命來中國取代史迪威，魏德邁雖和陳納德比較友好，但他仍要聽命於華盛頓，1945年4月12日，羅斯福總統突然患腦溢血逝世。十八天後，陸軍部下令改組第十和第十四這兩支美國空軍，陳納德苦心經營的第十四航空隊的實力削剩無幾了。

羅斯福總統逝世後，陳納德失去了唯一靠山。陸軍部頭頭的刁難有增無減，陳納德感到已無能為力，被迫向魏德邁交出了辭呈。就在日本宣佈無條件投降之時，1945年8月18日，陳納德在昆明和內僚告別，黯然離開中國。

後來，麥克亞瑟將軍代表盟國在「密蘇里」戰艦上接受日本投降的儀式上，他環顧四周，問道，「陳納德將軍呢？」——他不知道，陳納德滿懷不平，正在返回美國途中……

五

一九九一年秋，美國「飛虎隊」成立五十周年。中國有關部門邀請現猶健在的美國「飛虎隊」和第十四航空隊的成員來大陸故地重遊。由密爾頓・密勒任「美國『飛虎隊』訪華團」團長，率領當年的「飛虎隊」老隊員霍布森、漢克、雷文斯・克雅夫等以及他們的家屬共約二百人，到北京、西安、昆明、桂林、上海等地，參觀當年「飛虎隊」的空軍基地和陳納德將軍在華的故居。作者應邀出席了美國「飛虎隊」告別宴會。

一九九一年秋，密勒在上海
「美國——飛虎隊告別宴會」上致辭

美國飛虎隊訪華團團長、飛虎隊聯誼會
前會長密爾頓・密勒與作者

六

1994年6月在美國康涅狄州南坎特鎮，密勒先生在家中親為作者放映了「飛虎隊」的歷史紀錄片後，告訴我一段鮮為人知的秘史：陳納德從印度誘來一個飛行戰鬥中隊，援華抗日。

駐在印度的美國第十空軍總隊所屬第五十一戰鬥聯隊下面的第十六中隊，是配備有嶄新的P40E型戰鬥機的。這個中隊飛機被聽任日曬雨淋。陳納德靈機一動，立刻去印度叩第十空軍總隊司令部之門。陳納德說：第十六中隊快要生銹了，不如到中國去多取得一些戰鬥經驗，立了戰功也給整個第十總隊增添無限光彩，一定會為美國報紙的頭條新聞……

第十航空隊的頭頭被陳納德說動了心，就把第十六中隊的飛機分批悄悄移到了昆明。在陳納德的策劃下，在神州上空大顯神威，痛殲日寇。

半年過去了，一天早晨，第十總隊的上尉參謀忽然發現第十六中隊失蹤了，到處查問，總隊的參謀們正在玩撲克，一面發牌，一面聳著肩說：好像被陳納德借去了，去問問他吧！

陳納德在昆明接到新德里打來的無線電報，詢問第十六中隊的下落。陳納德假作癡聾，故意反問：「什麼第十六中隊？不清楚呀！」

對方無可奈何，罵陳納德「混蛋！」另一位參謀說：「不管他了，繼續發牌吧！」——他們在印度無事可作，對陳納德誘去中國的第十六中隊，從此不問不聞了。

「人無完人，金無足赤。」陳納德也不能例外。但他在抗日戰爭時期，在中國戰場上所立下的赫赫戰功，是會永遠銘記在中國人民心上的。

1958年7月27日，陳納德因病逝世，終年六十八歲。遺體安葬在陳靈頓國家公墓。

1992年春，我去年華盛頓美國國會圖書館訪問，順便去阿靈頓公墓，尋到了在碑陰刻著中文的陳納德將軍的墓碑。靜靜地矗立在薄暮的晚風中。

探源篇

國、共合作營救「郭沫若歸國」秘聞
——蔣介石對郭的「赦令」怎樣公佈的？

1927年5月21日，郭沫若因發表了《請看今日之蔣介石》而被「嚴令通緝」。經當時中共中央研究決定，同意郭沫若攜日本籍夫人安娜及子女秘密流亡日本。當日本發動侵華的「七・七」蘆溝橋事變的20天後，1937年7月27日郭沫若隻身脫險、秘密安全抵達上海。日本籍夫人安娜及子女無奈留在東京，備受日本反動派的迫害和摧殘。

上個世紀八十年代，在黨的「改革開放」的陽光照耀下，加入了中國籍的安娜夫人以其對中國作出的特殊功績而榮膺全國政協委員。——於是，「郭沫若歸國」問題一度成為報章雜誌議論的「熱點」。有人說是前福建省政府主席陳儀說服了蔣介石所致；也有人說是文學家郁達夫上下奔走疏通之功；更有人認為是蔣介石「發善心」，派「郁達夫銜蔣氏『赦令』赴日本向郭傳達」的……。等等議論，莫衷一是。

由於郁達夫雖然是創造社的創辦者和負責人之一，卻始終是魯迅先生的好友。預定在電影《魯迅傳》中是不能缺少的角色。因此在《魯迅傳》創作組的採訪工作中，有關郁達夫的史實也是採訪的專案之一。為了尊重歷史的真實，爰記所知，以供參考。

郭沫若歸國問題補正

郭沫若「被國民黨政府通緝」而亡命日本，後來卻在「通緝令還未取消」前脫險歸國。這個問題長期為國內外的人們感到興趣。《愛國報》第41期發表的《郭沫若的亡命和歸來》認為：是「郁達夫

1936年曾銜命赴日本傳達（蔣介石的）赦令。」這個說法最初係日本反動當局傳出，然而並非事實。郁達夫在1937年，郭沫若在1947年都曾著文嚴正駁斥。事實上，當時郁達夫任福建省政府參議兼省府公報室主任，負責出版《建民週刊》。為了採購印刷機和應邀講學，他於1936年11月13日到達日本東京。不久，國內發生西安事變，他便在12月19日離日回國。蔣介石在西安事變以前是不可能對郭沫若發出「赦令」的，郁達夫的日本之行並不是為蔣「傳達赦令」。郭沫若在《再談郁達夫》中明確寫道：「在1936年的年底，達夫曾經遊歷過一次日本……，他的到東京純粹是遊歷性質，但他遭到日本人的誤解……」「第二年7月7日蘆溝橋事件爆發，我在7月27日便逃回到了中國來。我的回國經過，在初日本人方面因為不明真相，是有過一番揣測的，他們以為是和達夫有密切的關係。達夫在半年前之來，就是負了這個使命。這種揣測很具體表現在佐藤春夫的一篇小說裏面，題目似乎是《亞細亞的兒子》，曾經在《中央公論》上發表」。當時郁達夫和郭沫若同住在武漢，郁為此寫文章予以駁斥。郭老聲稱：郁達夫對於直接的策動郭沫若回國是毫不相干的。他指出：「直接幫助了我行動的是錢瘦鐵和金祖同。瘦鐵在王芃生（按：王係最高國防委員會直屬調查委員會主任，專門從事國際情報工作）的系統下做情報工作，他曾經把我的意思通知當時在國內的王芃生，得到了政府的同意，他便為我負責進行購買船票等事項。祖同便奔走於東京與市川之間傳遞消息」並一同跟著郭沫若歸國。（見《天地玄黃》）祖同親口告訴我，他「為郭老歸國問題從奔走聯絡到護送抵滬，是阿英的囑咐和共產黨的委託」。關於「郭沫若——阿英——金祖同之間的密切關係，在三十年代出版的《秋窗集》（孔另境著）、四十年代出版的《風土小記》（金性堯著）以及最近出版的《阿英文集》和《阿英散文集》中得到印證。足見祖同所言非虛。

1960年4月17日我去北京訪問阿英同志，他證實了祖同的話。他說他「當時根據祖同彙報的情況，通過李克農、劉少文等同志及時地向周恩來同志報告和請示」。（按：當時任中共上海辦事處負責人李克農，不但與阿英是同鄉同學，而且是阿英的入黨引路人。）西安事變以後，周恩來同志為國共第二次合作、為建立抗日民族統一戰線進行不懈的努力。而促使蔣介石發「赦令」，保證郭沫若安全歸國的，正是周恩來同志鬥爭的結果。

——刊1984年8月23日南京《愛國報》

陳布雷與郭沫若

「七・七」蘆溝橋的炮聲打響以後，陳布雷在南京想起了身陷日本的郭沫若，憂心忡忡的表示：「如可贖兮，人百其身！」

僅僅事隔二十天，在第一次國共合作的大革命中出任北伐軍總政治部副主任的重要人物、已被日本反動派嚴密監視著的一個階下囚——郭沫若，居然神不知鬼不覺地從敵人魔爪下安全脫險，突然出現在上海，頓時受到世界人民的歡呼，引起國際輿論界的轟動。日本反動當局如夢初醒，手忙腳亂地在東京等地搜索了三天，毫無所得又不甘認輸，便惱羞成怒地把安娜夫人刑訊拷打，將一個以文化使者身份赴日的著名書畫金石家錢瘦鐵逮捕扣押起來。許多國外友好人士普遍認為：這是中國現代史上的奇跡，國際反法西斯鬥爭中以智謀取勝的傑作。確切地說，是中華民族在第二次國共合作聲中團結對敵所取得的一次偉大勝利。

奪取這一勝利的倡導者，是當時在國民黨統治區擔任中共代表團團長的周恩來：蔣介石遵照周的意見和要求，提供了保證和條件。而運籌帷幄、制訂決策的謀士，則是敬仰周恩來的蔣的機要秘書陳布雷。其時他兼國民政府軍事委員會侍從室第二處主任，主管黨政秘書、外交、綜合情報和機要等組，是侍從室的核心。郭沫若文章中多次提到王芃生，即陳布雷領導的第六組秘書，負責對日情報和聯絡。他派遣錢瘦鐵赴日，正是錢的直屬上級。

陳布雷（1890～1948）名訓恩，字彥及，別號畏壘，浙江慈溪人。歷任《天鐸報》、《申報》、《四明日報》、《商報》、《時事新報》的編撰和主筆，參加編譯《韋氏大字典》，兼任復旦大學講師，是著名的學者。從辛亥革命到北伐，為鼓吹民主革命，反對封建專制寫了大量文章，筆鋒犀利，風靡一時，起過積極作用。在國民黨內，始終保持淡泊清廉的作風，為人正派，素以「惜才」著稱於世。在重大問題上有時能對蔣介石施加一定的影響。他曾經說：「我接近委座，愧無積極貢獻；僅在消極方面，曾作善良之建議而已！」據邵力子說，對於如何確保郭沫若安全歸國，就是陳布雷順應歷史潮流而向蔣介石作的一個重大的「善良之建議」。他的建議主要是：一、說服蔣氏，大局為重。陳布雷把郭沫若在日本出版的《兩周金文辭大系》、《殷契粹編》等巨著捧到蔣介石面前，稱「郭沫若為國爭光」，勸蔣捐棄前嫌，以大局為重。蔣把郭的著作翻了一下，同意陳的看法。二、排除干擾，嚴格保密。陳布雷深知蔣的周圍和行政院及各部都有不少親日派。為了保密和避免干擾，此事由陳親自指揮。三、先不發赦令，以麻痹敵人。原來蔣介石按例準備先撤銷對郭沫若的通緝令，陳布雷說：「郭身陷敵國，處境危險。此事只宜心照，不可言宣，以麻痹敵人。」四、配合共黨，協同戰鬥。陳布雷認為「委座與郭氏雖有袍澤之情，但郭畢竟是共產黨員，對政府有疑慮。」故力主與共產黨配合行動。因此中共中央駐上海辦事處主任李克農便通過阿英，要郭的學生金祖同在東京活動，直至陪伴郭沫若歸國。

郭沫若於1937年7月27日上午安全抵達上海時，行政院院長蔣介石早已派了處長何廉在上海碼頭接待。當天下午，中華民國的國家主席林森，行政院院長蔣介石、司法院院長居正聯合署名頒發了《對郭沫若取消通緝的訓令》以示隆重。這份《訓令》刊載在《國民政府公報》第2419號，原文如下：

> 「國民政府訓令第585號，1937年7月28日。行政院、司法院、軍事委員會為令飭事，案奉中央執行委員會1937年7月27日宥字第547號函開：『查郭沫若前因政治關係，經中央監察委員會於1927年5月21日咨請政府嚴令通緝歸案究辦在案。茲經本會決定，郭沫若應予取消通緝。除函中央監察委員會外，相應函達查照辦理』等因，自應照辦。除函復並分行外，合行令仰該院院會知照，並轉飭所屬一體知照。國民政府主席林森，行政院院長蔣中正，司法院院長居正。」——

由此可見，蔣介石當時既尊重陳布雷意見，又實踐自己的許諾，以行動配合共黨，難能可貴。事實俱在，立此存照。

郭沫若安全歸國，是國共兩黨團結對敵的勝利產物。陳布雷作了件好事，中國人民不會也不該忘記的。

——1984年9月13日南京《愛國報》

畏壘鼎堂詩壽倡和

畏壘者即陳布雷，鼎堂者係郭沫若。在四十年代重慶，蔣介石幕府的「文膽」和左翼文化陣營的旗手「文心相惜」、賦詩唱和，有過美好的交往。郭氏《抗戰回憶錄》失記其事，客觀存在未必因而不存。

陳布雷是公認的「國民黨內第一枝筆」，他的「道德文章」為「共產黨人欽佩」。周恩來曾特意將此話要當時郭沫若的秘書、也是陳布雷之甥翁澤永（植耘）轉達陳氏。陳對周也深表敬仰。至於畏壘和鼎堂，則初識於1927年春，兩人同受蔣介石之召，在江西南昌國民革命軍的北伐軍總部。蔣介石是北伐軍總司令，郭沫若是政治部副主任。陳布雷在《回憶錄》寫道：在蔣介石總部「所見黨政要人」有張群、黃郛、譚組安和「郭沫若諸君」。其實，早在陳任《商報》主筆期間，對郭知之已稔。陳給郭的信中有云：「《三葉集》（即郭沫若、宗白華、田漢三人通信集）出版時之先生，創造社時代之先生，在弟之心中永遠活潑而新鮮。」因此，當1941年11月16日郭氏五十誕辰和創作生活二十五周年之際，陳布雷參與發起紀念並寫信致賀：

「……至今先生在學術文化上已卓爾有成，政治生活實渺乎不足道，先生之高潔，先生之熱烈與精誠，弟時時讚歎仰佩。弟雖一事無成，然自信文士生涯、書生心境，無不息息相通。國家日趨光明，學人公然長壽。此非尋常祝頌之詞也。唯鑒不盡。」

同時，他還賦詩四首申賀：

「郭沫若君五十初度，朋輩為舉行二十五周年創作紀念，詩以賀之。

灄溳奔流一脈開，少年揮筆動風雷，

低徊海澨高吟日，猶似秋潮萬馬來。

（先生以文藝創作公於世，以民國十年前後最多，時余同客海上。）

搜奇甲骨著高文，籀史重征張一軍，
傷別傷春成絕業，論才已過杜馬勳。
（君客於東邦，以甲骨文理董古史，成績斐然。）
刻骨心酸藕斷絲，國門歸棹恰當時，
九洲無限拋雛恨，唱徹千秋墮淚詞。
（七七事變起，君自東瀛別妻孥，當時有「別婦拋雛斷藕絲」「歸舟三宿見旌旗」句，為時傳誦。）
長空雁陣振秋風，相惜文心脈脈通，
巫岫雲開新國運，祝君采筆老猶龍。

郭沫若收到陳布雷的賀信賀詩後，即寫信並步原韻四首答謝。原信附詩如下：

畏壘先生賜鑒：五十之年，毫無建樹，猥蒙發起紀念：
並疊賜手書勗勉，壽以瑤章，感慰之情，銘刻肝肺。
敬用原韻，勉成俚句以見志。良知邯鄲學步，徒貽笑於大方，
特亦不能自已耳。尚乞　教正，為幸。專復敬頌
時祉

弟郭沫若頓首　十一、廿三

茅塞深深未易開，何從淵默聽驚雷。
知非知命渾無似，幸有春風天際來。

欲求無愧怕臨文，學衛難能過右軍。
樗櫟散材繩墨外，祗堪酒戰策功勳。

自幸黔頭尚未絲，期能寡過趁良時。
飯蔬飲水遺規在，三絕葦編爻象詞。

高山長水仰清風，翊贊精誠天地通，
湖海當年豪氣在，如椽大筆走蛇龍。
敬步原韻呈　畏壘先生教　沫若初稿

抗戰勝利以後，郭沫若將舊體詩編集，成《蜩螗集》等由建文書店出版，此詩漏收。建國以後，郭氏身膺要職，為黨和國家領導人之一，當年與陳布雷步韻唱和，自不便編入《文集》。然而，歷史是不容湮沒或抹殺的。1960年11月13日我訪問高齡七十八歲的邵力子先生時，承告知此事，要我查閱當年大後方的重慶報刊。不料踏破鐵鞋，竟在咫尺，上海市政協委員翁澤永先生不但洞燭其詳，而且還保存著兩氏手稿。翁先生證實了拙文《陳布雷與郭沫若》之所述，（拙文由北京、四川等地《文摘報》轉載。）使我看到陳、郭兩氏之手澤，祖龍秦火，幸未波及，翁氏保存之功不可沒。往事雖如煙雲，紙墨壽於金石。銘感之餘，並此致謝。

——刊南京1985年《愛國報》

共產黨功不可沒

——再論郭沫若的歸國問題

英國哲學家羅素認為：「歷史既是科學又是藝術。」有些同志對郭沫若的歸國問題發揮了藝術，卻忽略了科學，致把郁達夫說成是銜蔣介石之命赴日本傳達赦令的秘密使者。用郭沫若的話來說：「這真是把達夫冤枉死了。」「藝術的規則是忠實於事實，」恢復歷史的本來面目。人們不難看到：在郭歸國問題上起重要作用的，是中國共產黨。

郁達夫作為一個著名的文學家，在文學史上自有其不可磨滅的地位。但他在1936年11月赴日遊歷，確與蔣介石無關，蔣當時尚未萌發「赦郭」、「用郭」之意。郁行前半個月，蔣風塵僕僕於「剿共」第一線：一會兒在臨潼重申「反共戡亂方針」；一會兒在洛陽召開反共軍事會議；一會兒又發出對紅軍的總攻擊令……。反共氣焰，十分囂張。日本軍國主義乘機進犯綏遠，傅作義率部奮起抗日。百靈廟血戰方殷，蔣根本沒有閒情考慮郭的問題。當郁到達日本時，蔣正在國內鎮壓救亡運動。救國會七君子被捕的罪名之一，是「與共產黨聯合」。在「愛國有罪，冤獄遍於國中」的情況下，郁達夫豈肯為蔣作說客？而蔣在迫害沈鈞儒等「七君子」時，也不會輕易「赦郭」。

西安事變以後，國共兩黨為重新合作進行談判。1937年3、4月間，周恩來同蔣介石在杭州會談。蔣的機要秘書是陳布雷，他對周深表敬仰。蔣為形勢所迫，原則上同意兩黨重新合作。宋子文向周恩來表示：擬將外交部長張群等人從政府內趕走。張群為了改善自己的形象，便建議蔣「赦郭」，以便向共產黨傳送「和解」資訊。接著，張群通過陳儀，陳儀通過郁達夫，將此資訊傳了出來。這就是郁於1937年5月18日寫信給郭的歷史背景。郭立即回電，要郁告知詳情。郁卻從此沒有回音，事情就隱消下去了。原來在郁發信四天後的5月23日，周恩來到廬山同蔣介石繼續會談。蔣出爾反爾，推翻杭州會談的諾言，妄圖成立國民革命同盟會，吞併共產黨；要毛澤東和朱德出國留洋……。周恩來嚴正駁斥，同蔣堅決鬥爭。當蔣妄想毛和朱出國之際，又怎能容郭歸國？這便是郁收到郭的回電後沒有下文的根本原因。因此郭沫若說「郁只做了一番間接又間接的傳達消息的工作」，他「對於直接的策動是毫不相干的。」（見1947年出版《天地玄黃》

第583～584頁）

1937年6月，郭沫若要金祖同回國代辦一些事務。金與沈尹默談了郭的歸國問題。沈尹默表示：此事本來可託蔡元培和吳稚暉向蔣說情，但怕潘公展等黨棍搗亂破壞，感到為難。金把原委告訴阿英後，阿英立即通過李克農報告周恩來。於是郭的歸國問題才獲解決。同年7月，周恩來、林伯渠同蔣介石、邵力子在廬山繼續談判。蘆溝橋事變爆發後，周恩來要求邵力子和陳布雷協助營救郭沫若歸國。7月17日國民黨收到《中國共產黨為公佈國共合作宣言》，不久蔣被迫宣佈承認陝甘寧邊區。7月20日，陳布雷的直屬下級、侍從室第二處第六組秘書王芃生，指派赴日本搞情報的錢瘦鐵，由金祖同陪同拜訪郭沫若，商定郭歸國的具體事項。7月23日王芃生電匯五百元給郭作安家費和歸國之用。7月25日錢瘦鐵護送郭上船。7月27日上午當郭沫若安抵上海時，陳布雷早已安排行政院政務處長何廉在輪埠恭候。當天下午，由國民政府主席林森、行政院院長蔣介石和司法院院長居正聯名，發出宥字第547號對郭「取消通緝」的訓令。陳布雷「事先不發赦令以麻痹敵人」的計畫獲得成功。事隔二十五年以後，周恩來總理提及這一史實時曾說：「郭沫若流亡日本如置身虎口，……我們不得不通過國民黨營救。當時陳布雷很幫忙，起了作用。」這就是「其過程頗為複雜」的真正的「根本性前提」。事實證明，並非僅僅是什麼「郁達夫功不可沒」，而應該是共產黨功不可沒。羅素說得好，「除非歷史學家盡最大努力來保持對事實的忠實，否則歷史就不值得稱讚。」這個問題似乎更應引起治史者深思。

——刊1985年2月21日南京《愛國報》

中日兩「夫」的友誼及教訓

中、日兩「夫」者，乃中國的郁達夫和日本的佐藤春夫，兩人都是現代的著名作家。

郁達夫（1896～1945）從十七歲起即至日本留學，十年間先後學了醫學、政治和經濟，得到相當的學位。他在日本接觸了近代科學，涉獵和通讀了西方的文、史、哲名著達一千餘種；與郭沫若、成仿吾等一起籌備成立創造社，寫出成名作《沉淪》等小說。他說：「旅居十餘年，其間自然有了不少的日本朋友。」又說：「在日本現代的小說家中，我所最崇拜的是佐藤春夫。」佐藤比郁年長四歲，是一個具有濃厚的浪漫主義色彩又有理智主義傾向的作家。1918年定稿的《田園之憂鬱》，用微妙緊湊的旋律和複雜的陰鬱情調，刻劃了資本主義社會上人們憂愁的內心世界，給郁氏寫《沉淪》以相當影響。兩人相識於1920年。1927年4月郁氏專程陪伴佐藤及其家人遊覽杭州西湖；1936年11月佐藤也在日本寓所熱情接待郁達夫。兩國相隔一衣帶水，兩人友誼保持十七、八年。1937年7月，日本帝國主義全面發動了罪惡的侵華戰爭，這是對兩人友誼的嚴峻考驗。郁達夫在給日本友人的公開信中宣稱：「國家與國家間，雖有干戈殺伐的不幸，但個人的友誼，是不會變的。」因為「人情是普天下都一樣的。正義感、人道、天良，是誰也具有著的。」然而佐藤春夫卻在1938年《日本評論》三月號上發表反華小說《亞細亞之子》，以郭沫若歸國事件的題材，惡意攻擊中國堅持民族大義的抗日文化戰士郭沫若和郁達夫。小說把郁寫成品質惡劣的間諜，奉蔣介石之命赴日密謀請郭回國抗日，郭拋妻別子單身回國，在蔣介石挾制下被迫從事「反對為妻之國的宣傳工作」；胡謅什麼當郭發現北伐時所鍾情的美人竟為郁佔有而藏嬌西湖畔時，極為憤怒、失望。最後誣稱郭跑到漢奸殷汝耕那邊去從事「大東亞和平運動」，於是大團圓，全部都是謊話。郭沫若認為：「佐藤春夫的那篇小說」很「可能是代表著日本官憲的意見。」郁達夫則在1938年5月寫了《日本的娼婦與文士》，發表於《抗戰文藝》第一卷第四期，嚴正駁斥佐藤「平常只在說中國人是如何如何的好，中國藝術是如何如何的進步等，最大的頌詞。而對於我們私人的交誼哩，也總算是並不十分太壞。但是毛色一變，現在這一種阿附軍閥的態度，和他平時的所說所行，又是怎樣的一種對比！」「疾風勁草，一到了中日交戰的關頭，這些文人的醜態就暴露了。」兩個作家之間的私誼中斷了。但在兩年後，郁達夫仍以寬洪的氣魄向另一位日本友人表示：期待「一切阻礙和平，挑動干戈的魔物」都「上了天堂或降到地獄裏去」以後，再「握手歡談」。彼此「將以赤誠的心，真摯的情，來談藝術，來為世界人類的一切缺憾謀彌補的方法。」——不料相隔五年，郁達夫竟在異域遭日本官憲謀害，年僅五十歲。長才未盡，令人痛惜。但是，郁達夫的愛國主義精神將與世共存！

「我獨住、在呻吟底世界，我的靈魂是停滯的潮水。」失去友情而活到七十三歲的佐藤春夫，叱念《田園之憂鬱》的引詩，無限內疚和羞愧，寂寞地離開人世。培根說得好，「失去友誼的人將是終身可憐的孤獨者；沒有友情的社會則只是一片繁華的沙漠。」願日、中友好，萬古常青。今天中日關係已翻開了新的一頁。

——刊1984年10月25日南京《愛國報》

魯迅和《新青年》的若干花絮
——在電影《魯迅傳》創作組的採訪札記

題前的話

在「電影《魯迅傳》顧問團」負責人夏衍同志、《魯迅傳》創作組組長葉以群同志的一再鼓勵、督促下，為了給「籌備攝製中的電影《魯迅傳》」造聲勢，我在百忙中「奉命」陸續寫了近百篇《採訪札記》。

當時年少、身強力壯，往往在緊張工作了一整天後，利用休息時間整理記錄、核對史實，忙得不亦樂乎。和我同一個「黨小組」的衛禹平、夏天兩位黨員副導演一再催我「休息」，善意的責備我「不要命了！工作的日子還長著呢，累病了怎麼辦？……」同志間的友愛使我感到溫馨。採訪札記便是這樣寫下來的。「四人幫」粉碎後，回首在《魯迅傳》攝製組的往事，彼此感到不勝惆悵。如今，夏天同志離世也有三周年了……。

《魯迅和〈新青年〉的若干花絮》原題《魯迅與〈新青年〉同人關係探索》，陸續發表在《文匯報・筆會》。當時《筆會》的主編是朱近予、徐開壘同志。預定有「探索」二十題可寫。一日，朱近予同志突然來訪，轉告「市委春橋××的意見：沈鵬年為何老是什麼陳獨秀、周作人的寫個不休?!叫他不要寫了……。」——於是，原來是夏衍同志要我寫的「採訪札記」，不得不在張春橋的「禁令」下封筆。近予同志也不幸早逝，但他寫給我的約稿函和友情，仍存舍間和我的心頭。

當年寫《採訪札記》，夏衍同志一再叮囑我：「下筆時不要繃著臉面、一本正經，長篇大論；要輕鬆一點，娓娓而道，像朵朵花絮……。」我勉力遵囑試寫，滿頭大汗，卻限於水平，未能達到夏公的「要求」，這是我愧對前輩的遺憾……。

現集錄於此，算是「小孩練習描紅」的幼稚的一點記憶。

魯迅和《新青年》的最早接觸

魯迅參加《新青年》所發端的新文化運動，不僅為中國新文學奠定了堅實基礎，也是他自己思想發展過程中的一個重要轉捩點。這在所有關於魯迅生平及研究等著作中已有專門論述。然而，魯迅和《新青年》的接觸及具體關係究竟從何時開始？卻各家論說不一。有的認為是在1918年1月李大釗擔任了《新青年》的編輯委員會以後；也有的則斷定在從1917年8月開始的、與金心異（即錢玄同）的幾次夜談以後……。其實都不儘然。查《魯迅日記》上冊第263頁載：「上午寄二弟《教育公報》二本，《青年雜誌》十本，作一包。」這是魯迅關於《新青年》的見諸於文字的最早記載，時間在1917年1月19日，按《新青年》創刊於1915年9月15日、原名《青年雜誌》，每卷六期，至1916年9月1日第二卷第一號起始改今名。當魯迅從北京寄到紹興的前夕，它正好出到第二卷第四號。我們去八道灣訪問時，曾經有機會看到了一部分周作人早期《日記》的原稿，當時《日記》主人尚在紹興，在魯迅寄出，《青年雜誌》後五天的1月24日有記云：「晴，上午得北京十九日寄書一包，內《教育公報》二本，《青年雜誌》十本。……晚閱《青年雜誌》，多可讀，子谷有《斷簪記》，頗佳。」這條記載正好為我們解決了魯迅所寄《新青年》的內容和卷期問題。魯迅說：「《新青年》……在上海開始出版的時候，卻全部都是文言的。蘇曼殊的創作小說，陳嘏和劉半農的翻譯小說，都是文言。」（見全集卷六：第189頁）蘇曼殊名玄瑛，號子谷，陳獨秀還給按了「後序」。周作人日記所寫《斷簪記》之「斷」字當係「碎」字之筆誤。由此可知，魯迅寄出十本《青年雜誌》的卷期便是從創刊開始到二卷四號為止。——當《新青年》出版以後，魯迅很早就接觸和讀到了，其具體時間早在1917年1月以前。

至於這十本《新青年》的來源，《日記》上沒有說明，翻遍1915-1917年的「書賬」也找不到購過《新青年》的記錄。但從其他一些材料佐證，則很可能是蔡元培或陳獨秀所贈閱。查《魯迅日記》：同年1月10日「訪蔡先生」。1月18日「夜得蔡先生函，便往其寓。」（見《日記》上冊第262、263頁）這蔡先生便是蔡元培，魯迅和蔡元培原有較深的關係，但從他1912年7月辭職出國以後，他們之間的來往便中斷了有五年之久，這裏所記當是他們久別重逢的開始，這時候蔡元培剛回國就任北京大學校長。據《北京大學大事記》所載：「1916年12月任命蔡元培為北京大學校長。……1917年1月教育部以陳獨秀為文科學長。」承馬敘倫和沈尹默兩位老先生的回憶，告訴了我們當時的一些具體情況。馬老說：「當時國會裏有許多浙江籍職員想叫在德國的蔡鶴卿（即蔡元培）回來做浙江省長，發出了電報，但蔡卻回電說『可以回國，但不願做官』。大家感到躊躇時，我就說了『現在北京大學的校長胡仁源有點做不下去了，何不把蔡先生請回來代替胡仁源當校長？』原來胡仁源是北大的工科學長，由兼代而正式當校長後，便窘於應付而不能稱職，大家都連聲說好。這時候教育總長范源廉正為找不到可以當北大校長的適當人選而苦惱著，他聽說後非常開心，立刻就打電報『請蔡先生盡速回國。』同時便向總統黎洪元說明，黎元洪也就馬上將任命發表了。」沈老說：「記得是1916年底，有一天我去法學院為馬夷初（即馬敘倫）代課時，路上遇到仲甫（陳獨秀），當時他由亞東書局汪孟鄒介紹正在為群益書社編《新青年》，因事來到北京。我和他招呼以後，想到其時北大的文科學長正好缺人，回去便把仲甫在北京的事向蔡先生說了，並問蔡先生是否考慮請仲甫來擔任文科學長？蔡先生非常贊成，也說正想找他，他叫我去約了仲甫來談談。談時，仲甫起初回絕了，說『不幹，因為正在辦雜誌……』。我感到有點意外，但蔡先生卻乾脆得很，對仲甫說：『那沒有關係，把雜誌帶到學校裏來辦好了……。』於是，仲甫來北大擔任文科學長的事就這樣說定了。不久《新青年》的編輯部也正式從上海遷來了北京。」——這些事情都發生在1916年12月到1917年1月間，正好魯迅將《新青年》記在自己《日記》上的時候。以蔡元培對陳獨秀辦《新青年》的支持；而魯迅在日本時便起意搞文藝運動、編譯《域外小說集》等事又早為蔡所深知；加上魯迅當時正擔任著中國通俗教育研究會小說股主任的職務，每月要過目和審閱各地出版的許多小說和雜誌。因此，蔡元培和《新青年》的主編都有可能會將刊物送給魯迅看的。

陳獨秀對魯迅小說「五體投地的佩服」

魯迅和陳獨秀的關係開始於1917年春，同年秋《新青年》編輯部改組和擴大時，魯迅經過一再邀請便欣然參加了《新青年》陣營、成為編輯部同人之一。魯迅說：「我做小說，是開手於1918年，《新青年》上提倡『文學革命』的時候的。」（見全集卷四：第347頁）又說：「但我的來做小說，也並非自以為有做小說的才能，只因為那時是住在北京的會館裏的，要做論文罷，沒有參考書，要翻譯罷，沒有底本，就只好做一點小說模樣的東西塞責，這就是《狂人日記》。……但是《新青年》的編輯者，卻一回一回地來催，催幾回，我就做一篇，這裏我必得紀念陳獨秀先生，他是催促我做小說最著力的一個。」（見全集卷四：第393頁）他們的關係雖然開始較早，但魯迅和陳獨秀正式通信卻遲至一九二〇年秋。《魯迅日記》1920年8月7日「上午寄陳仲甫小說一篇」。（見上冊第390頁）這是魯迅和陳獨秀關係在《日記》上的最早記錄，小說一篇便是發表在1920年9月1日出版的《新青年》第八卷第一期上的《風波》。這篇小說的寫成至少是經過了陳獨秀的二次「催促」，因為我們看到的陳獨秀在1920年寫給周作人的四封信上，前二封一再「催促」魯迅要「為《新青年》創作小說」；後二封則對魯迅創作的小說《風波》立予發表、大加讚賞。如1920年3月11日致周信：

「……我們很盼望豫才先生為《新青年》創作小說，請先生告訴他。」

又如1920年7月9日的信：

「……豫才先生有文章沒有，也請你問他一聲。玄同兄頂愛做隨感錄，現在怎麼樣？」

這之後，便引出了魯迅在同年8月7日回信，即日記載「寄陳仲甫小說一篇」的那一回。陳獨秀在上海是8月13日接到魯迅的信和小說的，當天，他便立刻寫了回信。信中說：

「……兩先生的文章今天都收到了。《風波》在這號報上印出，先生譯的那篇，（按係《瑪加爾的夢》俄國科羅連柯原著）打算印在二號報上，一是因印刷來不及，二是因為節省一點，免得暑天要先生多寫文章。倘兩位先生高興要再做一篇在二號報上發表，不用說更是好極了。玄同兄總是無信來，他何以如此無興致？無興致是我們不應該取的態度，我無論如何挫折，總覺得很有興致。」

這裏值得插一句的是，陳獨秀這封信寫於駁斥胡適由於「《新青年》色彩過於鮮明、……不以為然，而要求恢復『不談政治』的戒約」的信前三個月，在《新青年》陣營趨於分裂的前夜，相形之下：魯迅堅持「遵奉前驅者將令」的鮮明立場和錢玄同開始轉向退隱的苗頭，在這裏已經有所反映。還有一封信是同年8月22日寫的，在信裏，陳獨秀對魯迅的小說作了極為心折的推崇。原信節錄如下：

「……前稿收到時已複一信，收到否？《風波》在一號報上登出，九月一號准能出版。兄譯的一篇長的小說請即寄下，以便同前稿都在二號報上登出。稿紙此間還沒有印，請替他用紙……魯迅兄做的小說，我實在五體投地的佩服。……」

這四封信為魯迅的文章和《日記》做了最好的注腳；同時也提供了魯迅和《新青年》關係以及他思想發展中的一些線索和資料。在「早期」的馬克思主義者的鼓舞之下、在《新青年》陣營實際上分裂之後，魯迅始終和無產階級站在一起，堅持著徹底地反帝反封建的鬥爭。

《新青年》主編談《吶喊》

四十年前，魯迅的小說在《新青年》發表時，由於「內容的深切和格式的特別」，深為激動人心。當時有人從老遠的成都寫了論文與之「桴鼓相應」；也有人模擬他的文本而寫了小說……但對魯迅作品的價值最早予以肯定和推崇的，當推李大釗陳獨秀的《新青年》編輯部同人。雖然他們由於作戰的分工和「執業的不同」，因而沒有留下這方面的任何專文，但在彼此間的通信和談話中卻保留了這種評價的鱗爪和點滴。比如陳獨秀，當魯迅陸續寫出小說時，他就在許多談話和通信中一再讚揚和稱道，其中一部分已重刊於《文匯報》「筆會」（見1962年4月22日）。此外，我們又從陳獨秀的另一封信中看到了《新青年》編輯部對魯迅小說的意見。原信全文如下：

「二導報（按：即《新青年》簡稱）准可如期出版，你尚有一篇小說在這裏，大概另外沒有文章了，不曉得豫才兄怎麼樣？『隨感錄』本是一個很有生氣的東西，現在為我一人獨佔了，不好不好，我希望我和豫才、玄同二位有工夫都寫點來。

豫才兄做的小說實在有集攏來重印的價值，請你問他倘若以為然，可就《新潮》《新青年》剪下自加訂正，寄來付印。

弟獨秀白，中秋後二日」（按信封上有上海郵局的印記；9月29日）

這一信寫於1920年9月，正當魯迅寫畢第七篇小說《頭髮的故事》的時候。由於這些作品所表現的思想性和藝術性和諧結合的巨大魅力，《新青年》編輯部同人早就迫不及待地提出了將魯迅小說編集的要求。不久，《新青年》遭到反動當局的查封沒收，無法定期出版；而編輯部在迫害下也不得不藉口「已遷往廣州」而處於地下活動狀態。1921年7月間魯迅兩次寄給陳獨秀「信和文稿」都以「無從投遞」而退了回來。因此後來定名《吶喊》的中國第一部新小說集未能按原議作為《新青年叢書》出版，但這個動議對魯迅卻是巨大的支持和鞭策，在《新青年》陣營實際上處於分裂以後，他的戰鬥態度更加堅決，寫作更加勤奮。別的不算，光是小說又續寫了八篇——包括《阿Q正傳》和《故鄉》等光輝的不朽作品在內。他在短短兩年內寫出的作品，數量超過了前三年的總和；在質量上更提到了足以並列於世界文學名著之林的水平。

1923年8月，魯迅在五年內寫的十五篇小說終於「結集」起來，定名《吶喊》，作為《新潮社文藝叢書》之一而出版了。這時候陳獨秀早已離開北京大學而遠適廣州；李大釗同志雖然擔負黨的北方局書記重任而從事著艱巨的革命實際工作；卻還兼任著北大教授的職務，和魯迅還能時常晤面，魯迅便將剛出版的《吶喊》贈給老戰友大釗同志。據大釗同志的女兒李星華同志回憶；有一天，大釗同志從外面回家時帶來一本嶄新的、鮮紅封面的《吶喊》，這是魯迅先生送他的。大釗同志一進門就挺高興地告訴家中的小孩們說：「這是中國最好的一本小說。你們要看，一定要好好地看，雖然不一定看得懂。你們將來可以從這書中好好學習。」以後還常常聽到大釗同志提起；《吶喊》怎麼好，魯迅怎麼好等話。

魯迅「舊夢」的重溫

魯迅曾比喻自己年青時懷抱的愛國理想為「做夢」，其中有一個便是「棄醫從文」的「夢」。他以為文藝是可以「轉移性情、改造社會」的，因此在沉沉的二十世紀初年便開手從事外國進步文學的介紹，自費譯印了《域外小說集》兩冊，想「賣回本錢，再印第三第四……」可是多少年過去了，賣去的書國內外加起來也不過四十冊上下，續印計畫落空了，印好的書成捆堆積起來，他感到一種「如置身荒原」裏的寂寞。辛亥前夕，他又譯了一些稿子，連同計畫寄一家書局，結果是石沉大海，毫無反響。當袁世凱「洪憲稱帝」前後，堆放《域外小說集》存書的屋子遭了火，書和紙版一起化為灰燼，魯迅感歎地嘆惜這「過去的夢幻」的破滅。然而，這時候他已經悄然蟄居在偏僻的紹興縣館裏「沉入國民中、回到古代去」——整理古籍、抄碑、輯書以麻醉自己深感苦痛的靈魂。

可是世界上也自有一些「有心人」在，魯迅的勞力和「夢幻」的結晶——《域外小說集》在出世十年以後，卻引起了《新青年》同人的注意：包括劉半農、錢玄同等許多人前來索閱，而陳獨秀看了以後更提出了「重印」的「勸告」，還自告奮勇承擔了「張羅出版」的事宜。從1919年冬至1920年春，經過陳獨秀的幾度接洽，決定由群益書社重印。這些往返措商的函件記錄在魯迅和周作人的《日記》裏。此外，從保存下來的、陳獨秀在1920年3月11日寫的信中就表明了上述的結果：

> 《域外小說集》的事，群益很感謝你的好意。《新青年》七卷六號的出版期是五月一日，正逢Mayday佳節，故決計做一本紀念號，請先生或譯或述一篇托爾斯泰的汎勞動，如何？
>
> 守常兄久未到京，不知是何緣故？
>
> 我們很盼望豫才先生為《新青年》創作小說，請先生告訴他。
>
> 前回有一信寄玄同兄，不知收到否，請你見面時問他一聲，我很盼望他的回信。弟獨秀，三月十一日。（錄自原函）

自此開始，周氏兄弟便「從久不開封的紙包裹，尋出自己留下的兩本書來」：重作序言、增添新譯、修飾舊辭、抄校全書，興奮而忙碌一連搞了十天，他們在感激戰友的盛情之餘，由於得到「舊夢重溫」的機會而「覺得是極大的幸福」（魯迅語）。這一時期的《魯迅日記》和《周作人日記》對照起來是十分有趣的，分明是忙碌地在工作，魯迅卻淡淡地記著「無事」兩字。如得到陳獨秀信的3月11日，魯迅記「無事」；周作記「晚校《域外小說集》，備再版。」

3月12日魯迅仍然記「無事」；周作人則「上午校《小說集》，至晚本文了」。3月19日魯迅記「夜小雨又風。無事」；周作人記「上午寄玄同函，終日抄《域外小說集》及識語（按即魯迅寫的新序），倦甚，晚十時才了，全書校畢。小雨，風」。20日「寄仲甫函，《域外小說集》稿一本」。這四天的記錄可以幫助我們約略想見《域外小說集》編校重印的經過，魯迅當時寫的新序，在《日記》中雖未提及，周作人早在1936年11月7日寫的《關於魯迅之二》中就說：「《域外小說集》過了十一個年頭，上海群益書社願意重印，加了一篇新序，用我出名，也是豫才所寫的。」過了二十天後的4月9日，《魯迅日記》上照例是「無事」；《周作人日記》則「上午得群益六日函，……下午收群益由興業銀行匯來銀百五十元，此乃《域外小說集》的版稅和稿費。第二天又記『下午校新《域外集》，至晚本文了』」，於是全部重印工作，終竟告成。

「遵命文學」索引

1922年，魯迅在《吶喊》自序中稱自己的作品是「聽將令」，過了十年，他在《自選集》自序中又進一步表明自己寫文章是「遵命」，是「遵奉」他自己所願意遵奉的革命前驅者的命令，决不是皇上的聖旨、金元和指揮刀。第一次聲明正當《新青年》團夥散夥以後，魯迅在「顯著寂寞荒涼的古戰場」似的北京，懷著無限感觸，針對「退隱」和「高升」的胡適等輩有感而發；後來的重申，則已在反文化「圍剿」的前哨陣地上海，由於國民黨反動派對左聯和他本人的一再迫害；屠殺、通輯，相交齊下，於是，魯迅便作出了上述的響亮回答。總之，從《新青年》時代到左聯時期，魯迅和革命同命運、共聲息，是數十年如一日的，而「遵命」含義，更加十分明白，毋庸細說的。只是在讀書和訪問時得到一點材料，正好為「遵命」之說提供一點具體佐證，同時也由此顯示了李大釗與魯迅之親密關係。

原來在「五四」前夜的1919年4月，《新青年》第六卷第五期的執行編輯正好輪到李大釗擔任。當時，李大釗曾經請錢玄同向魯迅轉達了約稿要求，4月8日的《魯迅日記》：「下午寄李守常信」；4月16日「上午得錢玄同信，附李守常信」（均見《魯迅日記》上冊第352頁，下同）。這些原信今已不存，唯據歷史上與魯迅關係密切者講；當時李魯之間的來往信札主要無非是邀約寫稿和商討雜誌編務等事……但，無論如何，這些記載總是說明李大釗與魯迅相互信任和關爭的一個重要證據。4月25日夜，魯迅完成了一篇小說，題名為《藥》。28日下午，魯迅在北京大學訪蔡元培時，順便給錢玄同「信並稿一篇」，錢玄同當即將魯迅文稿轉致李大釗。5月上旬，正當轟轟烈烈的五四運動高潮期間，李大釗執行主編的《新青年》第六卷第五期《馬克思主義專號》出版了，據陳獨秀信中說：「《新青年》已寄百本到守常兄處，轉編輯部同人。」但書到之日，李大釗卻正忙於領導學生運動，雜誌的分發遂託交錢玄同辦理，於是，在5月9日的《魯迅日記》上，就有了「夜得玄同信並雜誌十冊」的記載。翻開這期《新青年》，與李大釗的著名論文《我的馬克思主義觀》一同刊出的魯迅文章共有五篇。其中一篇就是小說《藥》，四篇是雜文：《來了》《現在的屠殺者》《人心很古》和《聖武》。魯迅針對反動派叫囂「過激主義來了」的陰謀予以嚴正駁斥，他舉出事例，加以比較，說明中國的兵災實況比資本家惡意宣傳的俄國十月革命的情形，要更加苛酷、殘暴得多，從而指出「過激主義不可怕」，「應該怕的」倒是反動派「殘殺淫掠要來了」的「來了」。同時，他更在《聖武》中明白地宣稱：「因此，只須防那『來了』便夠了。看看別國，抗拒這『來了』的便是有主義的人民。他們因為所信的主義，犧牲了別的一切，用骨肉碰鈍了鋒刃，血液澆滅了煙焰。在刀光火色衰微中，看出一種薄明的天色，便是新世紀的曙光。」魯迅的文章在當時不僅是對李大釗積極宣傳馬克思主義真理的最大支持。而且也正是他「與前驅者取同一步調的」實證。

最有意思的是：魯迅在《吶喊》自序中解釋他「聽將令」問題時舉出兩篇小說《藥》和《明天》，而這篇小說的發表都是和李大釗有直接關係的。魯迅說：「在《藥》的瑜兒的墳上平空添上一個花環，在《明天》裏也不敘單四嫂子竟沒有做到看見獨生兒子的夢，因為那時的主將是不主張消極的」「所以我往往不恤用了曲筆」（見全集卷一第8頁）。按《藥》的寫作，起因於李大釗的催稿，在寫作過程中受到李大釗一貫地歌頌青春、嚮往未來的革命樂觀主義的鼓舞，——甚至4月16日來信的具體影響，是毫無疑義的；而同年7月8日魯迅托錢玄同寄出的《明天》，則發表在10月30日出版的《新潮》第二卷第一號上。據「新潮社幹事部施行章程」第四條：「本部敦請圖書館主任……為顧問，所有雜誌印刷、發行……等到事項，即由兩主任分派出版部……事務員執行之。」北大圖書館主任是李大釗，根據章程他有分派每期發稿、印刷等事之責。所以，實際上他對《新潮》的編輯工作起著決定性的指導作用。也因此，魯迅結集《吶喊》的小說共有十五篇，在序言中抒發抱負時獨獨選中這兩篇作為「遵命文學」的例子，顯非偶然。自然，魯迅所稱的「革命前驅者」和「主將」，不會專指李大釗一人，但應該說：李大釗是其中最主要的人物之一，以及他與魯迅作品的關係則是十分明顯的。

《新青年》促成《一個青年的夢》

在北洋軍閥統治下的舊中國，即使要介紹一部具有進步意義的劇本，也不是一件容易的事。魯迅在「五四」以後所從事翻譯的《一個青年的夢》，其間曾時譯時輟、忽刊忽停，曲折的經過正是反映了反動派摧殘文化的痕跡，而劇本之終於譯完發表，讀者能重新看到全文，則不能不說是《新青年》主編努力促成的結果。

事情發生在四三年前的八月，時當「六・三」高潮以後，反動派在聲勢浩大的革命力量面前被迫釋放了愛國青年，但暗地卻加緊了對群眾運動領袖、特別是「新思潮傳播者」的迫害；繼陳獨秀被捕入獄，李大釗避難出京，《新青年》又郵寄被扣，《每週評論》也為反動的司法部驟加查封，勒令停刊了。早就慨歎「還沒有多人大叫，半夜裏上了高樓撞一通警鐘」以喚醒國人的魯迅，看到戰友們橫遭迫害，戰鬥陣地又屢受封閉，心中更是十分憤慨。當一天下午，《國民公報》副刊編輯孫伏園來訪，請魯迅「做點東西」時，魯迅便說：「文章是做不出了。《一個青年的夢》卻很可以翻譯……」——魯迅是想以譯介衝破文網，繼續進行戰鬥。

《一個青年的夢》為日本武者小路實篤原著，四幕劇。完成於第一次世界大戰期間的1916年。魯迅說：「我看這劇本，是由於《新青年》上的介紹」「我因此便也搜求了一本，將他看完。」當時歐戰尚未結束，而中國更是外患益深，內戰方殷，人民處在水深火熱之中。所以魯迅說，儘管「書裏的話，我自然也有意見不同的地方」，但原作者主張「家裏有火的人呵，不要將火在隱僻處擱著」的「在大風雨中，擎出了火把」的精神，卻很使他「感動」。加以他「同情於爭戰的犧牲者」的思想頗為當時的知識份子所接受，於是魯迅便從1919年8月2日「開譯」，逐日刊登在當北京《國民公報》，借他人「敲門的聲音」，權充「半夜警鐘」而已。但到了到10月25日，當劇本刊至第三幕第二場時，反動政府查封《國民公報》、《青年的夢》隨之中途停刊，而「敲門」的微聲也就寂然不聞了。

不久，李大釗回京，陳獨秀出獄，《新青年》於休刊五月後重振旗鼓，在10月5日召開編委會議。為了繼續「奮起」，使革命「種子遍散在大地」，決定《新青年》自第七卷起轉移陣地，遷往上海。當陳獨秀到了上海，想起了遭到「腰斬」命運的《青年的夢》，便寫信向魯迅建議；希望譯完全文，在《新青年》上重新刊登。這也就是魯迅在同年11月24日《譯者序二》中說的：「因為《新青年。記者的希望，理將譯本校正一遍，載在這雜誌上」的原由。11月26日《魯迅日記》：「重校《青年之夢》第一幕訖。」29日《周作人日記》：「寄仲甫稿一卷。」陳獨秀收到譯文後，便在12月31日特在劇前寫了一段「附記」，於評價了原著的思想意義外，又說：「可憐的中國人還在睡夢中……我希望全人類的姐妹弟兄們都把以前的舊夢打破……隨著新年面目一新，『不再將手去染血，都流額上的汗；不再借金錢之為力，都委身於真理』……做人類有益的事！」他即將譯文付排，發表在1920年1月出版的《新青年》七卷二號上。1月9日魯迅收到陳獨秀寄贈的《新青年》後，立即轉達友人（見《魯迅日記》）。這個期間，由於魯迅將家眷遷來北京，曾回鄉一月，因此《青年的夢》不及譯完寄滬。而陳獨秀卻在上海等急了，於二月十九日發信催促：

> 「啟明兄，五號報（按即《新青年》七卷五號）去出版期（四月一日）只四十日，三月一日左右必須齊稿，《一個青年的夢》望豫才先生速將全稿譯了，交洛聲兄寄滬。六號報打算做勞動節紀念號，所以不便雜登他種文章。《青年夢》是四幕，大約五號報可以登了。
>
> 豫才先生均此不另。
>
> 弟仲上，二月十九夜
>
> 我很平安，望兄等放心。見玄同兄請告訴他。」

3月11日，當陳獨秀收到全部譯稿後，便立即復信告知：「《青年夢》已收到了……」同時又提出「我們很盼望豫才先生為《新青年》創作小說」的要求。

《青年的夢》四幕譯文，在《新青年》七卷二號至五號上總算全部刊畢，但其中的七卷四號卻遭到與《國民公報》的同一命運。魯迅說：「那第四號是人口問題號，多被不知誰何沒收了，所以大約也有許多人沒有見」——而恰巧又仍是「命途多乖」的第三幕。因此到1922年7月，《青年的夢》單行本列為文學研究會叢書之一，在商務出版時，魯迅於修正、勘誤之餘，又在《後記》中「記出舊事來，給大家知道這本書兩年以來在中國怎樣枝枝節節的，好容易才成為一冊書的小歷史」——也就是反動派屢次破壞《青年的夢》；而《新青年》主編人當年為了促成《青年的夢》，曾經怎樣具體地鼓勵和支持了魯迅的經過。

劉復幽默遭忌、魯迅仗義護友

劉復字半農，別號曲庵，是五四時代著名的活躍人物，魯迅稱「他活潑，勇敢，很打了幾次大仗」的「《新青年》裏的一個戰士」。但他原來在上海擔任《中華新報》和《紅玫瑰》等報刊記者卻是擅寫鴛鴦蝴蝶派式小說的好手。1915年《新青年》創刊，劉半農同意和贊成它的主張，即率先回應，為它選稿。由於他的古典文學造詣頗深，瀏覽的範圍又廣，兼以有著很豐富的才情，因此僅利用了一些極平凡而貧弱的外文材料，竟寫出了一手極其漂亮的散文；在《靈霞館筆記》中介紹了拜倫、馬賽曲作者等民主詩人的生平和詩文，給人們感到一種清新的氣息。迨陳仲甫出任北京大學文科學長，他也於1917年秋應招抵京，去北大預科擔任國文教員，在參預編訂新的國文教材之餘，他把課外的全副精力投入到《新青年》的編寫工作，用白話作文，銳氣十足地攻擊一切封建事物，與錢玄同一搭一擋，是當時提供新文化、打倒孔家店的兩員健將。儘管胡適吹噓自己是「首舉義旗之急先鋒」，但對於新文化運動的開拓和建設真正作出貢獻的除李大釗、陳仲甫外，當要推他們了。錢玄同的許多通信，從語言文學的特點說明新文學建立的必要與可能；劉半農的論文則確定文學之界說，說明文學與文字之關係，具體提出了散文和韻文的改革事項。這些啟蒙性的文章在當時起過顯著影響，連胡適也不得不承認的「受賜多矣」。而影響最大的要算題名《文學革命之反響》的一組通信了——這就是哄動一時的「雙簧信」。原來由錢玄同綜合反對新文學的舊派文人的各種論點，託名王敬軒寫信給《新青年》加以指責，再由劉半農在復信中逐條駁斥，他從林琴南、樊增祥、嚴復等頑固派自己的作品中指出他們的淫靡、虛偽、不通等種種毛病，從而肯定舊文學的破產、淋漓盡致，極快人意。但胡適看了卻連連搖頭，病其輕薄而在同人中屢屢表示不滿。這時候，有力地支持和鼓勵了錢、劉的則是魯迅，魯迅認為：「矯枉不忌過正，只要能夠打倒敵人，嬉笑怒罵，皆成文章。」直到事隔十六年以後，魯迅在哀悼劉半農的文章中提起他當年的戰績時，還譽「答王敬軒的雙簧信，『她』字和『牠』字的創造」這兩件為當時的「大仗」，稱道不置。

劉半農生於1891年5月，他在當時全國最高學府的北大任教時卻還年不滿三十。年少新進，氣概如雲，其時常足穿「魚皮鞋子」，手持短棍，嘗自稱為「拜倫時代也」，這也就是魯迅說「他沒有消失掉從上海帶來的才子氣」的時候。但他在北大卻並不一帆風順，雖然他身兼科國文和文法概論等課程，可是他的本錢全憑自己刻苦自修得來，肚皮裏的「真才實學」決不在灌過洋墨水的鍍金博士之下，卻由於拿不出「堂皇的學歷」而遭胡適等輩的輕視，在《新青年》的編輯會議上或在平時接觸中，胡適對他的態度是很不好的。魯迅後來在悼文中說他「使有些『學者』皺眉。有時候，連到《新青年》投稿都被排斥。他很勇於寫稿，但試去看舊報去，很有幾期是沒有他的。那些人們批評他的為人，是：「淺」。所指的就是這末一回事。針對胡適等輩的勢利，魯迅憤慨地指出：「不錯，半農確實淺。但他的淺，卻如一條清溪，澄澈見底，縱有多少沈渣和腐草，也不掩其大體的清。倘使裝的是爛泥，一時就看不出它的深淺來了；如果是爛泥的深淵呢，那就更不如淺一點的好。」魯迅在衛護舊友時並不因此而代掩其短，然而與一肚皮，陰謀鬼計、表面上卻莫測高深的胡適之類對比起來，孰真孰偽，是非常明白的。

這時候，《新青年》實際上已經採取由編委輪流分任執行編輯的辦法了。據沈尹默先生說：「有一個時期，《新青年》交由周氏兄弟、玄同、胡適和我分期擔任編輯。我是長期病眼的人，不宜而且不善於做編校工作，因此，凡輪到我編輯的一期，總是交給玄同、半農去代辦。」沈老又說：「大約在1918年冬，有一次，《新青年》在文科學長室開編輯大會，當時推定我為下一期的執行編輯，我又以眼病推辭，這時，錢玄同、劉半農就挺身而出說：『你答應好了，你編的這一期我們來包。』這樣，這一期就又交給半農他們代辦了。」按劉半農代編的這期《新青年》是五卷六號。劉半農為了攻擊舊派，挖苦文言文的不合理，在補白刊出了一則《言文對照的尺牘》，故意以白話直譯文言書信，又一次發揮了他的詼諧天才。如「某某仁兄同硯大人足下」譯為「某某仁善的阿哥，全用硯瓦的大的人的腳底下」，「道履綏和」譯為「道德的鞋子平安而且和氣」，「幸甚幸甚」譯為「運氣極了運氣極了」，「伏祈朗照」譯為「爬在地下懇求亮晃晃的照著」等等，即使不免失諸膚淺，但針對林琴南寫《蠡叟叢談》的跳踉欲噬、影射詛罵，也是無可厚非的。不料卻從而引出一場軒然大波：「胡博士」一看之後，大為惱怒，立刻提出了抗議，認為這是有失士大夫身份、「不登大雅之堂」的東西不應該發表，胡適悻悻然地說：「劉半農不配編《新青年》！」並極力反對輪流分編的辦法，大家問他：「不輪流編又怎麼辦？」胡適卻老實不客氣地提出：「這個雜誌歸我一個人負責編輯，不必半農預聞。」錢玄同對胡適說：「你反對半農編，我反對你編。」正在相持不下的時候，魯迅冷冷地對胡適說：「這個雜誌既然歸你一手包辦，那就用不到我們操心了。我們宣佈退出。」這樣一來，胡適只能知難而退，排斥劉半農、獨霸《新青年》的目的沒有得逞。到了1926年，當魯迅給劉半農標點的《何典》作序時，他也沒有放過胡適，說「半農……希望我做一篇短序，……然而我還很躊躇，我總覺得沒有這種本領。……譬如，標點只能讓汪原放，做序只能推胡適之，……劉半農，李小峰，我，皆非其選也。」——又狠狠地給他一刺。

魯迅與劉半農之間的「遊戲」文字

魯迅一生中應朋友和青年學生們的請求，為他們的書寫序跋的不下五、六十種，其中最別致的要算為劉半農標點的《何典》作序了，他既寫《題記》，又附《後作》，加倍優待，別開生面。尤其是《題記》，那真是一篇非常有趣的短文，文中魯迅自稱寫序有如「阿Q之畫圓圈，……手不免有些發抖」，然而借鬼蜮以擬「正人君子」，寓諷刺於幽默之中，最後還說：「並非博士般角色，何敢開頭？難違舊友的面情，又該動手。應酬不免，圓滑有方；只作短文，庶無大過云爾。」開老友的玩笑，對時弊下鍼砭，嬉笑代罵，虐而不傷，無論於書的本身、於半農的性格和他們之間的交誼，都有是十分得體而出色的好文章。——因為他們在平時接觸、甚至書信往來中，有時候也往往以一種「遊戲人間」的態度出之的。比如從1917年秋到1920年春的三四年間，劉半農曾經是魯迅所「親近」的好友之一，所謂「親近」，魯迅解釋道：「不過是多談閒天而已。」有一天，正當魯迅的

《狂人日記》發表後不久，劉半農陪著北大學生常惠去訪魯迅，一踏進門，劉半農便沖著魯迅介紹：「這是常惠君，他來看『狂人』來了。」魯迅立刻回答：「什麼，你來尋『人』來了？」劉半農一楞，魯迅又頂一句：「我當你丟掉『人』了。」原來劉半農早期在上海「賣文」為生的時候，用的筆名是「儂」或「半儂」，後來才去掉「人」傍，改「儂」為「農」的。當時劉半農臉孔一紅，顯得頗為尷尬。

這種風趣的交往，還表現在他們之間的通信中。查1919年1月5日（即舊曆戊午十二月初四）的《魯迅日記》：「晴，星期休息。上午得劉半農信。」按這封信的全文只有二十餘字：

> 「新著二篇，乞□□方家正之。弟劉復頓。戊午十二月初三日。」

所謂「新著」，是別附一紙，上題「唐風樓金石文字跋尾補」，內容則是賀年柬跋和名片跋各一則，賀年柬原是錢玄同的，跋文云：

「此片新從直隸鬼門關出土，原本已為法人沙君畹攜去，余從廠肆中得西法攝影本一枚，察其文字雅秀，柬式詼詭，知為錢氏真本無疑。考諸家筆記，均謂錢通小學，壬子以後變節維新，主以注音字母救文字之暫，以愛世語濟漢字之窮，其言怪誕，足滋疑駭，而時人如劉復、唐俟、周作人等頗信之。今柬中正文小篆，加注音字母，而改其行式為左右橫讀，略如佉盧文字，是適與錢氏所主相合，且可定為出於壬子以後。柬中有八年字樣，論者每謂是奉宣統正朔，會考錢氏行狀，定為民國紀元，惟錢氏向用景教紀元，而書以天方文字，此用民國，蓋創例也。又考民國史新黨列傳，錢嘗謂劉復，我雖急進，實古今中外派耳。此片縱漢尺三寸，橫四寸許，字除注音字母外僅一十有三，而古今中外之神情畢現，可寶也。」

當時魯迅常於工餘抄校碑拓，考訂金石，興之所至，往往在磚文和碑拓上隨手札記，以為跋語，如他在《北邙土偶略圖》旁跋云：「豬羅一，亦土製，外擦青色，長二寸。叫三聲而有威儀，妙極，妙極。……此須翹起，一如洋鬼子亦奇，今已與我對面而坐於桌上矣。此公樣子討厭，不必示別人也。」劉半農與魯迅嬉戲，故意將錢玄同的賀年片加跋而稱之為「金石文字跋尾補」。至於跋文中的「壬子」則是一九一二年，「愛世語」即係世界語，而「佉盧文字」之「佉盧」，係人名，古之造書者。據《出三藏記》：「昔造書之主，凡有三人：長名三梵，其書右行；次曰佉盧，其書左行；少者蒼頡，其書下行。」這一篇跋文，不僅晦庵先生在《書話》中所介紹過的《半農雜文》和《半農雜文二集》中均未收錄，而且四十年來還是第一次與讀者見面。當時正值五四運動前夜，《新青年》所倡導的文學革命大旗已經高高揭起，魯迅、錢玄同、劉半農等在隨感錄中向封建事物展開了全面攻擊，而遺老遺少們的造謠污蔑，漫罵反抗，甚至企圖借北洋軍閥的武力作垂死掙扎，種種陰謀，正亦方興未已。——「敵軍圍困萬千重，我自巍然不動。」前輩們在緊張的作戰之餘，居然還有如此閒情逸致互相嬉戲，這正是對革命的前途、對新文化的必勝和舊文化的必敗抱有堅定的信心所致。一個真的戰士，他善於勇猛殺敵，也懂得休養生息。魯迅與劉半農之間這一束遊戲文字，啟發我們深思，也啟示我們如何工作和如何工作得更好。

《新青年》要魯迅勸錢玄同寫稿

如所周知，魯迅最初開始為，《新青年》寫稿的因素之一，是由於「挾著大皮包」到紹興會館去的金心異即錢玄同對他的不斷催促和積極邀約，這已經被記載在所有的《魯迅傳記》裏面了，事情則發生在1917年至1918年冬春之交。但是，還有一個不大為人們所熟知的事實，那便是在時隔二年之後，魯迅對錢玄同也曾經「反其道而行之」應《新青年》主編之請，去督促和「鼓動」錢玄同繼續為《新青年》寫作、說來幾乎令人難以置信，然而這卻是嚴酷的歷史事實。

事情發生在1920年，「五四」運動爆發和《新青年》編輯部被迫遷往上海的次年、錢玄同對於剛發表「新宣言」的、第七卷開始的《新青年》忽然抱了一種回避態度，不給稿件、敬而遠之，使得在上海的編輯部同人感到十分奇怪；前不久的「拳打孔家店，腳踢舊禮教」的英雄氣慨到哪裡去了？轟轟烈烈的「五四」運動正為中國的新民主主義革命揭開了序幕，而封建統治階級在帝國主義的支持下依然在中國人民頭上跋扈，曾經參加了「五四運動的發難」的人物為什麼偃旗息鼓了呢？《新青年》主編一再向他發出了催稿的「告急電」。錢玄同情不可卻，勉強地應付了一篇「不談國事」、「無礙大局」的文章，即發表在1920年2月1日出版的《新青年》第七卷第三號上的《減省漢字筆劃底提議》。從此以後，宣佈「關門」，甚至對《新青年》主編的來信也置之不理。《新青年》編輯部遠在上海，無奈何，只得寫信給北京八道灣的魯迅等人，要求魯迅等就近「鼓動」錢玄同不要「沒有興致」，繼續寫稿。現將周作人保存下來的《新青年》主編要求魯迅等人督促錢玄同寫稿的信轉錄如下：

「……豫才先生……，我很平安，請兄等放心，見玄同兄請告訴他。」

——1920年2月19日函

「……望豫才先生為《新青年》創作小說，……前回有一信寄玄同兄，不知收到否，請你見面時問他一聲，我很盼望他的回信。」

——1920年3月11日函

「……豫才先生有文章沒有？……玄同兄是頂愛做隨感錄，現在怎麼樣？」

——1920年7月9日函

「……先生的文章今天都收到了，《風波》在這號報（按即《新青年》第八卷第一號）上印出，……玄同兄總是無信來，他何以如此無興致？無興致是我們不應該取的態度，我無論如何挫折，總覺得很有興致。」

——1920年8月13日函

「……先生的文章當照來信所說的次序登。……玄同兄何以如此無興致，我真不解，請先生要時常鼓動他的興致才好。請先生代我問候他。」

——1920年9月4日函

「……豫才兄怎麼樣？隨感錄本是一個很有生氣的東西，現在為我一人獨佔了不好不好，希望……豫才、玄同二位有工夫都寫點來。」

——1920年9月29日函

儘管《新青年》主編和魯迅等人的屢次督促和勸說，「疑古先生」仍不為所動。他的堅決不再為《新青年》寫稿的態度「頑固」得令人吃驚，試去翻閱一下從1920年3月到1922年7月、即從七卷四號開始到九卷六號終刊的長達二年零四個月之久的《新青年》上，竟找不到錢玄詞的片言隻語。

錢玄同對《新青年》為什麼如此消極？他和魯迅的關係為什麼在五四以後反而逐漸疏遠？這是一個值得人們深長思之的問題。且先來看一看錢玄同在五四前後的一些主要經歷吧，從這裏也許能幫助我們找到一些問題的答案。

1906年秋，錢玄同赴日本留學，習師範，因從章太炎治國故，精文字音韻之學，又得與革命黨人往還。1909年歸國，在家鄉當中學國文教員，辛亥革命以後，在浙江省教育司當科員、1913年其兄錢念劬就大總統府顧問職，乃隨兄進京，任北京師大附屬中學國文教員，旋又兼教於北大。1917年，向《新青年》投稿，贊倡「文學革命」；同年又被聘為「中華民國國語研究會」會員。1918年輪任《新青年》編輯人，鼓吹「新文學」及「新文化運動」甚力；同年又與「國語研究會」同人致力「國語運動」。這個時期，他與魯迅的往來「極密」。1919年五四運動以後，他又被教育部聘為國語統一籌備會常駐幹事，他即向當局積極倡議設中國大辭典編纂處，1923年北洋政府批准了他的動議，中國大辭典編纂處正式成立，他被任命為這個處的主要負責人之一。可是經費缺乏，於是他垂青於帝國主義的所謂「退還」的庚款，經過他的努力，支配庚款的中華文化基金董事會總算在1927年撥給一筆款項。也許是作為「答禮」吧，錢玄同針對當時轟轟烈烈開展著的、以反對帝國主義文化侵略和思想侵略為中心的「非基督教運動」，在1927年3月31日公開發表「反對非基督教運動宣言」。從1921年起，他與魯迅的來往就已經減少了，據黎錦熙在1939年5月7日寫的回憶錢玄同的文章；在文學上「他始終推重胡適之」，說胡適的文章「如『並翦哀梨』，淋漓痛快，而不帶一點『紳士』氣」。至於對待魯迅，錢玄同認為「魯迅的深刻冷峭，……頗有微詞，說容易引導青年走上『冷酷』的路」，1923年，致教育部將他的常駐幹事升為常務委員；在北京師大，他也由國文教員升任國文系主任，……終於由「退隱」而步步「高升」了。這時候，他的身份、地位更加不同了，「進出於中南海，辦公在居仁堂」，他躊躇滿志地和朋友們說：「編纂處是建設中國新文化的總『糧台』，豈有不立在中海之理？」（見黎文）有人向他建議：將發表的文章結集，出版《文存》，初時他頗為高興，並「定名為《疑古廢話》。於是他先從《新青年》搜輯起」，可是重讀了自己的文章後，錢玄同對黎錦熙說「可存者太少了！」隔了幾天，又說「簡直完全要不得。」正象他的老師章太炎在「革命之後，自藏其鋒芒」，因而在「手定《章氏叢書》」時將「先前的見於期刊的鬥爭的文章，竟多被刊落」一樣，錢玄同編《疑古廢話》的計畫也就從此打消。——錢玄同的經歷寫到這裏，前面的疑問終於得到了明朗、一個人熱衷於這方面的，便不能不冷落那方面；既然引胡適為知己，便不能不視魯迅為「對頭」。這是事物發展的自然規律。正象魯迅分析章太炎從「有學問的革命家」到「後來的參與投壺，接受饋贈」，其原因是「既離民眾，漸入頹唐」，「用自己所手造的和別人所幫造的牆，和時代隔絕了」；也又如魯迅指出劉半農從「一個『文學革命』陣中的戰鬥者」到「被封為復古的先賢」，是因為他「自己爬上了一點，也就隨和一些，於是終於成為乾乾淨淨的名人」，而「時代到底……前進，光陰流過去，漸漸將這（戰鬥者）諡號洗掉了」一樣。魯迅雖然先錢玄同而早逝，但為錢玄同蓋棺論定，這兩條分析也是完全合適的。可是，縱然像煞成為「儒宗、先賢」也好，當了「正人君子」也罷，也正如魯迅所指出的，當他們「榮任」之初，「晦氣也夾屁股跟到」，因為「原是拉車前進的好身手，腿肚大，臂膊也粗，這回還是請他拉，拉還是拉，然而是拉車屁股向後，這裏只好用古文，『嗚呼哀哉，尚饗了」。（見《全集》卷五：第434頁）

這是時代和現實的無情，也是這些所謂「一時之雄」的悲劇。然而值得我們永遠警惕的還是魯迅所揭示的真理，因為這是被證實了的歷史的教訓。

「阿世」、「禽男」到「新舊衝突」的典故

魯迅先生在五四前夕的1919年4月19日給周作人寫的一封信，其中有這樣一段話：「大學無甚事，新舊衝突事，已見於路透電，大有化為『世界的』之意。聞電文係節述世與禽男函文，斷語則云：可見大學有與時俱進之意，與從前之專任（日語字要補打）德語Alt student的日語音譯，意為「老學究」（即舊式思想的人）辦事者不同云。似頗『阿世』也。」這封信由於是兄弟之間的「家信」，運用了當時北京大學進步教授間流行的一些新典故式的口頭語，因此讀起來似頗隱晦。其實這裏面包含著一場尖銳的思想鬥爭，也就是中國新文學史上一段重要的史實。如果在「大學」、「新舊衝突事」、「世」、「禽男」與「阿世」等詞後面加上一些注釋的話，那末，不僅可使讀者對這封信「一目了然」；而也可以更好地幫助我們瞭解魯迅在五四前夕的思想情況。為了順序簡述這場鬥爭的經過，現在把「新舊衝突事」、「禽男」與「阿世」等詞的說明顛倒談起：

「大學」一望而知是指北京大學。而「阿世」一詞則頗有來歷。原來，新文化運動經過《新青年》和北大進步教授等的鼓吹，此時已日趨高漲；作為宣傳新文化革命大本營的北京大學校長蔡元培，由於採取了「中外古今、相容並包」的主張，更為運動的發展提供了良好的條件。新文化運動的蓬勃發展引起了反動統治階級的恐懼和嫉視；具有民主精神的蔡元培也成為他們的眼中釘。反動政府通過封建頑固的舊文人對北大造了謠言，如北大在當時最早開講元曲，他們便說「北大教室裏竟唱起戲文來了」又如《新青年》提倡白話文，而《新青年》主編陳獨秀正是北大的文科學長，於是他們便誣為：「北大用《金瓶梅》當教科書……」。配合著外面的攻擊，北大內部的反對派

也抬頭了，這些人是劉申叔、黃季剛、辜鴻銘……。其中尤以黃季剛罵得最凶，他公開在教室裏當著學生的面罵進步教授擁護蔡元培是「曲學阿世」。後來這些被罵的進步教授索性以此作為蔡元培的綽號，稱他叫「世」；而有事情要到校長室去，便自稱「去『阿世』了」。於是這「世」與「阿世」、二個名詞漸漸成為一種嶄新的典故，在進步教授的閒談中，或相互通信時便一再引用和流傳開來了。當時常常使用這些詞的人有魯迅、馬幼漁、劉半農等人。

劉半農在《初期白話詩稿》的《序引》中說：「……黃侃先生（即黃季剛）還只是空口鬧鬧而已，衛道的林紓先生卻要於作文反對之外借助於實力——就是他的『荊生將軍』，而我們稱為小徐的徐樹錚。這樣，文字之獄的黑影，就漸漸的向我們頭上壓迫而來……」林紓即林琴南，是校外反對派的代表者，魯迅信中所說的「禽男」即是「琴南」二字略含諷刺的諧音。此人當時思想極端反動，常在安福系的《公言報》和《新申報》上著文對《新青年》諸入影射謾罵，肆意攻擊。他在《新申報》的《蠡叟叢談》內仿《聊齋》筆法寫了一篇《荊生》，以金心異影射錢玄同，已為大家所熟知；此外又以田必美影射陳獨秀；以狄莫影射胡適——用《論語》「無適也、無莫也」的典故。他幻想出現一個「荊生將軍」來把他們消滅，用當時的說法是「想用強權壓倒公理」。林琴南還進一步在3月18日的《公言報》上以《請看北京大學思潮變遷之近狀》標題發表了《致蔡元培》的公開信，說北大提倡「非孝」，要求蔡元培立刻將陳獨秀等斥逐。蔡元培當即寫了公開信回答，說《新青年》並未「非孝」，即使有此主張，也是他們的個人意見，未便干涉云云。這便是有名的《蔡元培致（公言報）並答林琴南君函》，也就是魯迅信中說的：「聞電文系節述世（即蔡元培）與禽男（即林琴南）函文」的那封信。

林琴南等的進攻遭到《新青年》和《每週評論》的徹底反擊，

新思潮的影響迅速擴展。反動的北洋政府更加驚慌了，於是通過反動報紙散佈謠言，誣稱陳獨秀等已被北大驅逐；又指使議員在「國會」提出「取締新思想」、「彈劾教育部」的議案，以打擊北大校長蔡元培，對新文化運動進行直接的迫害。然而，卻因此引起了北京、上海、杭州、成都等全國各大城市進步輿論的猛烈反對，形成了有名的《新舊思潮之大激戰》。1919年4月13日和4月27日，《每週評論》把重要言論選輯在一起，在第17、19兩號中出了《對於新舊思潮的輿論》兩個特輯。魯迅信中說的「新舊衝突事」就是指此而言。其結果，便是在兩周以後爆發了震撼全世界的五四運動。

·4· 1962年6月3日 星期日

《新青年》主編談《吶喊》

沈鵬年

——鲁迅与《新青年》同人关系探索之一

四十年前，魯迅的小說在《新青年》发表时，由于"表現的深切和格式的特別"，深为激动人心。当时有人从老远的成都写了論文与之"桴鼓相应"；也有人模拟他的文体而別写了小說……但对鲁迅作品的价值最早予以肯定和推崇的，当推李大釗、陈独秀和《新青年》編輯部同人。虽然他們由于作战的分工和"执业的不同"，因而沒有留下这方面的任何专文，但在彼此間的通信和談話中却保留了这种評价的鱗爪和点滴。比如陈独秀，当鲁迅陆續写出小說时，他就在許多談話和通信中一再贊揚和称道，其中一部分已重刊于《文汇报》"笔会"（見1962年4月22日）。此外，我們又从陈独秀的另一封信中看到了《新青年》編輯部对鲁迅小說的意見。原信全文如下：

"二号报（按：即《新青年》簡称）准可如期出版。你們有一篇小說在這里，大概另外沒有文章了，不曉得豫才兄怎么样？'隨感录'本是一个很有生气的东西，現在为我一人独占了，不好不好，我希望你和豫才、玄同二位有工夫都写点来。

豫才兄做的小說实在有集攏来重印的价值，請你問他倘若以为然，可就《新潮》《新青年》剪下自加訂正，寄来付印。

弟独秀白，中秋后二日"
（按信封上有上海郵局的印記：9月29日）

这一信写于1920年9月，正当鲁迅写毕第七篇小說《头发的故事》的时候。由于这些作品所表現的思想性和艺术性和諧結合的巨大魅力，《新青年》編輯部同人早就迫不及待地提出了将鲁迅小說編集的要求。不久，《新青年》遭到反动当局的查封沒收，无法定期出版；而編輯部在迫害下也不得不借口"已迁往广州"而处于地下活动状态。1921年7月間鲁迅两次寄給陈独秀"信和文稿"都以"无从投遞"而退了回來。因此后来定名《吶喊》的中国第一部新小說集未能按原議作为《新青年丛书》出版，但这个动議对鲁迅却是巨大的支持和鞭策，在《新青年》陣营实际上处于分裂以后，他的战斗态度更加坚决，写作更加勤奋。別的不算，光是小說又續写了八篇——包括《阿Q正传》和《故乡》等光輝的不朽作品在內。他在短短两年內写出的作品，数量超过了前三年的总和；在质量上更提到了足以并列于世界文学名著之林的水平。

1923年8月，鲁迅在五年內写的十五篇小說終于"結集"起来，定名《吶喊》，作为《新潮社文艺丛书》之一而出版了。这时候陈独秀早已离开北京大学而远适广州，李大釗同志虽然担負党的北方局书記重任而从事着艰巨的革命实际工作，却还兼任着北大教授的职务，和鲁迅还能时常晤面，鲁迅便将刚出版的《吶喊》贈給老战友大釗同志。据大釗同志的女儿李星华同志回忆：有一天，大釗同志从外面回家时带来一本嶄新的、鮮紅封面的《吶喊》，这是鲁迅先生送他的。大釗同志一进門就挺高兴地告訴家中的小孩們說："这是中国最好的一本小說。你們要看，一定要好好地看，虽然不一定看得懂。你們将来可以从这书中好好学习。"以后还常常听到大釗同志提起：《吶喊》怎么好，鲁迅怎么好等話。

魯迅先生和鈴木大拙

魯迅先生（1881～1936）是我國現代歷史上一位偉大的思想家、革命家和文學家；鈴木大拙（1870～1966）則是日本首屈一指的宗教哲學家和舉世公認的禪學大師。這兩位20世紀的東方文化大哲，生前有過一段不平常的交往和親切的會晤。這段因緣見於魯迅親手所寫的《日記》，卻為四十多年來出版的《魯迅年譜》和魯迅傳記所漏載。

魯迅和鈴木的可貴友誼，是30年代中、日兩國人民友好史上值得稱道的佳話，令人回味無窮。

左起：內山、內山夫人、眉山、中村成仙、魯迅、鈴木大拙、藤井草宣。

鈴木大拙屬於日本明治時代的古典人物，比魯迅年長11歲。他在明治三年（1870）10月18日誕生於日本北部石川縣金澤市本多町一個高級知識份子家庭，父親精擅西醫、母親篤信佛教。他有三兄一姊，是家中最小的兒子。父親鈴木柔是當地有名的遵行中國「孔孟之道」的「儒者」，家中收藏了大量儒家經籍和漢文醫書；還設有家庭佛壇，每天清晨都要燃燈焚香拜佛。在家庭教養薰陶下，鈴木的漢學根底極為深厚，從小便對中國的傳統思想和文化懷有無限的敬意。

鈴木在弟兄四個「太郎」之間排行第四，原名貞太郎。貞者，乃「元亨利貞」之謂。父親給四個兒子取名，都取義於中國傳統的「群經之首」《易經・乾卦》。1891年21歲的鈴木至東京求學，就讀於東京帝國大學，去鎌倉圓覺寺禮佛參禪。有一次「臘八接心」，他苦苦參究禪宗公案，因為「無」的概念始終橫亙在心，未能參透，深感苦惱。圓覺寺的住持釋宗演有一首詩，詩云：

人有赤黃兼黑白，道無南北與西東。
不信乞看天上月，清光透徹太虛空。

禪思想是全人類的。當鈴木一旦參悟之後，他說：「我從禪堂走向我在寺廟裏的宿處時，只見月光下的樹和我自己，皆澄澈透明。」因為「……我已不再意識到『無』了，我已與『無』合而為一了，與『無』打成一片了，因此，由於意識到『無』所含的隔膜也就不再存在了，而這就是真正的三昧境界」。正是他在大徹大悟，使他後來跳出了不少日本學者普遍具有的所謂「島國根性」，表現出他那超越國界和宗教派系的偉大精神。他在自己家掛有英文門匾：「The World is my Country，To do good is my religion.」大意是：「世界即吾之國家，行善即吾之宗教。」

如露復如電

書奉 高畠眉山 魯迅

日本三浦將軍所藏唐三藏取經詩話巾箱本予既命工寫影頗惜其有佚葉聞德富氏成簣堂文庫中尚有別本乃移書求觀書往不逾旬蘇峯翁果寄所藏本至亟取以校巾箱本稱名雖異而實是一書惟巾箱本分卷為上中下此刻則署一二三為不同耳且皆為高山寺舊藏而此刊刻為精書中驚字作鷩敬字缺末筆則此亦宋槧也巾箱本佚三葉此則卷一佚少半卷二全佚不能取以補巾箱本而巾箱本之譌脫可取此本補正之因與巾箱本同付印以廣兩君之嘉惠于藝林丙辰十月永豐鄉人羅振玉書于海東寓舍

法師今日上天宮　足覲蓮花步步通
滿国福田大利益　免教東土墮塵籠
太宗後封猴行者為銅筋鐵骨大聖

新雕大唐三藏法師取經記卷第三終

鈴木見性悟道，拜圓覺寺住持釋宗演為師，由師賜與法名「大拙」，源於中國老子的「大巧若拙」。從此，鈴木貞太郎便改名為鈴木大拙。接著，他隨師釋宗演赴美國，出席在芝加哥舉行的世界宗教會議，擔任老師發言的英語翻譯。在會議期間，他結識了美國的著名學者P・卡洛斯。回國以後，他把P・卡洛斯的名著《佛陀的福音》譯成日文出版。由於鈴木大拙對佛學的深刻理解和譯文能準確表達原著風格，使作者非常欣賞。P・卡洛斯便邀請他到美國編輯佛學書籍。在釋宗演的支持下，鈴木大拙於1897年2月重赴美國，居留12年之久。在此期間，他將漢文的《大乘起信論》譯成英文出版，又出版了英文著作《大乘佛教概論》，這是大乘佛學移植西方的嚆矢，使歐美各國的知識份子接觸佛教而擴大了精神視野。

1909年鈴木39歲時，經歐洲回國，先後在日本東京帝國大學、京都大谷大學任教。作為現代日本禪學的開拓者，他畢生所信服的，是六祖慧能以來的中國頓悟禪。他手不釋卷、百讀不厭的是《碧岩錄》、《臨濟錄》等中國禪學論著。1916年46歲時，他帶了一批日本學生來中國「朝聖」，先後到泰山、曲阜、北京等處參觀名勝古跡。

由於鈴木大拙對中國的真誠摯愛，在出發之前，他告誡學生：「你們將到另一個國家參觀。到了那裏，你們對於當地人民所尊重崇敬的東西，也要同樣表示十分的敬意才行。」其時，中國尚處於黑暗統治之下，魯迅無法「驅除」自己的痛苦、悲哀和寂寞，只能在北京的紹興會館中抄古碑、讀佛經、刻印《百喻經》、繕寫《法顯傳》……，生命在暗暗地消磨。因此，他們兩人沒有機會晤面。但是，他們都要尋找一種思想以拯救人類的心情，則是相通的。魯迅在《聖武》中寫道：「我們中國本不是發生新主義的地方，也沒有容納新主義的處所，即使偶然有些外來思想，也立刻變了顏色。」「現在的外來思想，無論如何，總不免有些自由平等的氣息，互助共存的氣息，在我們這單有『我』，單想『取彼』，單要由我喝盡了一切空間時間的酒的思想界上，實在沒有插足的餘地。」「我們從舊的外來思想說罷，六朝的確有許多焚身的和尚，唐朝也有過砍下臂膊佈施無賴的和尚」，他們「犧牲了別的一切，用骨肉碰鈍了鋒刃，血液澆濕了煙焰」，他們和「別國」的「有主義的人民」一樣，都是應該肯定的。

時隔18年以後，63歲的鈴木大拙的生命雖然步入晚年，卻把禪佛教思想的發展推向一個新的階段。老子說：「大器晚成。」這正是拿來移作形容「鈴木禪學」自我發展的最佳寫照。這一年他出版了英文本《楞伽經研究》，涉及了中國禪學史。由於此項學術貢獻，他在日本獲得了文學博士學位。次年（1934）5月，他以東京大谷大學教授的身份，攜帶秘書齋藤貞一，專門為了尋訪中國佛教古跡，再度來華。同行者有鐮倉圓覺寺佛日庵住持高畠眉山、京都大德寺山內聚光院住持中村戒仙、從事中國現代佛教研究的「日華佛教會」常務理事藤井草宣等人。其時，正當日本軍國主義反動政府當局繼「九・一八」、「一二・八」等血腥侵華事件以後，藉口「日中親善」而覬覦華北等大片中國神聖領土，全國人民滿懷同仇敵愾的抗日義憤之際，加上藤井草宣和神田慧雲等人想拉攏部份僧侶去日本，和「偽滿」代表同等參加「第二次泛太平洋佛教青年會」代表大會，為此受到中國新聞界嚴正的抨擊，一時輿論譁然。太虛大師也特地發表《致王一亭居士書》，首先表示態度，聲稱「無意東行」；並作《論第二次泛太平洋佛教青年會》一文，指斥非法「列有滿州國」為礙。因此，鈴木大拙一行，不能不受「池魚之殃」而遭冷遇。日本的好村春宣等人為成立「日中佛學會」，就擬推中、日會長各一人之事專訪太虛大師時，太虛也非常冷淡。好村問太虛：「中國方面，法師能擔任否？」太虛斷然拒絕：「余以事繁，庶未遑參預！」至於日本方面的會長問題，太虛大師也放棄了對鈴木大拙的提名。這正是當時「城門失火」的必然後果。就在這樣的情況下，高瞻遠矚的魯迅，從兩國人民之間的友好情誼出發，毅然會見了鈴木大拙。在1934年5月10日的《日記》上，魯迅寫道：「上午，內山夫人來邀晤鈴木大拙師，見贈《六祖壇經・神會禪師語錄》合刻一帙四本，並見：眉山、草宣、戒仙三和尚，齋藤貞一君。」會晤以後還合影留念。魯迅當時應眉山之請，特地以《金剛經》中的經句題贈眉山：「如露復如電　書奉　高畠眉山師　魯迅」

鈴木大拙對與魯迅的晤談非常滿意，他知道魯迅能飲酒後，還要秘書齋藤貞一送去一箱麒麟牌啤酒，贈給魯迅。他以坦誠的態度仍然去太虛大師的佛寺，並與太虛進行了愉快的會談；他還到各地參觀了古老的中國禪堂，緬懷古代的中國祖師。直到晚年回憶，鈴木大拙還說：此行「獲益良多」。回到日本，鈴木大拙撰寫出版了《支那佛教印象記》，專函寄給魯迅。魯迅在1934年10月28日《日記》中記道：「得鈴木大拙師所贈《支那佛教印象記》一本。」

六十年前鈴木大拙和魯迅先生的交往，正是中、日兩國人民友好情誼的充分證明。事隔不久，日本侵略者發動了全國侵略中國的戰爭，中、日兩國人民都蒙受了災難。鈴木大拙當時在日本鎌倉的家中潛心研究禪學。有一天，政府的軍方代表找他商借他住房的一部分以供軍用時，鈴木大拙當場嚴正地訓斥了軍方代表，他說：「你知道嗎？日本軍隊在打沒有正義的仗，也沒有希望的仗；而你還有臉皮代表軍方商借房子？」

在日寇侵華戰爭期間，年逾古稀的鈴木大拙敢於公然向日本軍閥挑戰，如此膽識，難能可貴。魯迅先生在一片冷淡聲中熱誠晤見鈴木大拙，也許是兩人「佛性相通」的一種表露吧！

1966年7月12日，鈴木大拙病逝於東京聖路可醫院，享年95歲。

郭沫若為何說「魯迅是一個偉大的完成」
——回答我「質疑」的郭老親筆信

魯迅先生五十六歲過早離世，這在他自己也沒有料想到的。1936年6月的一天晚上，魯迅先生對馮雪峰先生說過：

> 「魯迅先生自己是滿以為他至少還能活十年，——（他說）『總不致於即刻翹辮子（即死）了。』有一天他就曾這樣說：『我（魯迅自稱）在1927年住景雲裏的時候，生過一次現在似的大病，真的昏迷，幾乎翹辮子了，但一愈就十年。我不大相信西洋醫生的話。今年的病，也和那次差不多；大概總還有十年罷。』於是就哈哈地哄笑了起來，這是在他六月間大病後，精神比較好了的一個晚上。」——（見1946年7月新知書店滬初版、馮雪峰著《過來的時代——魯迅論及其他》第19頁）

就在那天晚上，魯迅和馮雪峰談了不少他「計畫要做而竟未能做成的工作」，因為1936年10月17日「因當天下午出外受了風，至深夜就起病，支持不下而停筆了。」

1937年10月15日，馮雪峰寫了《魯迅先生計畫而未完成的著作》，收集在1940年在桂林出版的《魯迅論及其他》中。

馮雪峰寫道：

> 「魯迅先生病後寫的《這也是生活》、《死》、《女吊》，都是一類文體的詩的散文，他說預備寫它十來篇，以償

某書店（按：係指巴金負責的文化生活出版社）的文債。這計畫倘能完成，世間無疑將多一本和《朝華夕拾》同等的傑作。但同樣來不及寫成了。在《女吊》之後，連他已有腹稿的兩篇也來不及寫，記得他說過，一篇是關於《母愛》的，一篇則關於《窮》。……關於《窮》，他也說過好幾次，以為『窮並不是好，要改變一向以為窮是好的觀念，因為窮就是弱。又如原始社會的共產主義，是因為窮。那樣的共產主義，我們不要。』我還彷彿記得他說過這樣的話：『個人的富固然不好；但個人窮也沒有什麼好。歸根結蒂，以社會為前提，社會就窮不得。』……這些彷彿就是魯迅先生要寫的關於《窮》的文章的題意。

但是，最重要的，是魯迅先生的死給予中國文學史和學術史的兩個巨大的損失。其一，是魯迅先生在六月間大病後計畫過一個長篇小說。其二，是他十五、六年來，不但只有計劃，而且準備、收集材料，常常想動手的《中國文學史》。」（見同上書第19～21頁）

為此，根據馮雪峰和許廣平先生的回憶和魯迅致友人書信所寫的線索，經過查核，我在拙著《魯迅研究資料編目》第192頁至202頁，專門編了《關於魯迅編就未印和計畫而未完成的著作、翻譯、藝術圖錄集的一些目錄及資料》。其中，「著作方面」有九項；「翻譯方面」有十項；「藝術圖錄方面」有十項。不完全統計，有二十九項之多。（細目及內容介紹見拙著。）「千古文章未盡才」，魯迅先生沒有完成他的計畫、沒有完成他的宿願，這對於中國文學和學術實在是無法補償的巨大損失。

當年有一個女作家蘇雪林除了向蔡元培、胡適等寫公開信對魯迅進行人身攻擊外，還在談話和文章中指責魯迅「著作未完，無論作為一個作家或學者，都不能說是『完成』了」以此來貶低魯迅……。——蘇雪林的公開信和談話對魯迅的誣衊，當然是絕對錯誤、甚至是極為反動的。

1947年8月，我在上海南京路山東路口的勸工銀行三樓大禮堂，聆聽郭沫若先生有關魯迅的報告。由於上一年「魯迅逝世十年祭」的浩大聲勢，進一步推動了上海人民「反內戰、要和平」的民主運動，使國民黨反動派驚慌萬分、惱怒異常。他們的一些反動文人圍繞魯迅的光輝形象進行謾罵和污蔑，蘇雪林也罵得更加起勁。為此，郭沫若在報告中概括了魯迅革命的一生，嚴正地駁斥反動文人對於魯迅的誣衊。郭沫若說：

> 「……魯迅受到青年們的愛戴，決不是偶然的。因為他一生為革命鞠躬盡瘁，為青年嘔盡心血。在此同時，魯迅還給青年作指路。他不但告訴他們前進路上哪裡有蛇、哪裡有虎，何處是坑、何處是坎；還鼓勵他們去驅除蛇虎，填平坎坑。因此，像青年們理所當然地愛戴魯迅一樣，魯迅也事有必然地受到蛇虎坎陷者的仇恨。……」

郭老指名還擊蘇雪林對魯迅的誣衊，他說：

> 「……蘇雪林女士當年曾一再發表文章、書信詆毀魯迅。現在又指責魯迅著作未完，無論作為一個作家或學者，都不能說是『完成』了的。就是她對魯迅的貶辭。蘇女士的言論，十足表現了女性的弱點，實在是不必發表的……。」

郭老的講話我是完全擁護的。但他只說「蘇女士的言論十足表現了女性的弱點，實在是不必發表」的駁斥，是沒有說服力的。另外，郭老在《文藝復興》月刊上發表《魯迅與王國維》，認為對甲骨文作出很大貢獻、出版了《宋元戲曲史》、《觀堂集林》等大批學術著作的王國維「還沒有完成」；而「魯迅已經是偉大的完成了」的說法我也感到不理解。所以寫信給郭老「質疑」和請教。郭老這樣一位大學者、大作家對我這樣幼稚淺薄的小青年不以為忤，循循善誘地給我覆信：

凝華先生：

我所說的「魯迅是一個偉大的完成」，是說一個偉大的人格的完成，就是他已經完成了一個不屈不撓的韌性戰士「魯迅」。請從這方面去體會吧。

著作未完或夭年苦短，都是小節。

郭沫若　九月一日

郭老給我的信和信封原件如下：

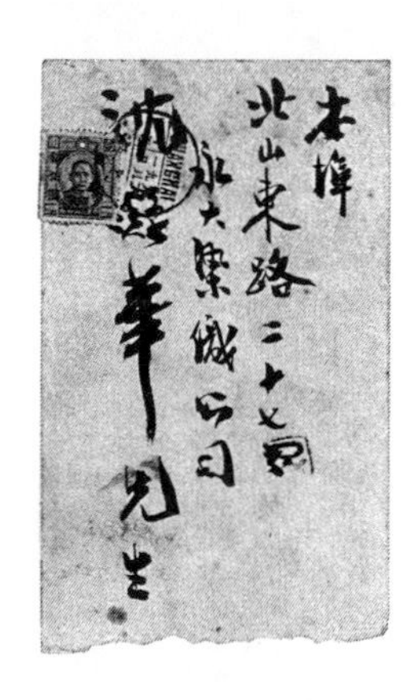
本埠
北山東路二十七號
永大染織公司
凝華先生

凝華先生：

我所說的「魯迅是一個偉大的完成」是說一個偉大的人格的完成，就是他已經完成了一個不屈不撓的犧牲戰士「魯迅」。

請從這方面體會吧。答作未定或天年苦短，斷送小節。

[illegible]

九月一日

郭沫若為魯迅研究工具書題字
——拙著《魯迅研究資料編目》封面的由來

半個世紀以前，在張瓊老師鼓勵下，我將長期搜集和積累的魯迅著作及有關資料，編著成《魯迅研究資料編目》約40萬字。上海文藝出版社「一編室」主任劉金同志認為「可以出版」。劉金同志寫道：

> 「早在1957年，我掌管上海文藝出版社一編室時，讀到沈鵬年同志《魯迅研究資料編目》的原稿。我覺得，對於研究和愛好魯迅著作的人來說，這無疑是一本很好、很有用的工具書。我當時對鵬年毫無瞭解，以為他是一個魯迅研究專家。單是資料編目，就有這麼厚重的一本，很不簡單啊！」（見2002年1月上海書店出版社出版《美歐心影》第1頁）

我把《前言》和《目錄》共10頁寄呈中國科學院郭沫若院長，請他審閱指正，並請求題字寫書名。不久，郭老回信，內稱：寄去的材料翻了一下，因即將出國，無暇細閱和推敲。為讀者和研究者提供資料線索，是好事。囑題書名，寫在信末，請參考……。（郭老給我的原信，因封面製版用，交給了出版社。待出書後，追索無著。只能將原書郭老題字的封面，複印如下）

從我交稿到出書，在當年的「大躍進時代」，竟像「蝸牛」一樣很不正常的拖延了一年半。盼到1958年12月拿到樣書，版權頁註明只印「3300冊」，而且只能「內部發行」。責任編輯康嗣群先生告知：此書只印一版，今後不再重印……。

中國現代文學史資料叢书(甲)
魯迅研究資料編目
沈鵬年輯
上海文艺出版社

我是上海「作協」會員，政治上從未犯過任何錯誤，這究竟為什麼？

劉金同志2001年1月12日寫道：

「奇怪的是，《魯迅研究資料編目》出版後，至今40餘年了，竟沒有重印過一次。這裏，涉及一位我也熟識的魯迅研究專家，說《魯迅研究資料編目》『有問題』，向時任市委文藝工作部部長的張春橋告了一狀。張春橋就利用職權，毫不聲張地將這本書『停印』了。原來所謂的『問題』，在於《魯迅研究資料編目》第267～268頁，收錄《魯迅先生軼事》一書的篇目。該書記載著魯迅先生作《三月的租界》批評張春橋的史實。《魯迅研究資料編目》以是被告發，並被悄悄地禁止重印。但是，在太平洋那邊的美國，這本書卻被翻印了四版之多。……在哈佛大學燕京圖書館，……此書是美國Wen Huei圖書公司所印的第4版，沖皮面燙金，道林紙精印一巨冊。封面郭沫若題寫書名及書的版式、內容都與1957年上海文藝出版社的版本完全相同。……」（出處同上）

據劉金同志告知：此書當時幾乎「槍斃」不出。是他帶了郭沫若

院長給沈鵬年並為此書題了封面的信，去找出版局局長羅竹風同志。羅竹風同志問明瞭原因，為了某魯迅研究權威以「狄克問題」向張春橋告狀所致。為此有人想退稿不出了……。羅竹風局長明確向劉金同志表示：不同意退稿，此書已有郭老題了封面，上海不出，北京肯定會出版的。因此，拖延了一年多，作為「內部發行」處理，算是照顧張春橋「部長」的面子……。

「文革」中期，1972年毛澤東主席發出「最高指示」：「讀點魯迅」。全國立刻掀起了「學習魯迅」的熱潮。陝西人民出版社為貫徹執行「最高指示」，迅速出版和重印了不少有關魯迅的著作。

我的老友西北大學單演義教授是陝西人民出版社顧問，重印的不少有關研究魯迅的著作，都是單演義推薦的。他把拙著《魯迅研究資料編目》也向陝西人民出版社作了推薦，「陝社」派員到上海找我洽談，並簽訂了「出版合同」。不久，又來告知：「中央同志的意見，此書不宜重印。」送給我10冊陝社新出的《魯迅雜文選》作為退稿費……。於是拙著重印又莫名其妙的告吹了。

1995年3月，北京社會科學文獻出版社出版了《唐弢文集》，在《文集》第10卷第564～565頁，有這樣一段話：

「演義同志：承賜各書收到，又承函電敦促，殷殷之意，實深感激，無似我手頭實無積稿，無法報命，陝社盛意，尚容俟之異日。……中央決定出白文本《魯迅全集》即不注不選，……考慮到年輕一輩讀者不易懂，注釋本有是總得有的，要等中央決定後才搞。……

陝社擬出魯迅研究著作20種，這自然是好事，但審稿必須慎重，例如你前信提及的沈編《研究目錄》（按：即拙編《魯迅研究資料編目》），其中錯誤實在太多，我不知怎樣修訂，目前『以訛傳訛，想當然耳』的東西太多，而青年和讀者又不大明瞭當年的情況，一經出版，便成定論，我看了實在非常不安，中央終有一天要出來干預的，因此對選稿審稿，非用大力不可。……宣傳魯迅思想作品是當務之急，但過份心急很容易流於草率。這是我個人的體會，恐怕中央決定先出『不選不注』的本子，也是這個道理。」（原文複印如下）

1972年12月26日的信為劉金同志的所說「告狀」問題揭穿了「謎底」。信中所謂「沈編《研究目錄》錯誤實在太多」在什麼地方？——寫信人不肯明言。似乎成為「懸案」——拙著之所以五十年不能重印面世，連國內最權威的魯迅研究專家也說「我不知怎樣修訂」？看來似乎真是「錯誤實在太多」，「其咎」在我了。

陕社拟出鲁迅研究著作廿种，这自然是好事，但审稿必须慎重，例如你前信提及的沈编《研究目录》，其中错误实在太多，我不知怎样修订，目前“以讹传讹，想当然耳”的东西太多，而青年和读者又不大明了当时情况，一经出版，便成定论，我看了实在非常不安，中央终有一天要出来干预的，因此对选稿审稿，非用大力不可。我很希望有人能切切实实做些工作，比较有把握时再陆续出版。宣传鲁迅思想作品是当务之急，但过份心急很容易流于草率。这是我个人的体会，恐怕中央决定先出不选不注的本子，也是这个道理。匆匆，即问

近好！

唐弢 72.12.26.

那麼，請看現在的魯迅研究專家對於拙著是怎麼說的？

據中國近代文學學會理事、山東省近代文學學會副會

長、青島大學文學院教授兼碩士研究生導師、在魯迅研究和近代文學史研究中有貢獻的、《魯迅大辭典》和《魯迅生平史料彙編》等多部大型資料書的編纂者徐鵬緒先生——這位真正的、誠信的魯迅研究專家在中國社會科學出版社的《中國新文學研究書系・魯迅學文獻類型研究》中寫道：

> 「魯迅研究資料的彙編，其中凝聚著編者搜集、整理、研究、編排的功夫，隱含著編者建立該學科學術史的意識，理所當然地應被列入『研究之研究』的範圍。首先是研究資料彙聚之後的編目，從最早的沈鵬年的《魯迅研究資料編目》開始。……」（見該書第461頁）

徐鵬緒先生還寫道：

> 「個人著譯研究編目的較強的學術性，很受研究者的重視。建國後出現較早的是沈鵬年編的《魯迅研究資料編目》。此書分為三個部分：魯迅著譯及有關書錄；有關魯迅著譯的一些原始資料目錄；魯迅的研究資料繫年目錄。
>
> 該目在分類上較為細密。它在統轄魯迅著譯活動的全部文獻時，著譯部分就分全集、選集、著作單行本、翻譯書藉和文章、編輯校勘的書籍，以及編輯的報刊、雜誌、叢書和藝術介紹、序跋等，也就是作者著譯、編輯、校閱等文獻。
>
> 作品流傳部分：分為魯迅著作選入本，少數民族文字翻譯本，外文翻譯本等；
>
> 作品影響部分：分為作品改編，作品的本刻插圖、繪畫等；
>
> 此外，還有魯迅作品的盜版、盜印和集外佚文等。

這種分類排列，使人能從不同角度瞭解魯迅著作的產生、流傳、演變和影響。

該目著錄較詳備且有篇目解題。現以《彷徨》為例，說明著錄的體例和方法。（例從略）」（見該書第212～213頁）

由此可知，這是魯迅研究專家對拙著「審核」後的客觀評價。

那麼《唐弢文集》中所寫的所謂拙著「錯誤實在太多」而感到「實在非常不安」的問題究竟在哪裡呢？其實劉金同志早已指明：我的「錯誤」在於提供了魯迅在《三月的租界》批評「狄克」的書面證據……。他筆下的「中央」正是當年的「狄克」本人張春橋也。我是歷史的過來人，當時上海市委書記徐景賢來向我廠傳達「春橋××指示：務必要保證唐弢同志選上人民代表……。」這是值得深長思之的。

我個人區區一本小書，本無足道。然而圍繞這本小書卻驚動了當時的幾位大名人——用魯迅的話，當「為今之青年所不憭也。」

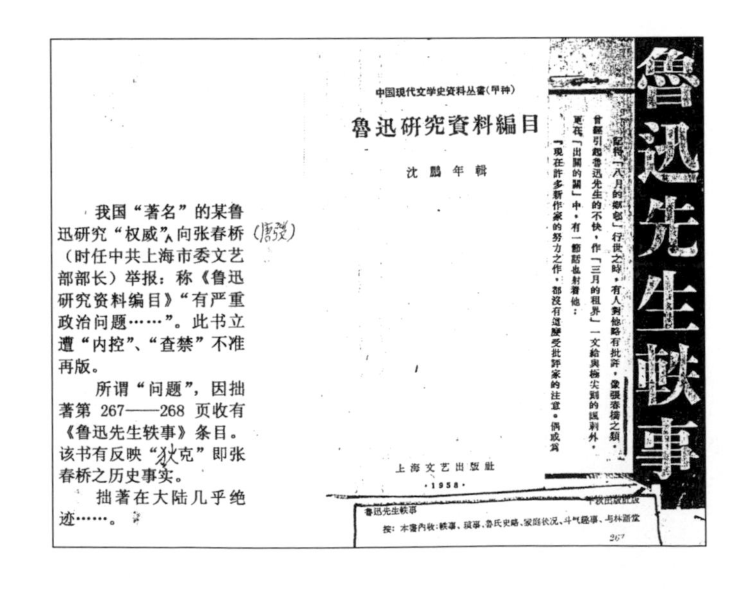
我国“著名”的某鲁迅研究“权威”（唐弢）向张春桥（时任中共上海市委文艺部部长）举报：称《鲁迅研究资料编目》“有严重政治问题……”。此书立遭“内控”、“查禁”不准再版。

所谓“问题”，因拙著第267——268页收有《鲁迅先生轶事》条目。该书有反映“狄克”即张春桥之历史事实。

拙著在大陆几乎绝迹……。

中国现代文学史资料丛書（甲种）

魯迅研究資料編目

沈鵬年 輯

上海文艺出版社

·1958·

魯迅先生軼事

記得「八月的鄉村」行世之時，有人對他略有批評，像張春橋之類，曾經引起魯迅先生的不快，作「三月的租界」一文給與極尖刻的諷刺外，更在「出關的關」中，有一節話也射着他：

「現在許多新作家的努力之作，都沒有這麼受批評家的注意，偶或寫

魯迅先生軼事

按：本書內收：軼事、瑣事、魯氏史略、家庭状况、斗气趣事、与林語堂

267

郭沫若談魯迅與創造社「宣言」合作
——郭老給我的信和談話

1958年，葉以群同志寫作「魯迅在上海」的電影文學劇本《艱難時代》，要我協助搞資料。為瞭解創造社曾與魯迅合作的問題，以群同志曾訪問郭老，並要我兩次向郭老寫信請教。郭老在1958年7月6日給我回信如下：

沈鵬年同志：

六月二十四日信接到，六月一日信未見。

您提到的《創造月刊》8期上的《復活預告》：

①原文係誰執筆，不記得了。但不是我是可以肯定的。在刊出之前，我一定看過。

②發刊前，魯迅是否看過？我不知道，但至少發刊後魯迅是看到的，毫無疑問。

③我所說的『報端』是上海的各報，如當時的《時事新報》之類，那是用廣告的形式登的，很容易找。時間就在一九二七年的十一月光景。人名沒有《預告》中那麼多，大概只有十來人左右，並沒有用編輯委員及特約撰述員的名義。這廣告，事前是得到魯迅同意的。此事鄭伯奇同志或許記得清楚一些，請您去信西安作協及文聯分會問問他！他或許可有更多的東西告訴你。

敬禮！

郭沫若　七、六

後來為進一步瞭解魯迅與創造社的關係問題，葉以群同志帶我去訪問郭老。郭老回答了以群同志的提問，簡況如下：

郭老說：「大約從1927年春到1928年初，魯迅與創造社聯合發表宣言和告白，先後有過三次。這就是：

一、《中國文學家對英宣言》，此事原由周恩來等同志所促成；

二、在『報端』發表廣告，宣稱魯迅與創造社合作恢復《創造週報》；

三、發表宣言性質的《創造週報復活預告》，魯迅和我們正式合作。

但後來發生變化，原因可看《跨著東海》。就是日本回來的『少壯派，氣銳非常，革命情緒火熱地高漲』，他們『堅決反對《創造週報》的復活，……對於和魯迅合作的事情，大家都很冷淡』。——為什麼『冷淡』？當時為顧全大局，沒有寫。其實，對魯迅『冷淡』的根本原因，是蘇聯『左』傾文藝政策的影響。因為蘇聯號召要『建立純粹的無產階級文化』，聯共（布）中央規定『文學必須為黨的利益服務』，馬雅可夫斯基也提出『火燒拉斐爾』、主張『摧毀文藝復興以來的一切藝術』……。創造社的『少壯派』認為：既然文藝復興大師拉斐爾都要『火燒』，對『五四』以來的一些老作家批評一下，也是事理之常。因此乃超寫了一篇文章，點名批評了魯迅、葉聖陶、郁達夫、張資平和我共五人。想不到一篇文章掀起一場大波：魯迅與創造社從初步團結轉化為暫時分裂……。」

根據郭老提示，我在《洪水》三卷三〇期上找到《中國文學家對於英國知識階級及一般民眾宣言》，但文後未見郭老簽名。去函詢問，這就是上述信中所寫：郭老「未見」的「六月一日信」。後來，他說：「所謂《中國文學家對英宣言》，就是這件。簽名的有郭沫若、郁達夫、鄭伯奇、沈雁冰、葉聖陶、鄭振鐸、胡愈之等多人。發表時考慮到簽名者的安全問題，只公佈了遠在廣州的『成仿吾、魯迅』等四人。此事周恩來同志是瞭解的。」又據周恩來同志在1941年11月16日重慶《新華日報》發表《我要說的話》中所寫：「在廣州發表的《文學家宣言》，周郭兩先生均列了名的」。——「周郭」者，即魯迅與郭沫若。可見郭老的回憶，是確實的。

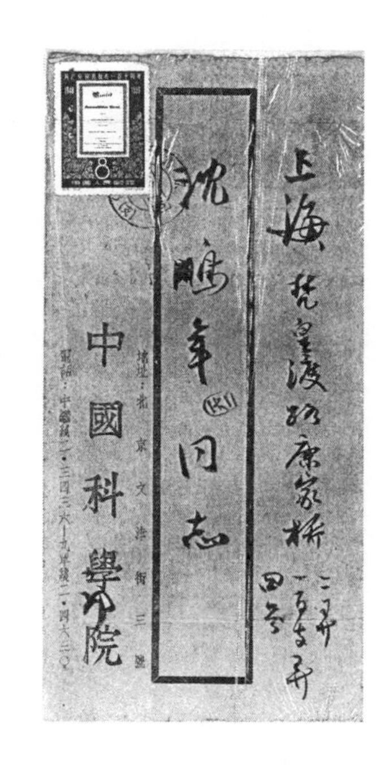

郭老信中所寫：「在一九二七年的十一月光景」發表在《時事新報》上的魯迅和創造社合作的「廣告」，則見於1927年12月3日。郭老認為「至少發刊後魯迅是看到的」《創造週報復活預告》，據鄭伯奇同志回憶：是由他「執筆，經成仿吾同志改寫，『在刊出之前』，分別請魯迅先生和郭沫若等同志看過並同意的。」

附：郭老的親筆信及信封原件如下：

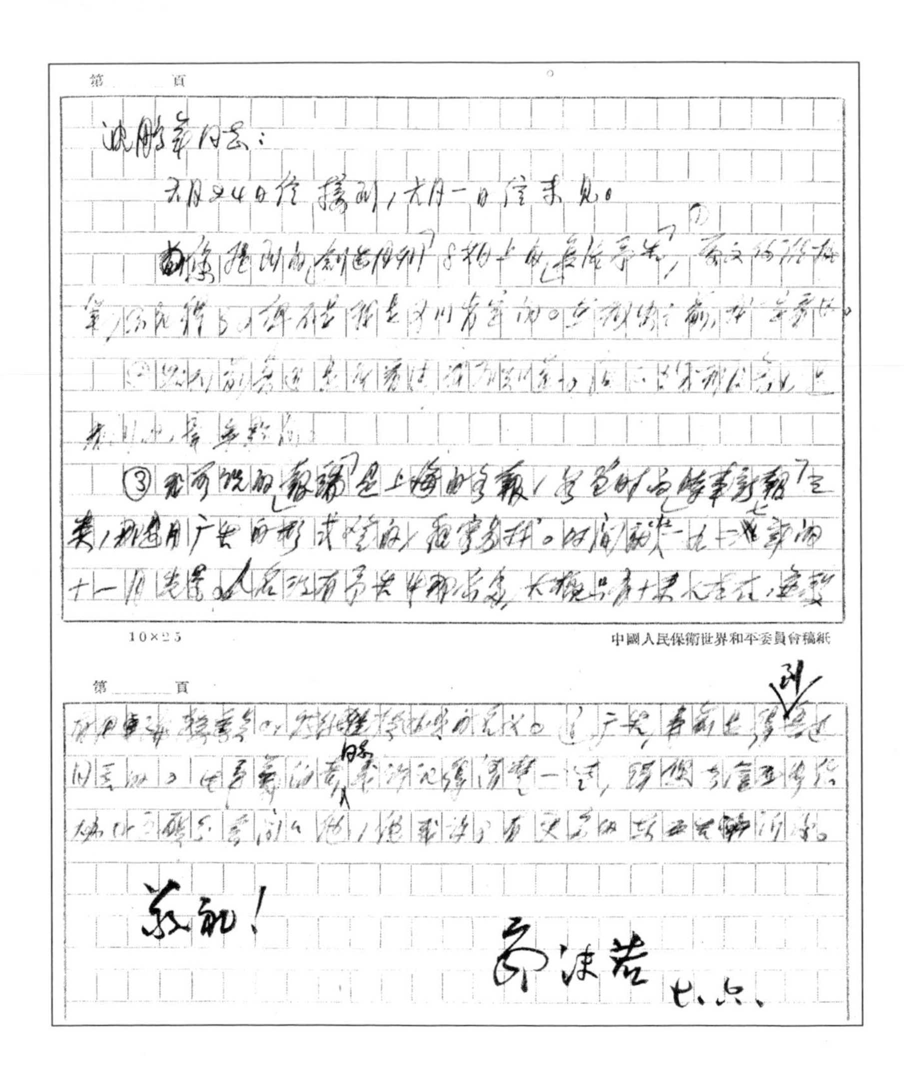
第　　頁

沈鹏年同志：

六月24日信接到，七月一日信未見。

[illegible]

[illegible]

③我所說的報紙是上海的時報，[illegible]

10×25　　中國人民保衛世界和平委員會稿紙

第　　頁

[illegible]

敬礼！

郭沫若　七、六、

對魯迅《斯巴達之魂》的「尋探根源」
——錢鍾書先生「文革」中給我回信

為了更好地在電影《魯迅傳》中塑造比較正確的魯迅先生的形象，上海市委和中央文化部研究決定：聘請一些與魯迅生前熟悉和相識的人當顧問，組成一個「《魯迅偉》創作顧問團」。成員有魯迅家屬許廣平和周建人；瞿秋白夫人楊之華；二十年代就和魯迅熟悉並一直交往的沈雁冰和夏衍；工作上過重要聯繫的陽翰笙和周揚；和魯迅比較接近的青年作家巴金、邵荃麟、陳荒煤等。周總理說夏衍和魯迅比較熟悉，可以當「顧問團團長」。夏衍說「還是稱『首席顧問』或『召集人』，請大家對搞好《魯迅傳》出謀獻策……。」總理表示「同意」。於是夏衍在北京國際俱樂部召集「顧問團會議」，會前先分發了《關於〈魯迅傳〉電影文學劇本的初步設想》，請顧問們審議。經過討論，大家認為影片分上下兩集：即「上集寫魯迅從辛亥革命到1927年大革命失敗；下集寫魯迅在上海十年」的設想，是「可行的」。問題是如何塑造文學家魯迅的光輝形象……。

會後，夏衍專程到上海，佈置我編著《魯迅生平及有關史實年表》和按年代順序編輯《魯迅著述年表》。同時，約了葉以群、陳白塵、柯靈、杜宣、陳鯉庭等專門議論如何塑造「文學家魯迅」的形象問題……。

有的認為可以表現魯迅在日本留學辦《新生》雜誌失敗後編譯《域外小說集》……；有的認為可以表現《故鄉》中魯迅與農民兒子閏土的關係……；有的認為可以表現他在家鄉學校上化學課發生試驗爆炸，血染雙手而對頑皮學生毫無慍色、熱愛青年……；有的認為著重表現定《阿Q正傳》哀其不幸，怒其不爭「……等等、等等。」

夏衍認為「塑造文學家魯迅的形象和他的思想發展是分不開的。他在1903年只有二十三歲，就發表了『文言小說體』的《斯巴達之魂》，這時候正當譚嗣同、康有為維新變法失敗，八國聯軍侵略中國，沙皇俄國侵佔東北的國難當頭之時，他在《斯巴達之魂》中描寫小小的斯巴達只有三百多人，發揚『尚武』的大無畏精神，鼓舞民眾誓死抵抗強敵入侵，是一篇宣揚愛國主義精神的作品。我要沈鵬年查了一下，《斯巴達之魂》發表在魯迅寫『我以我血薦軒轅』的二年後。比蔡元培、陶成章成立光復會早一年，比孫中山成立同盟會早二年。創辦《新生》雜誌失敗還在四年以後，出版《域外小說集》還在六年以後……。」

夏衍認為：塑造魯迅形象、探索他文學活動的思想起點，不能忽略寫《斯巴達之魂》時的魯迅思想和他的文學實踐……。

夏衍前輩的意見，引導我開始對《斯巴達之魂》的探索。

關於魯迅寫作《斯巴達之魂》的時代背景，夏衍早已說明。此外，在發表《斯巴達之魂》的前一期《浙江潮》（第四期），有一篇《留學界紀事・拒俄事件》內載俄國公使公然宣稱「俄國現在政策，……取東三省歸入俄國版圖……。」因此，「留學生自行組織義勇隊以抗俄」，義勇隊函電各方，在致北洋大臣函中稱：「昔波斯王澤爾士以十萬之眾，圖吞希臘，而留尼達士率丁壯數百，扼險拒守，突陣死戰，全軍殲焉。至今德摩比勒之役，榮名震於列國，泰西三尺之童無不知之。夫以區區半島之希臘，猶有義不辱國之士，何以吾數百萬萬里之（中華）帝國而無之乎！」——魯迅的《斯巴達之魂》是具體描寫「溫泉門」戰役三百英雄驚天動地、壯烈犧牲的故事：「巍巍乎溫泉門之峽，地球不滅，則終存此斯巴達武士之魂」，其「無量光榮」，永垂不配！——在黑暗的中國，以此激勵國人。

問題在於青年魯迅所熟知的西洋歷史的「老家」何所本？他當時受到何種書籍所影響，從而可知魯迅當年具體的讀書和文學活動這一斑。

魯迅在《集外集・序言》中寫道：

> 「……最先的兩篇，就是我故意刪掉的。一篇是『雷錠』的最初的介紹，一篇是斯巴達的尚武精神的描寫，但我記得自己那時的化學和歷史的程度並沒有這樣高，所以大概大概總是從什麼地方偷來的，不過後來無論怎麼記，也再也記不起它們的老家；而且我那時初學日文，文法並未了然，就急於看書，看書並不很懂，就急於翻譯，所以那內容也就可疑得很。而且文章又多麼古怪，尤其是那一篇《斯巴達之魂》，現在看起來，自己也不免耳朵發熱。……」（見《魯迅全集》最新版第7卷第4頁）

《斯巴達之魂》作者魯迅先生本人說再也記不起「它們的老家」。為此我在訪問魯迅同代人的過程中，雖經多方請教，毫無結果。

1964年毛澤東對文藝的兩個批示傳達後，又開展新的文藝整風，夏衍調離文化部而改去亞洲研究所。我對《斯巴達之魂》的「尋探根源」只得暫停。

「文革」中林彪在溫都爾汗「折戟沉沙」以後，毛澤東大病一場，中央工作由周恩來總理主持，全國形勢暫時較為寬鬆一些。我積習難忘，就又想起了對《斯巴達之魂》的「尋探根源」……。

我想：我已經問遍了當時的魯迅研究專家，（按：僅僅是當時的，不包括現在的）都無法回答我的「請教」。那麼，當今（當時）中國的大學問家只有錢鍾書先生了。我趁在家養病的機會就去信請教他吧！

此時，錢鍾書、楊絳兩位和先生從幹校回到北京不久，住在遠見胡同十一號。錢先生亦曾罹病，愈後給我回信，我是在1973年1月3日收到的，原信如下：

鵬年同志：又病了一星期，您的盛情厚意的信耽誤到今天才復，十分歉愧！順便向您恭賀新禧，祝您身體健康，心情愉暢，工作順利。衰老多病，事理之常，承您為我尋醫問藥，衷心感激。陳琳檄愈頭風，杜甫詩療瘧疾，想非迷信唯心之談，因為我讀了您的信，也覺霍然輕快。枸杞湯我常喝，入冬後暫停。得徐大夫指示，增加了信念，春節過了，便將續喝，北京尚易得此物。

《北極探險記》（按：魯迅早年譯過此書，投稿商務，後被遺失，故請教。）不知作者，家裏及所內皆無《文學詞典》這類工具書，記在心上，有機會當檢閱奉告。《斯巴達》事，泛見於普通西洋歷史及故事讀本，魯迅先生想據此骨格，傅以血肉；如欲尋探根源，則古希臘大歷史家Jhucydides之傑作《戰爭史》，大傳記家Plutarch《希臘羅馬偉人合傳》中之斯巴達立法者《Lycurgus傳》二者為此問題之原始材料，各國文字都有譯本——但也許中國沒有。

我意此類問題，須查當時日本出版書籍，因很可能是通過日本譯述或編寫的媒介，而不是直接從西洋來。

姑妄言之，請您指正。匆匆即致

敬禮

錢鍾書上　楊絳同候元旦晨

錢先生的賜教，使我頓開茅塞，欣喜莫名。不久，「四人」結「幫」肆虐，周恩來總理不幸身罹惡疾。張春橋來上影廠「視察深挖」的情況後，由「市革全」下達的《紅頭文件》中，有這樣一段，大意是：

「……上影廠有一個打著研究魯迅的旗號，到徐家滙藏書樓等處搜集『整無產階段司令部的黑材料』，這個傢伙埋得很深，至今沒有挖出來……。這個傢伙一定要挖出來，坐監獄也不解恨……。」

於是我在「文革」初被摧殘骨折、身背石膏固定在家休養也不准，由工、軍宣隊用小吉普車來家把我押去審查。拳打腳踢，眼鏡也被打碎，我高喊「最高指示：要文鬥，不要武鬥」也不頂用。根本就「莫須有」，審查半年毫無所得，把我「掛起來」了事。——我辜負了錢鍾書先生的熱忱指導，對《斯巴達之魂》的「尋探根源」只得到此為止。

錢鍾書先生逝世十周年了，他在學問上給我的指導，永遠銘記在我的心中。

錢先生的親筆原信附後：

也覺霍然輕鬆。枸杞湯我常喝，入酒
多謝暫停。得徐先生指示，增多了
信念。幸而已了，使我繼續喝。北京為
易得此物。北極探險記不知作者，家
裏及所內皆無「文學詞典」，數二星期，
記其以上，有機會當檢閱奉告。斯
巴達事，係見於普通西洋歷史及
版了讀本，魯迅先生想據此胃
格傳以無肉，如欲尋探根源，則古
希臘大歷史家Thucydides之「陣作戰
爭史」，大傳記家Plutarch「希臘羅馬偉
人合傳」中之斯巴達立法者Lycurgus傳」
二者為學問數之原始材料，各國文
字都有譯本。但也許中國沒有。我
意此類問題，須查當時日本出版
書籍，因很多就是通過日譯本述編
寫的媒介，而不是直接從西洋來。姑
妄言之，請您指告。

敬禮

[illegible] 上

元月四日

共產黨慧眼識真才
——記袁殊與張愛玲的成名

張愛玲的「白壁之玷」

在中國現代小說領域中，張愛玲是一位頗有成就的作家。她的作品被譽為「既保持濃厚的民族傳統色彩，又開了中國小說『現代派化』的先河，」對臺灣及海外文學發生過重大影響。然而，歷史是複雜的。由於她崛起於淪陷時期，在所謂漢奸控制的刊物發表作品，遂為論者所詬病。

張愛玲幼名張瑛，1921年生在上海。原籍河北省豐潤縣，祖父張佩綸是李鴻章之婿，曾任清朝大臣。

她的文學生涯，是從應徵《西風》雜誌徵文，寫了《我的天才夢》開始的。她說：「我是一個古怪的女孩，從小被目為天才，除了發展我的天才外，別無生存的目標。然而，當童年的猜想逐漸褪色的時候，我發現我除了天才的夢之外，一無所有……。」於是她便寫了不少揭露半封建半殖民地社會和家庭的作品，先後在民辦的《紫羅蘭》、《萬象》以及《雜誌》等「官辦」刊物上發表。她的成名作《傾城之戀》，就是在《雜誌》上一炮打響的。

《雜誌》創刊於1938年5月10日，是與地下黨有關係的綜合性刊物。劉思慕、老舍、戈寶權等同志在該刊發表過許多譯著。該刊發表《毛澤東與斯諾對話記》、《瞿秋白致郭沫若的一封遺書》後，更加風行一時。日寇進駐租界，《雜誌》被迫停刊。1942年8月1日，根據潘漢年同志指示，《雜誌》在打入敵偽內部的袁殊支持下復刊。不少地下黨員和進步作家如惲逸群、孔另境等同志，經常在該刊用化名發表文章。因此，張愛玲在《雜誌》發表作品，不是「白壁之玷」。

抗戰勝利後，被稱為「左聯」元老派的夏衍同志從重慶回到上海，對「淪陷期間出了個張愛玲」表示高興。他在百忙中讀了張的作品，給予肯定。當時，國民黨報刊誣衊張愛玲為「文化漢奸」；進步出版社山河圖書公司特地在1946年11月為張愛玲出版五十萬字的《傳奇》增訂本。（見附圖）

在《傳奇・增訂本》前面，張愛玲特地寫了《有幾句話同讀者說》原文如下：

「我自己從來沒想到需要辯白，但最近一年來常常被人議論到，似乎被列為文化漢奸之一，自己也弄得莫名其妙。我所寫的文章從來沒有涉及政治，也沒有拿過任何津貼。想想看我惟一的嫌疑要末就是所謂『大東亞文學者大會』第三屆曾經叫我參加，報上登出的名單內有我；雖然我寫了辭函去，（那封信我還記得，因為很短，僅只是：『承聘為第三屆大東亞文學者大會代表，謹辭。張愛玲謹上。』）報上仍舊沒有把名字去掉。

至於還有許多無稽的謾罵，甚而涉及我的私生活，可以辯駁之點本來非常多。而且即使有這種事實，也還牽涉不到我是否有漢奸嫌疑的問題；何況私人的事本來用不著向大家剖白，除了對自己家的家長之外彷彿我沒有解釋的義務。所以一直緘默著。同時我也實在不願意耗費時間與精神去打筆墨官司，徒然攪亂心思，耽誤了正當的工作。但一直這樣沈默著，始終沒有闡明我的地位，給社會上一個錯誤的印象，我也覺得是對不起關心我的前途的人。所以在小說集重印的時候寫了這樣一段作為序。反正只要讀者知道了就是了。」

接著，進步刊物《大家》又在1947年發表張愛玲的新作：短篇小說《華麗緣》和中篇小說《多少恨》。編者說：「《多少恨》是應多數讀者的要求，特地煩懇張小姐趕寫的。」可見張愛玲的作品，依然風靡了戰後的上海文壇。在此期間，張愛玲還創作了電影文學劇本《不了情》和《太太萬歲》。兩劇均由桑弧導演，文華公司攝成影片。

1950年7月24日，上海市第一屆文代會召開，我應邀列席，坐「J排11號」。看到張愛玲作為正式代表，正在認真閱讀夏衍同志「大會報告」《更緊密地團結，更勇敢地創造》徵求意見的草稿。

更緊密地團結，更勇敢地創造（草稿）

——在上海文學藝術工作者代表大會的報告

・夏衍・

各位代表，各位同志：

上海解放以來，已經一年兩個月了，在這期間之內，這個中國最大的城市在各方面都已經起了空前巨大的變化。舊的上海已經死去，新的上海已經誕生。長期間支配和統治了這個城市的帝國主義，封建主義，官僚資本主義已經被人民的力量打敗，全上海五百萬人民已經掙脫了奴隸的鎖銬，可以自由地貢獻出自己的聰明才力，來爲建設自由、幸福、和繁榮的新上海而工作。全上海的文藝工作者以興奮感激的心情，向領導中國和上海人民走向這一輝煌勝利的中國共產黨和人民領袖毛澤東主席表示衷心的感謝，同時，在這長期而殘酷的中國人民解放鬥爭中，上海文藝工作者也以能夠對這偉大的人民解放事業貢獻了微薄的力量而感到光榮。同志們，在今天這個值得紀念的日子，我們很自然地會想起在中國革命事業最艱苦的時期全心全力地領導和組織了上海進步文藝力量的魯迅先生，瞿秋白同志，和爲了反對帝國主義，封建主義、官僚資本主義的統治而遭受了內外反動派屠殺的胡也頻、柔石、白莽、李偉森、馮鏗等等數不清的文藝戰線上的烈士。他們的事業永垂不朽，他們的英名將永生在人民的心中。我們上海的文藝工作者應該永遠地記住，我們的文藝工作，是由他們鮮血的灌溉而成長起來的。

同志們，中國人民的死敵帝國主義、封建主義、官僚資本主義、是被我們打倒、擊潰、驅逐了還看見張愛玲用心地聽著陳毅同志的政治報告。當陳老總批評知識份子的清高思想和個人主義時，引了一首詩：「眾鳥皆有主，孤鳳棲無依。孤鳳棲無依，不肯巢別枝。」我看到張愛玲會心地微笑了。會後，張愛玲被夏衍吸收入「劇本創作所」工作。1951年5月，開始批判電影《武訓傳》；同年11月，又開始文藝整風，夏衍、蔡楚生、史東山等權威人士都遭到批判。1952年，她申請去了香港。

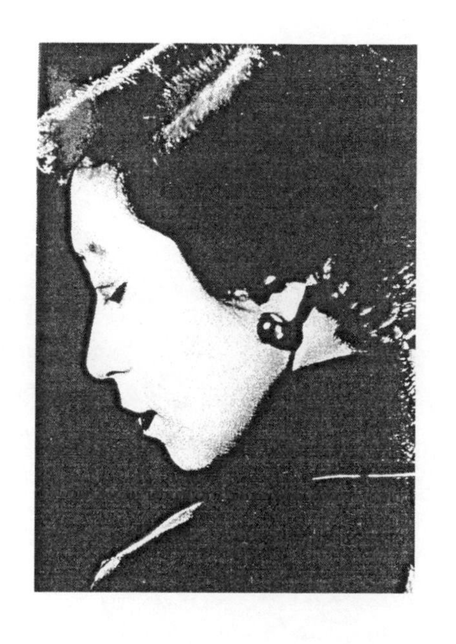

（1985年8月22日《愛國報》）

《雜誌》社使張愛玲「紅」遍上海灘

「殆如一河，船行其上：於中載有價值之批判，端坐嚴肅，微服而人莫之知。」這是袁殊同志曾經喜愛過的一個西方哲學家的話。把它移來評價他在敵偽時期從事的文化事業及其《雜誌》，也是頗為合適的。《雜誌》中「載有價值」的，無過於張愛玲的作品了。張愛玲是靠了共產黨人的扶持而成名的，卻至今「人莫知之」。

有人認為，張愛玲是夏志清的《中國現代小說史》所捧「紅」的。其實，當張愛玲名噪上海灘時，夏先生尚在刻苦攻讀。張愛玲是中國共產黨在上海的地下黨員的慧眼發現、苦心扶持、多方揄揚而成名的。他們就是惲逸群、吳誠之、魯風、袁殊等同志。

一九四一年底，太平洋戰爭爆發，「孤島」上海的政治環境發生急劇變化。大批進步文藝工作者被迫撤離和隱蔽，許多進步報刊也宣告停頓。這時，潘漢年同志向袁殊同志交代了三個任務，其中之一，就是要利用敵人的關係來大辦我們的文化事業，把文化陣地儘量控制在我們手裏。為此，潘漢年給袁殊調來了惲逸群、翁從六、吳誠之、魯風等同志，創辦了《新中國報》，復刊了《雜誌》。潘漢年同志要他們發現人才、培養人才；爭取群眾、教育群眾。他們根據這一原則，發現了張愛玲，扶持了張愛玲；然後創造條件，使張愛玲紅遍上海灘。

當年在上海，報刊上的女性作者可謂多矣。周鍊霞、施濟美、鄭家瑷、汪麗玲、程育真、湯雪華……，都是佼佼者。袁殊看到《紫羅蘭》發表的張愛玲《沉香屑——第一爐香》，頓覺眼睛一亮，象在群馬中發現了驊騮。他便驅車靜安寺路常德路的公寓樓上，向這個可以作他女兒的小姑娘移樽就教。張愛玲當然不會知道，此人竟是共產黨員。張愛玲本來都是自己投稿的，這一次，《雜誌》創辦人卻來上門約稿了。袁殊說：為了想把張愛玲從胡蘭成那裡爭取過來，曾向張透露了自己的真正的政治身分……。

《茉莉香片》是張愛玲在《雜誌》上發表的第一篇小說，從此以後直至刊物停辦，《雜誌》上幾乎期期有她的文章。《傾城之戀》脫稿，袁殊他們連聲叫好。吳誠之與魯風決定把篇名套紅印上封面，以示醒目。惲逸群主張和另一篇同樣具有吸引力的《杜月笙論》並列刊出。這篇文章的副標題是《從一個人看上海的社會和中國的政治》，光看題目，便可知它的號召力了。刊物還沒有出版，就先在《新中國報》、《晚報》和電臺上大做廣告，使張愛玲的名字幾乎家喻戶曉。於是這期《雜誌》竟萬人爭閱，立刻搶購一空。

張愛玲一成名，《雜誌》社立刻為她出版單行本。由於宣傳及時，初版四天售罄。在吳誠之與魯風同志主持下，《雜誌》社特地舉行了

「《傳奇》集評茶會」。魯風原名劉祖澄，滬江大學新聞系畢業後在新光通訊社當記者，與袁殊相識後一直充當他的助手。由袁殊發展入黨。因此說，張愛玲的成名，最初是靠了中國共產黨的地下黨員苦心扶持所致。

（1986年5月15日《愛國報》）

《傾城之戀》從舞臺到銀幕

「胡琴咿咿啞啞拉著、在萬盞燈火的夜晚，拉過來又拉過去，說不盡的蒼涼的故事。」這個「蒼涼的故事」，就是《傾城之戀》。

《傾城之戀》描寫太平洋戰爭爆發前後，一對亂世男女從上海到香港的悲歡離合，是張愛玲在二十一歲時發表的成名作，收入小說集《傳奇》中。最近，《傳奇》作為「中國現代文學史參考資料」，由上海書店影印出版。上海讀者認為：「這是現今『曉色雲開，春隨人意』大好景象的一例。」（見《新民晚報》）《傾城之戀》作為張愛玲小說中的名篇，早已編入國內出版的《臺灣女作家小說選》；而臺灣省出版的《中國小說大系》，也把它列為首篇。四十年代初期，它被改編為舞臺劇在上海公演；八十年代中期，香港邵氏公司將它攝製成彩色影片。經歷了將近半個世紀的風風雨雨，《傾城之戀》依然有著它自己的藝術魅力。

英國小說家佛斯特認為，有些作品中的人物來自「單純理念」，「用一句話描繪殆盡」，是「扁平人物」；有些作品中的人物「具有人性的深度」，「能在令人信服的方式下給人以新奇之感」，是「圓形人物」。《傾城之戀》的主人公范柳原和白流蘇，正是這種「具有人性的深度」的「圓形人物」，在虛偽之中有真實，浮華之中有素樸。小說提示了人物性格的矛盾性和心理的複雜性，成為傅雷所說：在低氣壓時代出現的高水準的作品。

張愛玲成名以後，能夠愛惜羽毛。她拒絕出席「大東亞文學者大會」，不同意敵偽的電影機構把《傾城之戀》搬上銀幕。她摒絕某些人的殷勤，索性自己動手把它改編為舞臺劇本，特意請堅持上海忠貞不屈的著名作家柯靈介紹，由民營的大中劇團上演。當時我到新光大戲院看了《傾城之戀》的演出，導演是朱端鈞。飾范柳原的舒適和白流蘇的羅蘭，是當年的第一流人選，把兩個角色演絕了。風度瀟灑高雅，對白雋永幽默，舞臺上少有的清麗現身。舒適一句臺詞：「真正的中國女人是世界上最美的，永遠不會過時；」「中國化的外國人，頑固起來比任何老秀才都要頑固」。至今還印在我的腦際。最近從《四世同堂》電視劇中看到富善這個角色，立刻想到了這句話，頗堪回味。張愛玲對這次演出非常滿意，為了感謝柯靈的幫助，饋贈他一段寶藍色的綢袍料。柯靈拿來做了皮袍面子，穿在身上很顯眼。我的「上影」老同事著名導演桑弧見了，用上海話贊曰「赤刮刺新的末」，是有趣的文壇逸話。

「蒼涼」是《傾城之戀》的基調。張愛玲說：「蒼涼之所以有更深長的回味，就因為它像蔥綠配桃紅，是一種參差的對照。」1985年在亞洲及太平洋地區影展榮獲最佳男主演的周潤發曾說：「我喜歡演舊戲，喜歡緬懷過去，思想接近五、六十年代，那時的人刻苦、耐勞，比較純樸、較少奸詐。演這種人物，我有共鳴。」因此，由蓬草改編、許鞍華導演的彩色影片《傾城之戀》，便選中周潤發扮演男主角范柳原。而被范柳原一見傾心的女主角白流蘇，則由香港的著名影星繆騫人飾演。范、白的戀情經過曲折，在城市被炸得傾覆之時宣告結婚。周潤發說，他「愛得最深的繆騫人」，戀情產生於同拍《狂潮》時，卻因種種原因沒有結合，這是他倆同演《傾城之戀》的題外話。

（1985年11月14日《愛國報》）

史地傳記類　PC0180

行雲流水記往（上）

作　　者 / 沈鵬年
主　　編 / 蔡登山
責任編輯 / 林千惠
圖文排版 / 蔡瑋中
封面設計 / 王嵩賀

發 行 人 / 宋政坤
法律顧問 / 毛國樑　律師
印製出版 / 秀威資訊科技股份有限公司
114台北市內湖區瑞光路76巷65號1樓
電話：+886-2-2796-3638　傳真：+886-2-2796-1377
http://www.showwe.com.tw
劃撥帳號 / 19563868　戶名：秀威資訊科技股份有限公司
讀者服務信箱：service@showwe.com.tw
展售門市 / 國家書店（松江門市）
104台北市中山區松江路209號1樓
電話：+886-2-2518-0207　傳真：+886-2-2518-0778
網路訂購 / 秀威網路書店：http://www.bodbooks.com.tw
國家網路書店：http://www.govbooks.com.tw
圖書經銷 / 紅螞蟻圖書有限公司
114台北市內湖區舊宗路二段121巷28、32號4樓
電話：+886-2-2795-3656　傳真：+886-2-2795-4100

2011年12月BOD一版
定價：390元

國家圖書館出版品預行編目

行雲流水記往 / 沈鵬年著. -- 一版. -- 臺北市 : 秀威資訊科技, 2011.12
冊； 公分. --（史地傳記 ; PC0180-PC0181）
BOD版
ISBN 978-986-221-837-2(上冊 : 平裝). --
ISBN 978-986-221-838-9(下冊 : 平裝)

1. 沈鵬年 2. 作家 3. 回憶錄 4. 中國

782.887 100017581

讀者回函卡

感謝您購買本書，為提升服務品質，請填妥以下資料，將讀者回函卡直接寄回或傳真本公司，收到您的寶貴意見後，我們會收藏記錄及檢討，謝謝！

如您需要了解本公司最新出版書目、購書優惠或企劃活動，歡迎您上網查詢或下載相關資料：http:// www.showwe.com.tw

您購買的書名：______________________________

出生日期：________年________月________日

學歷：□高中（含）以下　□大專　□研究所（含）以上

職業：□製造業　□金融業　□資訊業　□軍警　□傳播業　□自由業

□服務業　□公務員　□教職　□學生　□家管　□其它_____

購書地點：□網路書店　□實體書店　□書展　□郵購　□贈閱　□其他

您從何得知本書的消息？

□網路書店　□實體書店　□網路搜尋　□電子報　□書訊　□雜誌

□傳播媒體　□親友推薦　□網站推薦　□部落格　□其他__________

您對本書的評價：（請填代號　1.非常滿意　2.滿意　3.尚可　4.再改進）

封面設計____　版面編排____　內容____　文／譯筆____　價格____

讀完書後您覺得：

□很有收穫　□有收穫　□收穫不多　□沒收穫

對我們的建議：______________________________

____

____

____

請貼
郵票

11466
台北市內湖區瑞光路 76 巷 65 號 1 樓
秀威資訊科技股份有限公司 收

BOD 數位出版事業部

....

（請沿線對折寄回，謝謝！）

姓　　名：＿＿＿＿＿＿＿＿＿＿　年齡：＿＿＿＿　性別：□女　□男

郵遞區號：□□□□□

地　　址：＿＿＿＿＿＿＿＿＿＿＿＿＿＿＿＿＿＿＿＿＿＿＿＿

聯絡電話：(日)＿＿＿＿＿＿＿＿＿＿＿＿(夜)＿＿＿＿＿＿＿＿＿＿＿＿

E-mail：＿＿＿＿＿＿＿＿＿＿＿＿＿＿＿＿＿＿＿＿＿＿＿＿＿